ASÍ VEO LAS COSAS

JORGE RAMOS

ASÍ VEO LAS COSAS

LO QUE NUNCA TE CONTÉ

 Planeta

Para Chiqui, Paola, Nico, Carlota y María Elena,
a quienes les he robado tantas horas
cuando me siento a escribir.

Para la Jechu,
quien desde niño me motivó a escribir columnas.

ÍNDICE

I
Otras vidas

II
Cómo me convertí en inmigrante

III

Ser periodista

PRÓLOGO

MI AMIGO JORGE RAMOS

Un chico mexicano llega a Los Ángeles con una guitarra, una mochila y ganas de tragarse el mundo. Se llama Jorge Ramos. No muy alto, delgado, ojos claros, muy guapo. Es medio solitario, introvertido, tranquilo, observa todo con atención. Ha renunciado al sueño juvenil de saltar en las olimpiadas o de convertirse en otro Maradona y ha optado por el periodismo, pero esa es una ocupación peligrosa en el México de los años ochenta, por la censura y la represión, y viene a probar fortuna a Estados Unidos.

Es un joven ambicioso, quiere ser testigo de la historia, escribir para que lo lean, para tener un impacto en la sociedad, para proponer ideas, para darles voz a quienes han sido silenciados y, sobre todo, para enfrentar al poder, cuestionar y desobedecer a la autoridad. No cree en el periodismo neutral, hay que tomar posiciones; callarse es ceder el poder a quienes abusan de él. Es apasionado, está dispuesto correr riesgos donde sea, en las guerras donde ha ido a reportear o frente a los dictadores que ha entrevistado. Tiene el honor de haber sido expulsado por la fuerza de una conferencia de prensa de Donald Trump y haber sido detenido por los esbirros de Nicolás Maduro en Venezuela por hacer las preguntas que otros no se atreven a plantear. La objetividad es necesaria, pero sabe que no es suficiente para contar toda la verdad. Debe tomar

13

partido frente a los poderosos. Tiene un código estricto de ética frente a la democracia, la libertad, la pluralidad, la justicia. El silencio es cómplice.

Jorge se define como inmigrante y periodista. Como inmigrante vive con la nostalgia bajo la piel, como periodista vive intensamente cada momento y dice que no cambiaría ninguna de las dos condiciones que lo definen. Es totalmente bicultural, y a mucha honra. Nadie ha representado mejor que él a la prensa latina y a la comunidad inmigrante, es la cara de Univision, la voz de todos nosotros, los latinoamericanos trasplantados. El éxito inmenso que ha alcanzado no se le ha subido a la cabeza, sigue siendo el chiquillo de la guitarra y la mochila, atormentado por la insaciable curiosidad.

Jorge Ramos es mi amigo de muchos años. Siento por él mucho cariño e inevitable admiración, porque es una persona íntegra, y de esas hay muy pocas en este mundo. A leer estas páginas de su memoria me entero de algunos secretos, me entretengo, me conmuevo y me reencuentro con el amigo de siempre, con el periodista que me pone al día sobre el acontecer y me recuerda los valores morales que suelen perderse en el ruido de la existencia cotidiana. Para Jorge, lo más importante del periodismo es la credibilidad y la confianza; su deber es contar la verdad completa. En más de cuarenta años en las pantallas de televisión o escribiendo sus libros y sus columnas de opinión en su escritorio japonés se ha ganado la lealtad total de su audiencia. La gente lo quiere, lo respeta, le cree.

Para Jorge, el periodismo, más que una profesión, es una misión.

ISABEL ALLENDE

INTRODUCCIÓN

LO QUE NUNCA TE CONTÉ

Escribo porque tengo muchas cosas guardadas y no tengo otra manera de sacarlas. Es como una terapia permanente y pública. Tengo, afortunadamente, una vida muy intensa. Viajo mucho, conozco siempre a gente interesante, trabajo en lo que más me gusta y tengo una familia extraordinaria. Siempre lo voy a agradecer. Pero en un momento dado hay que darle salida al estrés y a las presiones. O te revientas.

Por eso escribo.

Llevo casi cuatro décadas como periodista en la televisión y, por su naturaleza, este es un medio que tiende a resumir y a recortar a solo unos minutos los temas más complicados y difíciles. Y hay muchas cosas que se te quedan en el estómago y en la garganta.

Hace poco estuve cubriendo la guerra en Ucrania y lo que salió en la pantalla fue solo una mínima parte de lo que experimenté y sentí. Por supuesto, había que reportar lo que ocurría en la guerra, no mis miedos e inseguridades. Y sin embargo lo que ves en una guerra te revuelve la cabeza y el corazón durante años, y a veces toda una vida.

Cuando era niño, en México mis papás de vez en cuando me dejaban ver un programa de televisión llamado *Combate*. Lo ponían los domingos por la noche y, aunque me costaba levantarme para la escuela los lunes en la mañana, era inevitablemente el tema de conversación de todos mis amigos. Y yo quería ser parte de esa conversación. Me llamaba mucho la atención cómo los soldados se jugaban la vida y se sacrificaban en misiones que no siempre comprendían.

Esa fascinación por la vida de los otros y cómo enfrentan situaciones límite me llevó, poco a poco, al periodismo. Y aunque nunca he estado en combate —y espero nunca estarlo— las experiencias de haber cubierto para la televisión los conflictos bélicos en Israel, Ucrania, Irak, Afganistán, El Salvador, el golfo Pérsico y los Balcanes me han marcado para siempre. Pero en esos reportajes pocas veces había tiempo y espacio para contar mis experiencias personales.

Por eso escribo.

Quienes me quieren y conocen saben que me pueden encontrar muchas mañanas escribiendo frente a un viejo escritorio japonés de madera, originalmente beige y ahora pintado de café, y ante una computadora plana, larga y alta, como una hoja de papel a la altura de los ojos. Son tantas las horas que paso ahí que le puse dos cojines a una silla ya construida para proteger la espalda. Para contrarrestar mi tendencia a jorobarme sobre el escritorio, suelo usar un especie de corsé que me jala los hombros hacia atrás. Mis dedos reumáticos descansan sobre una barra negra de gelatina y el *mouse* baila bajo mi mano derecha. En los cajones del escritorio tengo todo lo necesario para no levantarme en un momento de inspiración y hasta conservo un medidor de la presión sanguínea para explicar alguna ansiedad o decaimiento.

El librero ocupa una de las paredes de mi oficina. Solo están ahí los libros que he leído y que son importantes para mí. Los demás los he regalado todos. Cientos. Soy cada vez más minimalista. Me deshago de todo lo que no uso. Mi escritorio ve hacia un jardín muy verde, lleno de árboles y de paz.

Ahí, en esa burbuja, paso horas y horas todos los días.

A veces escribiendo mis libros (antiguamente bajo los ojos atentos de una perra y una gata). Y otras elaborando mi columna semanal. Mi familia se queja, con razón, de que no hay ninguna relación entre el tiempo que paso dedicado a mis escritos, ensayos y discursos, y la remuneración económica que recibo por ellos. Pero sobra decir que uno no escribe para ganar dinero. Uno escribe porque tiene una necesidad interior de hacerlo.

Escribo en las mañanas antes de hacer ejercicio y sin la preocupación de apurarme al estudio de televisión, donde presento por las tardes un noticiero. Es un momentito que me he ido escarbando con el paso de los años, luego de que llevara a mis hijos a la escuela, y que es casi sagrado para mí.

No suelo atorarme con la página en blanco. Sigo el consejo que me dio Pete Moraga, mi primer director de noticias en Los Ángeles. Cuento lo que quiero decir, como si se lo dijera a mi mamá o a un buen amigo, y de ahí brinco al teclado. Algunas veces, si estoy viajando, escribo unos garabatos en una libreta de viejo reportero (para que no se me olviden las ideas), me envío un texto en el celular o le meto un par de palabras al iPad. Y luego las rescato al llegar a casa. Si se me ocurre algún tema o título antes de dormir, casi en sueños o al despertarme, tengo unos papelitos amarillos con una pluma en la mesita de noche.

Soy, como verán, un cazador de ideas.

Construir un libro es una tortura. Una vez que comienzas, ya no te deja en paz por meses.

El cerebro se echa a correr y hace conexiones inimaginables, como si funcionara independientemente de ti. Hay veces que basta con recoger lo que tu propio cerebro ha trabajado mientras tú duermes, corres, te bañas o comes. Otras veces cuesta arrancarles unas pocas palabras a los dedos.

El libro es el maratón; las columnas son otra cosa.

«Las columnas son como una alita de pollo que hay que comerse hasta el hueso», me decía el editorialista Guillermo Martínez, que también fue director de noticias de Univision y quien se nos acaba de ir hace poco. Tenía razón. En las columnas no hay que comerse todo el pollo, ni hablar de la granja. Escoges un tema —la alita— y te metes a fondo, tratando de evitar los escapes y las distracciones.

Pero tampoco quieres que se lea como una búsqueda de Google ni un ensayito producido con inteligencia artificial (AI). Por eso debe tener un ángulo único, muy particular, y de preferencia incluir una experiencia personal con el tema. Nada como ver con tus propios ojos. Y para cerrar, las buenas columnas suelen hacer referencia a su primer párrafo. Son un círculo irrompible.

Y no podemos olvidar lo más básico: las columnas son para conocer la opinión de quien las escribe. No tengo ningún problema con que un periodista exprese su punto de vista, siempre y cuando esté claramente marcado como opinión y no como artículo periodístico. Todos los periodistas —¡todos!— tenemos perspectivas subjetivas y hasta prejuicios. Eso es inevitable. El talento del columnista está en detectar esas desviaciones de la objetividad, asumirlas y ver un tema con ojos nuevos. Una buena columna siempre es un descubrimiento, te ayuda a ver las cosas de otra manera.

Después de tantos años de escribir columnas cada semana, el asunto se puede convertir en una cuestión de disciplina. Hay veces en que me puedo sentar y sacar una columna en dos horas o menos. Otras, las complicadas —las que involucran a personas vulnerables, a presidentes o personas con poder—, me pueden llevar días y hasta semanas. Y es que no me quiero equivocar. No quiero que de pronto aparezcan por ahí otros datos. No me importa que me critiquen en las redes sociales o que rechacen lo que digo, intento que el debate sea sobre las ideas, con argumentos, y no sobre cifras o datos equivocados.

Y sí, hay veces en que no sale nada. O que no hay tiempo. O que de pronto surgió una emergencia. En esos casos hay que dejar la columna pendiente como a un niño en un supermercado: siempre de la mano. Este es el mejor consejo que he recibido como escritor: no te levantes hasta que sepas con qué vas a comenzar al día siguiente. Esto se lo he oído a varios escritores, por eso no me atrevo a citarlo. Pero es un consejo tremendamente eficiente. Te evita empezar de cero y así puedes reingresar a la computadora corriendo.

¿Para qué escribimos? Para que nos lean. Para tener un impacto en la sociedad en la que vivimos. Para influir a los que nos rodean. Para proponer ideas. Para criticar a los que abusan de su poder. Para contar cosas que nadie más ha vivido. Y hasta para confesar nuestras más secretas vulnerabilidades.

Si el propósito de escribir fuera solo terapia, ahí están los diarios personales. Pero hay algo sumamente poderoso cuando publicamos. Nos exponemos y, al mismo tiempo, tocamos al otro. Las cosas nunca son las mismas luego de publicar. Es estar parado en el mundo.

Este libro está cargado de columnas y de secretos, algunos muy personales. Hay veces que resulta más fácil escribir algo que decirlo. Aquí les cuento de mi familia, de mis hijos, de la Jechu (así le decimos a mi mamá), de mis miedos, de lo que he aprendido como periodista, de mis mejores amigos, de las coberturas noticiosas que me han dejado cicatrices, de algunos personajes que me han impactado, del miedo a morir, de mis peleas con la Iglesia, del resentimiento ante los que abusan de su poder, del trauma y las oportunidades de ser inmigrante, de mis guerras (internas y externas), de mis grandes pérdidas y hasta de mis mayores alegrías.

Aquí hay muchas cosas que nunca te conté.

He podido rescatar escritos desde 1982, antes de venirme a vivir a Estados Unidos. Son tan viejos que algunos los tuve que desenterrar de unos *floppy disks* que tenía guardados en cajas y leer con un equipo digital que conseguí por Amazon. Y notarás que conforme pasan los años me voy soltando más, cuento más cosas y me siento con más libertad de expresar mis sentimientos y puntos de vista.

Lo que pasa es que el periodismo de opinión también ha evolucionado. Ya no basta con tener un buen argumento, mostrar datos y los dos puntos de vista. Ahora lo periodística y moralmente correcto es tomar partido en contra del racismo, de los enemigos de la democracia, de los populistas y de los promotores de la violencia. Al mismo tiempo, en esta época de redes sociales y de constante exposición de los asuntos más íntimos, es inevitable mostrar públicamente partes de mí que antes hubiera dejado en la esfera de lo privado.

Empecé a escribir columnas regularmente en 1993, luego de un viaje a la antigua Unión Soviética. Se las envié a Carlos Verdecia, quien era el director de *El Nuevo Herald* en Miami, y generosamente me cedió el espacio. ¡Gracias, Carlos! A partir de entonces no he dejado de escribir. Poco a poco fui extendiendo la distribución de mi columna semanal a varios periódicos en otros países. Y hoy lo hago a decenas de diarios y sitios de internet a través de The New York Times Syndicate. En Miami me sigue publicando el mismo periódico y en México el *Reforma* ha sido un maravilloso y solidario espacio de libertad para mis columnas.

Ahora, a mis 66 años, este libro es una especie de legado. Desde que me lo propuso Cristóbal Pera de Editorial Planeta sabía que lo tenía que publicar. Cuenta mi historia, a saltos, basada en las columnas que he publicado. Son más de mil. Pero escogimos, a veces con dolor, solo unas 100. Las más simbólicas y representativas. Las demás, me temo, quedarán en el cementerio de los archivos perdidos de la internet.

Espero que me acompañes en este viaje. A mí me ha llenado de emoción y de nostalgia revisitar todo lo que he escrito. No esperes largas y profundas reflexiones. No son ensayos. Son solo vistazos, momentitos —así, en diminutivo—, que tardarás tres, cuatro o máximo cinco minutos en leer. Pero espero que, de vez en cuando, esas palabras sean un golpe al alma, una caricia o hasta una sonrisa. Además, el libro tiene la ventaja de que se pueden ir saltando las páginas, regresar o buscar asuntos que se repiten. Al final, esta lectura puede ser hasta un juego. Hay también una guía temática por si prefieres leer consecutivamente varias columnas sobre el mismo asunto.

Las columnas que vas a leer no han sido modificadas. Así las publiqué originalmente y aparece el año en que lo hice. Algunos temas tienen una relevancia sorprendente; con solo cambiar la fecha o ciertos nombres, se podrían publicar mañana. Otras columnas, en cambio, huelen a viejito, pero las he dejado porque me marcaron de alguna manera o reflejan algo esencial de mí.

Con este libro cierro un ciclo.

Cuando era adolescente, mi mamá siempre leía los editoriales del diario *Excélsior* que llegaba diariamente a nuestra casa en la Ciudad de México. «Si lees los editoriales», me decía, «te vas a enterar de todo lo que pasa en el mundo». Estoy seguro de que eso me influyó para convertirme, muchos años después, en columnista. Y quién iba a pensar que un día ella iba a leer mis columnas.

Todos los sábados la Jechu recorta la columna que escribo en el periódico *Reforma* y la pone en un álbum. No estoy seguro de que las haya leído todas. Pero ese es, para mí, el mejor reconocimiento que jamás pudiera imaginar.

Por eso, también, escribo.

I

Otras vidas

OTRAS VIDAS

PUDE HABER TENIDO OTRAS VIDAS. Pude haber sido guitarrista, atleta olímpico y hasta político. Pero decidí ser periodista. Confieso que he tenido una vida muy intensa y no se me ocurre ninguna otra profesión que me hubiera expuesto a tantas y tan diversas experiencias. Aun así, a veces me imagino cómo hubieran sido mis otras vidas.

Cuando era niño quedé fascinado por los Beatles, que en México llamábamos «Los Bítles». Me parecían rebeldes, divertidos, creativos y muy libres. Todavía hoy tengo un cuadro de ellos en mi oficina, escucho su música casi todos los días y guardo tarjetas de los cuatro de Liverpool cruzando las famosas franjas blancas de Abbey Road.

Una de las canciones que más me gustaban de los Beatles era «Michelle» y, cuando tendría unos 12 años, le pedí a mi papá que me consiguiera un maestro de guitarra que me pudiera enseñar esa canción. Y lo hizo. Pero me trajo a un maravilloso profesor de guitarra clásica, Óscar Cué. Aún recuerdo que siempre iba todo vestido de negro, con botas, y largas uñas en su mano derecha.

Con gran paciencia, me enseñó a tocar «Michelle», pero, notando mi creciente curiosidad por las posibilidades de la guitarra, me fue introduciendo a Bach, Albéniz y otros clásicos. La primera vez que salí en televisión fue tocando la guitarra en un concurso para adultos. No pasé a la segunda ronda. Pero convertí a la guitarra en parte de mi vida, y a los 16 años di mi primer concierto. Otro concierto vendría un poco más tarde.

Sí, pude haber sido un concertista y maestro de guitarra clásica. Pero había dos serios problemas: uno, no tenía oído musical, me era casi imposible improvisar y traspasar a las cuerdas lo que escuchaba en un disco o en la radio; y dos, me faltaban las palabras. Nunca sentí que la guitarra era, para mí, la mejor manera de expresarme. Así que, con mucha tristeza, dejé de tomar clases de guitarra. Óscar, con un respeto mayúsculo ante mi decisión, nunca más me volvió a buscar y me dejó libre.

Mientras dejaba la guitarra, y con una cantidad ilimitada de energía, me puse a correr. En serio. En la escuela les ganaba a casi todos mis amigos y cuando jugábamos futbol mis compañeros me pasaban la pelota para correr por los extremos de la cancha y centrar para un gol. Corría rápido, muy rápido. Pero, ¿qué podía yo hacer con eso?

Ir a una olimpiada, por supuesto.

Participar en unos Juegos Olímpicos se convirtió en mi nueva obsesión. Un buen día —con una ingenuidad que ahora me parece increíble— me presenté en el Centro Deportivo Olímpico Mexicano (CDOM) en la Ciudad de México y le dije a un funcionario que quería entrenar con el equipo olímpico de atletismo. «Corro muy rápido», le dije, medio presumiendo. Me sonrió y me creyó. Y en un gesto que no deja de sorprenderme, me mandó con el entrenador del equipo mexicano.

Empecé a entrenar todas las tardes después de la escuela. Un imbécil que teníamos como prefecto en el colegio me dijo que eso de ir a una olimpiada era de «superhombres» y, con una sonrisa burlona, aceptó que saliera de la escuela unos minutos antes todos los días para ir a entrenar.

Corrí con cierto éxito en algunas competencias regionales y nacionales. Pero lo más importante es que estaba rodeado de verdaderos atletas, todos con historias llenas de obstáculos. Corrí los 100 metros planos y salto de longitud, pero una tarde, jugando, me di cuenta de que también podía saltar muy alto. De hecho, por arriba de mi cabeza. Por fin había encontrado mi prueba.

No podía creer mi buena suerte. Todo se estaba acomodando. La idea de ir a unas olimpiadas ya no era tan lejana.

Durante un año estuve entrenando para salto de altura hasta que llegué a un límite que parecía infranqueable. Era demasiado chaparrito para saltar por arriba de los dos metros de altura. Estaba muy lejos de la marca necesaria para unas olimpiadas. Aun así, me seguí preparando y entrenando lo más posible. Estaba dispuesto a hacer cualquier cosa para conseguir mi objetivo.

En medio de los duros entrenamientos empecé a sentir un pequeño dolor en la parte baja de la espalda. Sin embargo, no le quise dar la menor importancia. Suponía que era normal. Estaba exigiendo mucho de mi cuerpo.

A insistencia de mi *coach*, una tarde fui con los doctores del centro olímpico y me tomaron una radiografía. El resultado terminó con mis aspiraciones de ir a unas olimpiadas. Habían encontrado que una de mis vértebras estaba abierta —*spina bifida*— y que solo una peligrosa operación, soldando esa vértebra con la de arriba y la de abajo, podría darle una solución a largo plazo. La *spina bifida* es un defecto congénito que no tiene cura. Mucha gente puede vivir con ese padecimiento. Pero un atleta de alto rendimiento podría quedar paralizado si no se cuida.

Dejé el salto de altura y, sin hacerles caso a los doctores, me puse a entrenar para competir en los 400 metros con vallas. Suponía que, al no forzar tanto la espalda, podría continuar con mis aspiraciones olímpicas. Mi entrenador, a regañadientes y sin ver el diagnóstico de los doctores, aceptó mi cambio de prueba. Y yo lo vi como algo positivo. Mi baja estatura me limitaba en el salto de altura, pero en las carreras nadie me pararía.

En un par de competencias tuve muy buenos tiempos y me acercaba, poco a poco, al mínimo necesario para calificar a unos Juegos Olímpicos. Calculaba que en dos o tres años podría alcanzar la marca y cumplir mi sueño.

Y así estuvimos por algunos meses —yo ya no estaba pensando en mi columna vertebral— hasta que sorpresivamente llegó un reporte médico; era definitivo y con una recomendación fulminante. Una tarde, mi *coach* me jaló a un lado de la pista y me dijo que ya no me podía seguir entrenando, que el riesgo de quedar paralítico era muy alto.

Lloré.

Lloré.

Y lloré.

Recuerdo que llegué esa noche a casa y le conté todo a mi mamá, mientras ella lavaba los platos de la cena. Me escuchó como solo ella sabía escuchar. Y volví a llorar, esta vez abrazado por ella.

La tarde siguiente, ya sin entrenamientos, la vida se volvió a abrir. Y ahora, ¿qué voy a hacer? Terminaba la preparatoria, había que escoger carrera y universidad. Era el momento para reinventarme.

No sería guitarrista ni atleta olímpico. Tampoco futbolista, ni rockero, como alguna vez imaginé de niño. Por un tiempo coqueteé con la idea de meterme en la política. México a finales de los años setenta no era una democracia, y el país necesitaba sangre nueva y un revolcón social. Pero para mí hubiera sido impensable meterme a un partido político en México y quedarme callado. Me hubieran exigido silencio y lealtad, y yo no estaba dispuesto a dárselos.

Al final de cuentas, no sería la política ni una pelota de futbol ni la guitarra ni unos Juegos Olímpicos lo que me marcaría. Sino la posibilidad de ser testigo de la historia, de conocer a quienes la hacen y de estar bien parado en el mundo. El periodismo me abriría los ojos.

Pero mis otras vidas posibles me siguen embrujando.

EL CHICHONAL:
«HA LLOVIDO PIEDRAS»
[1982]

De un empolvado videocasete rescaté uno de mis primeros reportajes. Y después de apretar el botón de *play* lo que encontré me hizo revivir uno de los momentos más intensos de mi carrera como periodista; no solo por la magnitud de la tragedia que presencié, sino también porque estuve a punto de terminar achicharrado por una inexcusable irresponsabilidad.

El domingo 28 de marzo de 1982 a las 11:15 de la noche había hecho erupción el volcán Chichonal y poco después ya estaba camino a Chiapas, junto con un equipo de televisión, para ser testigo de uno de los desastres naturales más devastadores que ha tenido México. El volcán de dos conos había lanzado piedras y ceniza a hasta 10 mil metros de altura. Una nube grisácea, de 375 kilómetros de radio, iba apagando poco a poco la vida alrededor del Chichonal.

«Ha llovido piedras», me dijo el vulcanólogo Federico Mosser, entre entusiasmado y sorprendido. Desde luego que no debe haber nada más emocionante para un vulcanólogo que presenciar el momento mismo de una erupción. Pero incluso este científico tuvo que buscar refugio bajo unas casuchas de láminas para no acabar como una víctima más.

Un anciano, con la ceniza confundiéndose en sus canas, no estaba tan entusiasmado con el Chichonal. «Parecía que íbamos a perecer», me dijo. «Y luego las piedras, TA, TA, TA, TA».

Después de la primera y brutal erupción del último domingo de marzo, otras le siguieron. Las pequeñas poblaciones de Nicapa, Francisco León, Chapultenango, El Guayabal y El Volcán quedaron, literalmente, enterradas bajo piedras y minúsculas partículas grises y negras. Nunca antes había visto algo así.

«Creo que el mundo se va a acabar», me dijo una mujer que estaba rezando en la iglesia de Pichucalco y que se había resignado a morir ahí mismo. Otros, haciendo fila en la plaza, buscaban escapar en los camiones de redilas que había traído de emergencia el ejército.

«Yo soy de aquí, de Pichucalco», me dijo uno. «Y a dónde va?», le pregunté. «A donde nos lleven», contestó. En realidad, no importaba a dónde. Lo importante era irse lo más lejos posible del volcán. Y miles se fueron solo con lo que llevaban puesto.

Tras las primeras tres erupciones —que se escucharon a 50 kilómetros de distancia— varias poblaciones quedaron bajo metros de lo que antes era una parte del volcán. En un principio muchos creyeron que lo peor había pasado. Pero estaban equivocados; las erupciones continuaron y con fuerza.

Conocí a un hombre llamado Enrique Díaz Bautista que había dejado a su esposa y a su hijo mayor en Chapultenango; sencillamente no se quisieron ir de ahí. Y murieron ahogados entre cenizas ardientes. Las lágrimas de Enrique —cuando me contó su historia— se le atoraron al salir de sus ojos por las costras de mugre y tierra que aún cubrían su cara.

«La gente es muy necia; no quieren salir», me comentó uno de los compañeros de Enrique. Eran unos 10. Y me los encontré en el camino de terracería que, en situaciones normales, hubiera conectado a Pichucalco con la población de El Volcán. Cuando di con ellos, estábamos a unos tres kilómetros del Chichonal. Ellos huían del volcán, mientras que nosotros tratábamos de acercarnos lo más posible.

Ese era mi primer reportaje importante y sabía que tenía que demostrar —a mis jefes, a mis compañeros, a la teleaudiencia…— que no había conseguido el trabajo por conocer a algún influyente ejecutivo de la televisión. (No había nada más lejos de la realidad; comencé desde abajo y sin ninguna palanca).

Sin embargo, en el intento de demostrar que sí podía realizar un buen trabajo periodístico casi me quedo en el camino, junto con el camarógrafo y sonidista que me acompañaban. Al llegar a Villahermosa, Tabasco —el único aeropuerto abierto de la región—, habíamos rentado un automóvil automático que ciertamente no era el más apropiado para cruzar montes y cañadas.

Durante el primer día de trabajo —cuando recorrimos algunos de los poblados más afectados— la luz del sol quedó bloqueada después de las 10 de la mañana; la ceniza proveniente del volcán era muy densa y la visibilidad prácticamente nula. El segundo día queríamos ir lo más cerca posible del volcán, con luz o sin luz. Pero el carro, sencillamente, no cooperó.

A las pocas horas de nuestro trayecto hacia el Chichonal, el motor del auto se tupió y el sistema eléctrico no dio más. Estábamos demasiado cerca del volcán y una nueva erupción o una explosión de gases nos hubiera dejado en el esqueleto.

Por pura suerte, nos topamos con ese grupo de campesinos que huían de Chapultenango y, cargando el auto, nos ayudaron a darle la vuelta en una estrechísima vereda. Ahora solo faltaba prenderlo. El sonidista —que sabía algo de mecánica— limpió como pudo el motor y después desapareció debajo del auto. Todavía no sé cómo lo hizo, pero en unos minutos lo prendió sin necesidad de utilizar la llave. Finalmente, el auto —tosiendo y andando a paso de gallina— nos sacó de la zona de peligro. Aguantó casi hasta el final. Y al llegar a una de las carreteras principales, no se volvió a mover. (Años más tarde, un amigo me comentó que el automóvil se tuvo que declarar como pérdida total).

Dos días después, regresamos al mismo lugar donde se nos había quedado el coche y el panorama parecía irreconocible. Según nos comentó un campesino, poco después de que nos fuimos hubo una violentísima explosión —por los gases acumulados del volcán— y la zona quedó como un desierto; no había un solo árbol parado y las pocas vacas que vimos estaban negras y quemadas.

Nos salvamos por un pelito. Esos campesinos de Chapultenango nos rescataron, y de paso mantuvieron a flote mi carrera. Lo que hicimos para filmar ese reportaje —ir contra la corriente, desafiar a los que conocían la zona y acercarme lo más posible al volcán— fue una verdadera irresponsabilidad. Lo reconozco.

Ahora, claro, veo las imágenes que obtuvimos de las poblaciones enterradas por el volcán Chichonal —las únicas que existen de esos días— y pienso que valió la pena el riesgo. Pero si no nos hubiéramos encontrado con esos campesinos en el preciso momento en que más ayuda necesitábamos, otro gallo cantaría.

Muchos otros que vivían alrededor del volcán no tuvieron nuestra suerte.

Posdata automotriz: el automóvil, desde luego, se declaró como pérdida total a la compañía de seguros, pero el reportaje fue, sin duda, único, por el acceso a las poblaciones más afectadas por el volcán. Nadie, nunca, se quejó por lo del auto y ahí aprendí otra de las lecciones básicas del periodismo: la noticia, si no sale a tiempo, se pudre y empieza a apestar. La noticia tiene que salir al aire, no importa cómo y aunque cueste un carro.

TERREMOTO DEL '85
[1985]

Para Félix

I

El 19 de septiembre de 1985, a las 7:18 de la mañana, un terremoto de 8.1 grados en la escala de Richter sacudió por dos minutos a la Ciudad de México. Al menos 10 mil personas murieron y más de siete mil edificios quedaron dañados o destruidos. El sismo cimbró los cimientos, no solo de la capital, sino también de las principales premisas bajo las que funcionaba toda la sociedad mexicana: el autoritarismo, el Estado todopoderoso, el presidente intocable, la distribución piramidal del poder, la supuesta infalibilidad de un sistema que había traído estabilidad...

II

Las primeras imágenes del terremoto las vi por televisión, desde Los Ángeles. Unas horas después estaba volando hacia la Ciudad de México. Me acompañaba un camarógrafo y un productor del Canal 34, la estación afiliada de Univision en Los Ángeles. Para nuestra sorpresa, se permitió aterrizar al avión sin ningún contratiempo. Tan pronto como pude hablé a casa de mis padres, y una vez que me aseguré de que ellos y mis hermanos estaban bien, nos pusimos a filmar y a hacer entrevistas.

Como periodista se supone que uno sea observador y no partícipe de la noticia. Pero me costó, como nunca, poderme separar del desastre que estaba viendo. Después de todo, esa era la ciudad donde había vivido por 25 años. El drama de sus 8 millones de habitantes estaba demasiado cerca de mí.

De alguna manera me bloqueé emocionalmente por unas horas y trabajamos hasta el amanecer. Enviamos nuestro reportaje para televisión, vía satélite, a Los Ángeles, y luego tratamos de descansar un poco. Fue imposible.

III

Cuando la política se combina con una tragedia natural, el resultado es un desastre de aún mayores proporciones. El entonces presidente Miguel de la Madrid, asumiendo un falso sentido del nacionalismo, retrasó —de acuerdo con varias versiones— el pedido de ayuda internacional. Quién sabe cuántas personas se hubieran salvado con una reacción más rápida y efectiva. Mientras los funcionarios gubernamentales parecían paralizados, los ciudadanos tomaron las labores de rescate en sus manos. Literalmente. El gobierno perdió el control.

Luego vino el encubrimiento. Los edificios donde más vidas se perdieron fueron construidos y administrados por el gobierno: el Hospital Juárez, el Hospital General, el edificio Nuevo León… quizá por eso funcionarios gubernamentales intentaron manipular y ocultar la información. Todavía un año después del terremoto el gobierno insistía en que el número oficial de muertos era de solo 4287, aunque ellos sabían que eran muchos más.

Al respecto, el diario *The Washington Post* recogió entonces las voces de dos duros críticos. Cuauhtémoc Abarca, líder de los damnificados, denunció: «El gobierno consistentemente ha tratado de esconder información, de minimizar los hechos». Y Adolfo Aguilar Zínser, quien entonces trabajaba para un centro de estudios económicos, le encontró una explicación al encubrimiento. Los funcionarios gubernamentales, dijo el hoy congresista, temían que el terremoto «dañara la imagen de un superestado omnipotente, capaz de resolver cualquier problema».

IV

El terremoto fue un jueves. El viernes por la tarde, cuando estaba en mi habitación del piso 36 en un céntrico hotel, hubo una fuerte réplica. El edificio de acero y concreto parecía desmayarse. Nunca he bajado unas escaleras más rápido en mi vida. Ya en la calle, junto con el camarógrafo que empujó hasta viejitos para darse paso, nos preguntábamos qué había pasado con Jaime García, nuestro productor. Resulta que él se estaba bañando cuando ocurrió el segundo temblor. Desnudo, mojado y en pánico, se quedó sobre la cama de su cuarto sin saber qué hacer.

V

En México —según el dicho popular— nunca pasa nada... pero cuando pasa, pasa. Hay una serie de fechas en la historia moderna que dejan ver cómo los mexicanos le han ido perdiendo la confianza a su gobierno. Ahí está la masacre de cientos de estudiantes, mujeres y niños en la Plaza de Tlatelolco el 2 de octubre de 1968; el masivo fraude electoral del 6 de julio de 1988; el alzamiento rebelde-indígena del EZLN el 1 de enero del '94; los asesinatos de dos líderes priístas —Luis Donaldo Colosio y José Francisco Ruiz Massieu— más tarde el mismo año; y por último las elecciones del 6 de julio de 1997 en que el PRI, el partido del gobierno, perdió el control de la Cámara de Diputados por primera vez en la historia, así como la alcaldía de la Ciudad de México.

Pero a estos momentos claves en la descomposición del sistema y en la fractura del poder en México, hay que incluir ese 19 de septiembre de 1985, después del terremoto, cuando los habitantes de la capital se dieron cuenta de que no podían dejarle al gobierno el control de los asuntos más importantes de sus vidas.

VI

Crecí en una ciudad —la de México— cuya historia va de la mano con los terremotos. Y los temblores me han seguido, casi como maldición, en mi carrera de periodista.

De niño los sismos me parecían hasta divertidos. Me sentía invencible; lejos de asustarme, disfrutaba ver cómo se movían las cosas, solitas, de un lado a otro, y cómo perdía el control gente que en circunstancias normales parecía de piedra.

Mucho más tarde, ya como reportero, los temblores dejaron de ser chistosos. En septiembre de 1985 perdí en el terremoto de México a uno de mis mejores amigos, Félix Sordo; él fue quien me metió en esto del periodismo.

Cada vez que yo regresaba a la Ciudad de México, nos veíamos. Félix vivía de prisa. Dormía poco. Quería experimentar muchas vidas en una sola. Y qué razón tenía. Es como si siempre hubiera presentido que su vida sería muy corta.

Tras el terremoto, lo busqué como loco entre escombros y hospitales.

La última vez que alguien lo vio fue el jueves por la mañana, en su trabajo, antes del temblor. Circulaban rumores de que lo habían rescatado, pero no aparecía por ningún lado. Una de esas veces, esperanzado, llamé a su casa. Me contestó su mamá. «Señora» —le dije— «escuché que ya encontraron a Félix y no lo quiero molestar, solo quería que supiera que estoy pensando en él...». Ahí me interrumpió. «No, Jorge», me dijo. «No lo hemos encontrado».

Desesperado, me metí sin permiso en varios hospitales a donde llevaban a las víctimas del terremoto. Aún recuerdo haber corrido por largos, interminables pasillos. Sudaba. Se me quedaron grabadas las caras, llenas de dolor y confusión, de los que habían sobrevivido. Nada. Félix no estaba ahí.

Su cuerpo fue encontrado cuatro días después del terremoto, entre los estudios de televisión donde trabajaba en Televisa. Siempre vivió de prisa e intensamente. «No tengo mucho tiempo», me decía, como en una especie de premonición. Murió antes de cumplir los 28, mucho antes...

Pero cada vez que tiembla, lo recuerdo.

Así fue cuando me agarró una réplica de 7.6 grados en la escala de Richter en el piso 30 de un hotel de la capital mexicana; cuando llegué a El Salvador tras el terremoto de 1986 o a Oakland y San Francisco unos años más tarde; cuando saqué a mi hija de su cuna y salí a una calle de Los Ángeles, temiendo que el frágil edificio de madera donde vivíamos no resistiera las oscilaciones de un temblor; cuando me sorprendió un sismo en la azotea de un rascacielos, cerca de Northridge en 1994, mientras hacía una transmisión en vivo por televisión; cuando en Cumaná, Venezuela, vi cómo un montón de basura reemplazaba la construcción que simbolizaba la solidez de la ciudad donde nació Sucre...

Sí, cada vez que tiembla lo recuerdo.

En fin, esto es lo que pasa cuando te toca vivir y trabajar en una América epiléptica.

A FUEGO CRUZADO EN EL SALVADOR
[Marzo, 1989]

Cuando me tocó cubrir las elecciones presidenciales en marzo del '89, la guerra entre el ejército y los rebeldes del FMLN estaba en todo su destructivo apogeo. Fue entonces cuando por mala suerte y mucha imprudencia me encontré en la mitad de un fuego cruzado entre soldados y guerrilleros en San Ramón, a las afueras de la capital.

Recuerdo que era muy temprano, antes de las siete de la mañana, e iba junto con el periodista y camarógrafo peruano Gilberto Hume y la productora Sandra Thomas, a buscar el origen de tanto ruido de ametralladora. Cuando lo encontramos, era demasiado tarde.

El chofer manejó exactamente al lugar donde se estaba realizando un combate. A la primera ráfaga de balas, Gilberto Hume salió con su cámara en el hombro para filmar la confrontación, y se fue derechito hacia donde provenía la metralla. Nunca he entendido exactamente qué hace que los camarógrafos de guerra tomen esos riesgos, pero a veces se sienten invulnerables, como si creyeran que por llevar una cámara nada les puede pasar.

Mientras Gilberto se escurría los balazos, Sandra y yo nos tiramos al piso de la camioneta. Pero lo hicimos tan rápido que nos pegamos en la cabeza. Tuvo que haber sido un tremendo cabezazo porque por unos segundos Sandra no se movió. Luego me confesaría que pensó que el dolor en la cabeza había sido por una bala y no por mi cabeza, y que se quedó inmóvil asumiendo que se iba a morir.

Todavía aturdida, Sandra se empezó a tocar la cabeza, y al no ver sangre, me sonrió con unas ganas que nunca he olvidado. Claro, en su mente, ella había revivido. Sin duda soy un cabeza dura y hoy Sandra se ríe cada vez que se lo recuerdo.

La situación dentro de la camioneta era bastante peligrosa, ya que había disparos de ambos lados, así que, aprovechando una pausa en el combate, Sandra, el chofer y yo nos echamos a correr. Sandra corrió para un lado y el chofer y yo para otro. La perdimos.

De pronto aparecieron en el horizonte dos helicópteros del ejército salvadoreño para dar apoyo a los soldados en tierra. Cuando los helicópteros se acercaron a unos 200 metros, el chofer alzó los brazos y me dijo que hiciera lo mismo para que se dieran cuenta de que no éramos guerrilleros y que no íbamos armados. Pero el efecto fue contraproducente. Tan pronto como alzamos los brazos, nos empezaron a disparar. Seguramente pensaron que éramos guerrilleros vestidos de civil. Yo creía que el chofer, siendo salvadoreño, sabía que subir los brazos era una especie de señal de paz. «¿Por qué nos disparan?», le pregunté aterrado, «si tenemos los brazos en alto?». «No sé», me contestó. «Es la primera vez que me toca algo así».

Desde luego, salimos despavoridos de ahí y buscamos refugio en una casucha de un solo cuarto y techo de lámina. Los niños, dentro de la casa, estaban llorando. Una mujer que se había mantenido en la cama durante los primeros minutos del combate se levantó como un resorte cuando se dio cuenta de que los disparos de los helicópteros estaban cayendo muy cerca, y todos nos pegamos contra las paredes de adobe en un vano intento de protegernos de las balas.

Los casquillos al caer hacían un sonido aterrador sobre el techo de metal. Las balas rebotaban por todos lados. Sinceramente no sabía si íbamos a salir con vida de ahí.

Increíble, era el día de las elecciones, y en lugar de ver cómo votaban los salvadoreños yo me estaba escondiendo de las balas. Estuve paralizado unos 20 minutos, pegado como chicle contra una pared, junto a los asustados dueños de la chocita. Pocas veces he tenido tanto miedo.

Ahí, pensé que quizá mi papá había tenido razón cuando me insistía en que estudiara ingeniería, medicina o abogacía. «¿Y qué vas a hacer cuando salgas de la universidad con ese título de comunicación?», me decía. Nunca le pude contestar. Pero ahora ya le tenía una respuesta: «Ir a la guerra».

Los guerrilleros escaparon y un soldado murió en ese combate. Gilberto, sorprendentemente, lo captó todo en cámara y, además, no sufrió ni un rasguño.

Antes de irnos, quise filmar una presentación en cámara en la que explicaba qué es lo que había ocurrido ahí. Los motores de los helicópteros todavía se escuchaban a lo lejos y aún estaba muy nervioso. Por supuesto, me equivoqué un montón de veces hasta que por fin me salió algo más o menos coherente.

Ese mismo día tres periodistas murieron en combates en otras partes del país.

RUSIA: BIENVENIDOS AL CAPITALISMO
[Mayo, 1993]

Moscú, Rusia. En la escuela número 110 de Moscú me tropecé con los nuevos revolucionarios rusos. Tenían 15 o 16 años, se vestían con jeans y zapatos tenis, y escuchaban a grupos de rock como Duran Duran, Nirvana o al español El Último de la Fila. Era la primera generación de rusos acostumbrados al cambio en los últimos 70 años.

Me encontré con Maria, Andrei y tres de sus compañeros en una de las cuatro escuelas de la capital rusa donde el español era parte fundamental de las asignaturas. Sus padres trabajaron en Cuba o fueron diplomáticos en el extranjero, y por ellos descubrieron el castellano. Cuando los conocí estaban discutiendo en clase de literatura un pasaje del escritor español Miguel de Unamuno.

Su revolución era silenciosa, pero implacable. No tenían el miedo al sistema ni a la represión que había paralizado la vida de sus padres y maestros. Eran los primeros pensadores libres de Rusia. No tenían libros de historia que les marcaran un rumbo. Su historia la veían por televisión. Los cambios en Rusia habían sido tan rápidos y radicales que las nuevas interpretaciones sobre la intransigencia de Lenin, las atrocidades de Stalin y los titubeos de Gorbachev no habían llegado a los libros de texto. (Me iba a reunir también con su maestro de historia, pero no llegó a la cita. Precaución, quizá).

Maria, delgada, segura de sí misma con su falda de mezclilla, era la más extrovertida del grupo. Su español era casi impecable. Le gustaba Clinton por joven y porque al igual que ella escucha la música del grupo U2. Para ella, Marx era solo un teórico y Gorbachev nunca le impresionó mucho. Con soltura cambiaba de tema. Sí, ella creía que los 16 años era una edad apropiada para iniciar la vida sexual. Sus compañeros hablaban sin inmutarse sobre condones y de cómo aprovechaban cuando sus padres se iban a trabajar para invitar a sus amigas a casa. No había secretos ni KGB. Era Moscú en 1993.

Nadie les había dicho cómo pensar. Cuando niños fueron pioneros del Partido Comunista, pero antes de entrar al Komsomol (el grupo de jóvenes comunistas) el presidente ruso Boris Yeltsin disolvió el partido. Y ahí, para ellos, terminaron los dogmas. El futuro era de ellos, no del socialismo.

No es que su vida fuera fácil. Los hombres, al cumplir los 18, eran reclutados por un año y medio en el servicio militar obligatorio. Pero al menos no tenían que preocuparse por defender Afganistanes o congelar primaveras checas. Más les preocupaba el dinero que la guerra. Eran jóvenes, pobres y libres.

Se reían con facilidad y hablaban en español sin que su acento los cohibiera. Criticaban sin modestia a los jóvenes españoles y norteamericanos por no conocer siquiera a sus propios escritores. Sin embargo, reconocían que compartían con ellos las inquietudes que despertaba Madonna. Querían ser parte de la nueva *intelligentsia* rusa y estudiar economía o relaciones internacionales. No iban a permitir que nadie les impusiera límites desde fuera. Estaban tomando su vida en sus propias manos.

Yeltsin y los excomunistas se seguían disputando el poder en Rusia. Pero a ellos, los jóvenes, ese debate no les preocupaba demasiado. Ellos sabían que el cambio estaba dado. Maria, Andrei y sus compañeros de la escuela número 110 eran la más clara señal de que la libertad había echado raíces en Rusia y que no había vuelta atrás.

SAI BABA Y MI TÍO ARMANDO
[1995]

Puttaparthi, India. A sus 87 años de edad, mi tío Armando no dudó ni por un momento cuando le planteé la posibilidad de ir a la India a ver a Sai Baba en octubre de 1995. Sai Baba es considerado un avatar por sus seguidores, es decir, una encarnación de Dios. Este supergurú tiene unos 50 millones de devotos en todo el mundo, entre los que se destacaba el ex primer ministro de la India, P. V. Narasimha Rao... y mi tío Armando, por supuesto.

Cuando fui a recoger a mi tío en el aeropuerto de Nueva Delhi, después de volar más de 14 mil kilómetros, apenas se le notaban el cansancio y la falta de sueño. Lo dominaba la emoción de estar a un paso de ver a su líder espiritual.

Bueno, la verdad fue más de un paso. De la capital volamos a Bangalore, en el sur del país, y luego manejamos casi cuatro horas hasta llegar a la población rural de Puttaparthi. Es ahí donde nació Sai Baba hace 72 años y donde está localizado su *ashram*, que es una especie de campamento espiritual y refugio de las tentaciones materiales del mundo. Le llaman Prashanti Nilayam.

Las poblaciones aledañas al *ashram* se benefician ampliamente de su generosidad. Mientras estuve ahí vi cómo regalaban cientos de máquinas de coser y otros instrumentos de trabajo, además de los empleos generados en la región por la constante llegada de visitantes que quieren conocer a Sai Baba.

44

Con las palabras *sairam, sairam* nos recibieron al llegar al *ashram*. Nos registramos, al igual que todos los peregrinos, y luego nos asignaron un cuarto. No tenía camas ni muebles, pero el baño sí incluía un par de cepillos de plástico para limpiar la sospechosa negrura del *toilet*. Supongo que no se puede pedir más por lo que pagamos; dos dólares por noche.

Alquilamos unas colchonetas para poner sobre el piso de cemento, y con un par de sábanas y mosquiteros terminamos de decorar la ascética habitación. Desde luego andábamos de suerte. La mayoría de los visitantes terminan durmiendo en unos enormes galerones donde separan, sin contemplaciones, a hombres y mujeres. La modernidad no había llegado aquí.

Dejamos nuestras cosas y nos dirigimos al centro del complejo religioso donde Sai Baba hacía sus presentaciones públicas o *dharsans* dos veces al día; una poco después de que saliera el sol y otra al atardecer. Nos quitamos los zapatos, pasamos por un detector de metales y nos pusimos a esperar.

Ahí todo era propicio para pensar en la enorme influencia que han tenido en la humanidad los líderes religiosos nacidos de ese lado del mundo: Rama, Krishna, Jesús, Mahoma, Buda, Zoroastro… ¿Podría ser Sai Baba parte de este selecto grupo, como aseguran sus seguidores?

Éramos cerca de 20 mil personas en un enorme salón, sin paredes y techado, pero el orden y el silencio eran casi completos. Algunos, en posición de flor de loto, meditaban. Otros, como un par latinoamericanos que me encontré, leían dos libros que parecían estar muy de moda en el *ashram*: *Auto-Urine Therapy* y *The Water of Life*, ambos sobre las supuestas maravillas médicas que ocurren cuando ingerimos nuestra propia orina.

Empezó a oler a incienso y a oírse música a lo lejos. De pronto, por una de las puertas, apareció Sai Baba. Parecía flotar y se desplazaba como si tuviera ruedas en lugar de pies. Iba vestido con una túnica naranja cerrada con dos botones de oro, sus únicas joyas. Quisiera utilizar otra palabra, pero hay solo una para describir su peinado: afro.

Recorrió lentamente el pasillo hasta llegar a su silla de terciopelo rojo, y después de escuchar varios cantos o *bhajans*, pronunció un largo discurso en telugu, su lengua natal. Afortunadamente el «iniciado» no nos dejó en la oscuridad. Uno de sus asistentes, copiando hasta sus más mínimos gestos, nos tradujo también sus palabras al inglés.

Sai Baba dice que enseña la «esencia de todas las religiones». Apunté algunas de las frases que pronunció esa tarde: «Dios es como el fuego que está debajo de las cenizas… el ego es como una serpiente que hay que destruir… cómo va el ojo a ver a Dios cuando ni siquiera puede verse a sí mismo… el cuerpo no es nuestro, lo tenemos prestado». Puse mucha atención en lo que dijo, pero tengo que confesar que después de tres horas en el suelo me empecé a preocupar más por los calambres en mi esqueleto que por mi superación espiritual. Me equivoqué al pensar que los castigos corporales a los que me sometieron los sacerdotes benedictinos durante mi infancia me habían preparado para esto. Mientras malabareaba estos irreverentes pensamientos, Sai Baba terminó de hablar y se fue, moviendo rítmicamente su negra y esponjada cabellera.

Mi tío Armando, en cambio, conectó con Sai Baba tan pronto como lo vio. Observé un par de emocionadas lágrimas correr por su cara. Era, tengo que reconocerlo, como si se estuvieran comunicando sin palabras. Después de esa experiencia, él podría haberse regresado a México, feliz y satisfecho. (En el resto del viaje, Armando estuvo como ausente; después de ver a Sai Baba, tanto trajín ya no tenía mucho sentido para él).

Dicen que Sai Baba materializa ceniza o *vibhuti* cuando mueve las manos. Yo la verdad no vi nada. Pero sus devotos le atribuyen una naturaleza divina y todo tipo de milagros. Uno de los principales críticos de Sai Baba, el escritor evangélico Tal Broke, dice que la gente investiga más cuando compra un carro que cuando escoge a un líder religioso. Él debe saberlo. También fue un seguidor de Sai Baba.

Como quiera que sea, mi tío y yo vimos cuatro veces a Sai Baba. Él quedó más convencido que nunca de su divinidad, mientras que yo multipliqué por dos o tres el número de dudas que tenía. Quizás la respuesta a nuestras inquietudes espirituales está más en la búsqueda interna que en las palabras y recetas de los líderes religiosos.

Pero sí debo reconocer que hay algo muy especial en Sai Baba. No tengo otra forma de explicar la paz interior que transmite a algunos de los que están en su presencia. Seguramente mis prejuicios, enraizados en una racionalidad occidental, no me permitieron ver más allá de eso.

A pesar de las interrogantes que me quedan, la experiencia de mi viaje a la India valió mucho la pena. Hoy aprecio más lo que tengo, incluyendo mi cama. Además, creo que fue una buena terapia el no haberme visto al espejo por unos días (no pude encontrar uno solo en el *ashram*). Pero lo más importante fue que, después de un cuarto de siglo de espera, mi tío Armando pudo ver a Sri Sathya Sai Baba de Puttaparthi. Y esto, para él, fue una de las más claras señales de la excepcionalidad de este buscador de almas.

Para mí, lo más excepcional fue la entereza moral y fuerza de voluntad del hombre de 87 años de edad que acompañé a la India.

POSDATA. Muchos años más tarde, Sai Baba sería acusado de gravísimas acusaciones de abuso sexual en contra de algunos de sus seguidores. Murió a los 85 años el 24 de abril del 2011 de complicaciones respiratorias y cardiacas. Y mi tío Armando no murió ese mismo día como tantas veces nos había asegurado que ocurriría. El mito se desinfló.

BEIJING EN BICICLETA
[1996]

Beijing, China, de noche, exactamente siete años después de la masacre en la plaza de Tiananmen. Tan pronto como llegué a mi cuarto de hotel en ese verano del '96, prendí la televisión para ver si había alguna mención sobre los cientos de estudiantes que el ejército chino había asesinado la madrugada del 4 de junio de 1989.

Encontré un noticiero en el canal del gobierno, pero nadie ahí habló de los jóvenes de Tiananmen, de los que murieron tratando de colar la democracia en China. La omisión fue obvia, triste, denigrante. Tras el noticiero comenzó la transmisión de un juego internacional de hockey sobre pasto. Bienvenido a China, pensé. Apagué el televisor y caí rendido sobre la cama, vencido por el *jet lag*.

Siempre me ha costado trabajo separar la pujante imagen que intenta proyectar el gobierno chino con la brutalidad que demostraron sus soldados aquella noche en la plaza central de la capital. Así que, junto con la censura de prensa, esperaba encontrar una ciudad de pocos contrastes, sin color, uniforme, anclada todavía en la pobreza y con una constante presencia policial. Pero Beijing resultó ser mucho más compleja y difícil de leer (y no solo porque no hablo mandarín). Ahí, como en Guangzhou y Shanghái, se está viviendo la transición hacia un tipo de sociedad que aún los chinos no han podido definir. No es un comunismo radical, ni capitalismo

48

rampante, y mucho menos una democracia liberal o una tiranía feudal; es el experimento chino en marcha.

Oficialmente, el sistema que opera en China es el «socialismo de mercado». Lo que eso quiere decir es que los chinos pueden trabajar para empresas privadas —de hecho, cuatro de cada cinco empleados lo hacen—, aunque el Estado mantiene el control de la dirección económica del país. Sin embargo, hay que aclarar, el Hong Kong británico no representaba durante mi visita el modelo a seguir para la China del nonagenario Deng Xiaoping y sus ambiciosos camaradas. Les atraía la prosperidad económica de la ahora excolonia, pero les causaban ansiedad sus libertades (la de viajar, la de expresarse, la de vivir donde se te pegue la gana).

A nivel político, los 1200 millones de chinos vivían con las manos amarradas, aunque la cuerda se estaba aflojando un poquito. Podían votar en elecciones locales por cualquiera de los candidatos que reciben la aprobación del Partido Comunista, pero no podían escoger a sus líderes nacionales. Menos de un cinco por ciento de la población estaba afiliada al partido. Por eso, las elecciones libres y democráticas que acababa de realizar Taiwán tenían muy nerviosa a la dirigencia china. Ahí, en esa islita a la que huyeron los nacionalistas tras la revolución de 1949, había surgido la primera democracia entre todas las naciones con población de origen chino.

Pero estas comparaciones entre China, Taiwán y Hong Kong nunca le quitaron el sueño a Liu Yin, la pobre estudiante de inglés que tuvo la penosa tarea de llevarme a conocer la muralla china y aguantar mis 1329 preguntas. Liu Yin vivió en carne propia una tortura china.

Liu Yin nació el mismo año (1975) en que se impuso la política de un hijo por familia, y reflejaba la actitud de la nueva generación que sabía más de Marx por los libros de historia que por la calle. Ella me dijo que creía en el socialismo —porque es lo que aprendió en la escuela—, pero que en realidad no le importaba si su país era socialista o capitalista mientras mejorara su nivel de vida.

De las palabras de Liu Yin se desprendía una buena dosis de individualismo y pragmatismo. Y con esa misma combinación me topé por montones en Beijing cuando renté una bicicleta, en un desesperado intento por evitar las típicas trampas para turistas. Por unos 20 yuanes (menos de tres dólares) conseguí por todo el día una bicicleta negra y destartalada, parecida a la que tenía de niño. Y no hay duda, a ras del suelo las cosas se ven muy distintas. Además, pude corroborar lo que antes me había dicho Liu Yin.

En mi recorrido por la ciudad, nunca estuve solo; ahí hay ocho millones de bicicletas. Beijing es una ciudad bicicletera, donde un amasijo de metales bien aceitados, dos ruedas y un par de buenas pantorrillas te movilizan mejor que la telaraña del sistema de trenes, autobuses y metro.

A primera vista, Beijing (o Pekín, si prefiere seguir el diccionario) parecía una acumulación de mastodónticos edificios, entre grises y café, distribuidos con aburrimiento por las amplias avenidas que sangran la metrópolis. Pero esa es solo la fachada, la máscara de cemento con pelos de antenas parabólicas, diseñada con orgullo por la revolución para los inversionistas que traen sus sacos cargados de dólares y yenes. Ahí mismo, detrás de esa cara mustia, estaba la verdadera energía de Beijing.

Serpenteando entre las callecitas que te alejan del palacio imperial y del mausoleo de Mao, no escuché dogmas ni consignas, pero sí las voces plateadas de la oferta y la demanda. Casi todo estaba a la venta, como en cualquier ciudad de Occidente. Pero la diferencia era el producto: arroz, soya, copias piratas de música norteamericana, seda, conejos y hasta unos sospechosos cráneos en una salsa color mostaza, que parecían como de perro.

(Además de caninos, aquí también se comen una especie de rata, un poco más grande que las que invaden basureros y sótanos. Y tengo la impresión de haber probado rata, cocinada en tiritas sobre aceite y con un poquito de picante. Cuando le pregunté al mesero qué era lo que me estaba comiendo, no me quiso decir. Pero eso que comí no era carne de pollo, puerco o res).

Dejando a un lado la gastronomía china, vi los cuartuchos donde se apretujan los millones de inmigrantes campesinos que vienen a probar su suerte a la ciudad. Y también me tocó presenciar un desfile de modas, gratuito y al aire libre, con jovencitas rumbeando al ritmo de Michael Jackson. Así, mis estereotipos sobre China se fueron rompiendo en cada hoyo en que caí y ante cada automóvil que burlé. Y con suerte, mucha suerte, libré el día con un saldo de solo dos piernas adoloridas.

China, para mí, sigue siendo la de Tiananmen y la que se debate entre ideologías. Pero ahora tengo también algo mucho más personal con qué balancear esa imagen. Tengo a Liu Yin y el pedazo de Beijing que recogí en bicicleta.

II

Cómo me convertí
en inmigrante

CÓMO ME CONVERTÍ
EN INMIGRANTE

Yo NUNCA QUISE SER INMIGRANTE. Me tuve que convertir en inmigrante.

Nada me hubiera gustado más que crecer, vivir y realizarme en México, el país donde nací. Pero no me pude quedar. Como les ocurre a todos los inmigrantes, algo me expulsó de la nación donde vivía y algo me atrajo a otra. Fue una cuestión de imanes; rechazo y atracción.

A los 24 años de edad, el domingo 2 de enero de 1983, tomé la decisión más difícil y trascendental de mi vida. Ese fue el día en que dejé México y me fui a vivir a Los Ángeles, California. La idea era irme solo por un año, dos máximo, y regresar. Pero ya llevo más de cuatro décadas en Estados Unidos y veo cada vez más difícil la posibilidad de un regreso permanente.

Mi vida está en otra parte. Mis hijos, mi familia y mi trabajo también. Sin embargo, los recuerdos y los hubieras (de otras posibles vidas, de otros destinos inciertos) siguen enraizados en México. De hecho, nunca se fueron.

Soy de la casa donde crecí de niño. Ese es mi hogar. Y aunque la vida me ha llevado a mudarme a decenas de otras casas y apartamentos en Estados Unidos, pertenezco a la que crecí en el Estado de México en la calle de Hacienda de Piedras Negras en la colonia Bosques de Echegaray.

Ahí fui muy feliz.

Ahí me hice adolescente.

Ahí entendí la importancia de crecer con una familia estable, con sus líos y sus secretos, pero tuya al fin. Nada como ser niño —jugar, aprender y pelearte— con mis hermanos Alejandro, Eduardo y Gerardo, y mi hermana Lourdes. Nos llevamos apenas un año de distancia entre uno y otro. Algo pasa cuando compartes cuarto, calzones y calcetines por mucho tiempo. Es un clarísimo sentido de pertenencia.

Esa es mi tribu.

Crecí con mucho ruido. Éramos tantos que casi nunca había silencio. Había que buscar rinconcitos en la casa para tener un momento de tranquilidad. Y aun así era difícil ya que vivíamos a unos metros de una transitada carretera y siempre se oían los camiones, carros y ambulancias al pasar. Con una nariz inservible —luego de tres operaciones para corregir una desviación de nacimiento con fórceps, una pelea entre adolescentes y un brutal golpe de pelota— desarrollé una hipersensibilidad auditiva y, todavía hoy, me atormentan los sonidos de los aires acondicionados de las casas vecinas. Y hasta logro escuchar desde la casa el paso del metro, que queda a más de un kilómetro de distancia. Lo oigo todo.

Soy parte de una familia maravillosa, con grandes recuerdos, pero con viejas y caducas costumbres patriarcales. Nunca jugué con mi papá, excepto una sola vez. Y no estoy seguro de que a ese intento de pegarle al balón le pudiéramos llamar juego. Él creía que ser papá implicaba dar órdenes y, a pesar de tener un corazón frágil y alma de apostador, era casi imposible verlo relajado.

Mi madre, lo he contado varias veces, para liberarse del yugo mental de mi padre, dejó de hacerle todas las noches su chocolate caliente, se compró su propio coche y se fue a estudiar con sus hijos a la universidad. El evento más angustiante de mi niñez fue cuando, molesta por no sé qué, se bajó del auto andando mientras mi papá y todos sus hijos le suplicábamos desde dentro que se volviera a subir. Nunca supimos por qué se había peleado con mi papá. Años después se separarían por un par de años. Pero terminaron juntos hasta que él murió de la acumulación de daños por un derrame cerebral y tres ataques al corazón.

De niño y adolescente fui a una escuela católica muy represiva donde los sacerdotes nos pegaban, nos decían que nos iríamos al infierno si nos portábamos mal o pecábamos sin confesarnos, y donde, sin la menor duda, sufrimos de frecuentes torturas psicológicas. Mi agnosticismo tiene su origen en el odio de niño a esos sacerdotes.

Además, crecí en un México muy autoritario, sin democracia, donde decir lo que pasaba podía llevarte a la cárcel o a la tumba. Por eso no me extraña para nada en lo que me he convertido. Ante un país sin democracia, enfrentado durante años a sacerdotes abusivos, y con un padre y un abuelo paterno rígidos y autoritarios, es fácil entender por qué tengo ese rechazo a la autoridad y serios problemas con los que abusan de su poder.

Y eso explica también por qué escogí el periodismo como ocupación. Todo eso lo fui aprendiendo y registrando lentamente. Primero en mi mente, luego con lápiz y papel, y finalmente en una computadora.

Mi paso por los medios de comunicación en México fue muy corto y atormentado. Tras trabajar en la radio un par de años pasé como escritor a un noticiero de televisión en Televisa y, más tarde, como reportero de un programa investigativo llamado *60 Minutos*. Se llamaba igual que el que todavía se transmite en Estados Unidos, pero a principios de los ochenta había muchas cosas que no se podían decir en México.

Puse a prueba el sistema de censura imperante y perdí.

No tuve ningún problema cuando reporté sobre la terrible erupción del volcán Chichonal en marzo de 1982. (Ingenuamente nos acercamos demasiado al cráter y casi nos quedamos sepultados por las cenizas). Pero cuando traté de hacer un reportaje sobre la psicología del mexicano y explorar cómo los presidentes eran escogidos por dedazo, se cerraron todas las puertas. Me pidieron que reescribiera el reportaje. Lo hice, aunque manteniendo el argumento original. Tampoco les gustó. Y tras un par de versiones más, borré mi voz de las cintas y presenté mi renuncia. Ese no era el periodismo que yo quería hacer.

Me quedé algunos meses más en México, mientras terminaba los trámites para graduarme de la universidad y buscaba otras oportunidades en Estados Unidos. Y cuando surgió la posibilidad de irme a Los Ángeles como estudiante —para un curso de televisión y periodismo— me aferré a ese destino como náufrago a una balsa.

Recuerdo perfectamente la tarde en que llegué a Estados Unidos. Casi todos los inmigrantes tienen marcado ese momento en su mente. Todo lo que yo tenía —una guitarra, unos papeles y la maleta— lo podía cargar con mis manos. La imagen hollywoodesca que he ido reconstruyendo de ese momento siempre choca cuando me acuerdo de que, tras salir del aeropuerto, terminé medio perdido y asustado en un estacionamiento.

Solo, pero libre.

Repito: Estados Unidos me dio las oportunidades que mi país de origen no pudo. Y estaré eternamente agradecido.

Al año de haber llegado a Estados Unidos (1983), y tras concluir mi curso en UCLA Extension, conseguí un trabajo como reportero en la estación afiliada de Univision en Los Ángeles, el Canal 34. Todo lo que sé de periodismo lo aprendí en las calles angelinas.

En 1986 me fui a vivir a Miami como conductor del programa matutino *Mundo Latino* (que más tarde se convertiría en *Despierta América*). Y en noviembre de ese mismo año, tras una crisis interna en el departamento de noticias, me convertí a los 28 años en uno de los presentadores de noticias a nivel nacional más jóvenes de Estados Unidos.

He trabajado muy duro por todo lo que tengo. Tanto, que mi hijo Nicolás un día me escribió una tarjeta que decía: «*PAPA, STOP WORKING*». En mi profesión es normal perderse fiestas, cumpleaños y aniversarios por cubrir una noticia. Pero tengo la dicha de hacer lo que más me gusta hacer. No puedo imaginarme una vida distinta. Ni mejor.

Aun así, ser inmigrante nunca es fácil.

Nunca me he sentido más solo que un fin de año en Los Ángeles, rodeado de gente en un concierto, y sin tener a quien abrazar. Pensar en México y en todo lo que dejé atrás es inevitable.

Al igual que muchos extranjeros, sigo pensando en el regreso. Es un círculo que, mental y espiritualmente, hay que cerrar. Y no sé si yo lo haré.

Después de tantas décadas viviendo fuera del país donde nací, con dos pasaportes, hay veces en que me siento al mismo tiempo de México y de Estados Unidos. Y no tengo la necesidad de escoger. Pero en otras soy rechazado en ambos países. No soy suficientemente estadounidense para algunos en Estados Unidos, por haber nacido en el extranjero, ni suficientemente mexicano para otros en México, por haberme ido de ahí.

Ni de aquí ni de allá.

Por eso me identifico, más que nada, con la idea de ser inmigrante.

Y ahí, en ese espacio, estoy en paz.

SAN GUIVI: CÓMO LOS INMIGRANTES
SE ADAPTAN AL NORTE
[1996]

Compton, California. Patricia nunca se imaginó que uno de sus hijos iba a ser «gringo». (No se moleste; Patricia usa el término inocentemente, sin la intención de ofender). Además, está sorprendida de que ella, con una tupida cabellera café oscuro, tiene ahora un «güerito». Qué le vamos a hacer; el niño salió al padre.

Patricia —no es su verdadero nombre— salió hace diez años de un ranchito en el estado mexicano de Michoacán, y se vino al norte con la esperanza de vivir un poco mejor. Hoy, ella es uno de los mejores ejemplos en Estados Unidos de lo que es ser un inmigrante trabajador, con ideales y sin «papeles».

Patricia y su numerosa familia —que la acogió generosamente cuando llegó de México— siguen comiendo pozole los días que consideran importantes. Esa costumbre no la han perdido, como tampoco la de las piñatas, ni la de bautizar a los bebés e ir a misa los domingos. En su refrigerador siempre hay tortillas y una o dos salsas picantes. Muy *hot*, como dice uno de los varios niños que corren por la casa. Se trajeron sus recetas de cocina y su religión de México, pero en otras cosas se han adaptado rápidamente a este país.

Hasta hace poco vivían varias familias juntas; desde los recién nacidos hasta una abuela que nunca se ha acordado de su edad. Y los cambios se ven y se escuchan. Los niños y las tres *teenagers* hablan inglés entre sí, y champurrean un muy divertido *espanglish* cuando se dirigen a sus padres. Las niñas se depilaron las cejas —las tienen muy delgaditas— y me dio la impresión de que llevan con mucho orgullo un cierto aire de Selena, la fallecida cantante texana.

Cuando las mamás y las tías contestan el teléfono ya no dicen «¿Bueno?», como en México. Ahora dicen «¿Jelou?». Ellas compran su ropa en Kmart y en unas tienditas del barrio. Los hombres son los más reacios al cambio. Siguen usando sombrero y botas, como si estuvieran todavía en el campo en Michoacán.

En la familia de Patricia hay de todo; indocumentados, residentes legales y ciudadanos norteamericanos. Los que pudieron acogerse a la amnistía de 1986 presumen de su «grincar», la tarjeta de residencia de Estados Unidos. El hijo de Patricia es norteamericano por nacimiento, aunque ella no ha podido legalizar su situación migratoria. Sin embargo, se piensa casar pronto con Luis, el padre de su hijo, quien ya tiene sus documentos legales. Parece que Patricia tendrá bebé, esposo y *green card* al mismo tiempo.

Les platico su historia para que se den cuenta cómo, poco a poco, todos ellos se han integrado a Estados Unidos. Patricia y su familia reflejan perfectamente lo que «descubrió» un estudio de la Universidad del Sur de California.

El estudio dice que los inmigrantes en California se están aclimatando muy rápido a la vida norteamericana, aprendiendo el inglés y escapando de la pobreza a ritmos sin precedentes. Siete de cada diez niños que llegaron de América Latina en la década de los años '70, pueden hoy hablar y escribir en inglés sin problemas. Y los salarios anuales de los hombres latinos aumentaron en diez años de 14 900 a 18 900 dólares. Quizá usted piense que no es mucho dinero. Pero dígales eso a los amigos de Patricia que prefirieron quedarse en Michoacán.

Además —y ya parezco organillero de tanto repetirlo— inmigrantes como Patricia son un magnífico negocio para Estados Unidos. En promedio, cada familia inmigrante aporta anualmente unos $2 500 más al gobierno de lo que toma en servicios sociales, y lejos de quitarles trabajo a los norteamericanos, crean empleos. (Si le interesan estos datos, échele una ojeada al estudio distribuido recientemente por el Cato Institute de Washington).

En fin, que los inmigrantes en Estados Unidos están mejorando sus niveles de vida y se están adaptando sin demora a esta sociedad, a pesar de los ataques y las leyes que están surgiendo en su contra. Uno de los ejemplos más significativos que tengo sobre ese proceso de adaptación, me lo dio la misma Patricia hace ya varios años.

El cuento va así. Aquí en Estados Unidos estaba a punto de celebrarse el Día de Acción de Gracias o *Thanksgiving*. Patricia, recién llegada, pero muy interesada en la fiesta por venir, quería saber lo que yo planeaba para el día de San Guivi. «¿San Guivi?», le pregunté, con cara de asombro. «Si, San Guivi, el santo ese al que recuerdan aquí», me contestó. Pues resulta que Patricia, sin saber entonces nada de inglés, había convertido el *Thanksgiving* en San Guivi, solo porque fonéticamente son palabras muy parecidas.

Esa fue la manera en que ella adaptó a su mundo —lleno de santos católicos— la más tradicional celebración laica en este país. Ella quería integrarse rápidamente y lo hizo. A su manera. Solo así podía darle significado a algo tan nuevo.

Hoy Patricia sabe, por supuesto, que el día de *Thanksgiving* no tiene nada que ver con ningún santo. Pero para mí este cuento de San Guivi se ha convertido en el mejor ejemplo de cómo los inmigrantes se adaptan al norte.

Quizá un poco confundida, pero Patricia cenó pavo y *cranberries* en su primer Día de Acción de Gracias en Estados Unidos.

TANZANIA:
A LA DEFENSA DEL CLÍTORIS
[1996]

Arusha, Tanzania. Es una operación brutal. Con una navaja o un cuchillo le cortan el clítoris a la niña. A veces, también le quitan los labios interiores de la vagina, le cosen las paredes de la vulva y le dejan solo un pequeño orificio para que pase la orina y el flujo menstrual. Y todo sin anestesia. Es la clitorectomía, a veces conocida como circuncisión femenina.

Cuando fui en el '96 a una villa de los pobladores de la tribu Masai, en Tanzania, cerca del volcán Ngorongoro, conocí a dos adolescentes de unos 12 o 13 años de edad. Después de una larga conversación —y cuando creí haberme ganado su confianza— les pregunté a través de un traductor si ellas también tendrían que aceptar las reglas de la tribu y someterse a una circuncisión. Abrieron sus ojos con una angustia que yo no conocía y se quedaron calladas, como paralizadas. Quien me contestó fue la mujer que estaba a su lado. «Sí», me dijo la matrona con firmeza, desvió la mirada y luego se puso a hablar con el traductor de otras cosas. Fue obvio que no le pareció apropiado discutir conmigo la pérdida del clítoris de las dos jovencitas.

Entre los masái, la clitorectomía se considera una garantía de virginidad y precondición del matrimonio. Pero además, los padres de una niña tienen un motivo económico para mutilar a su hija.

Ellos determinan con quién se casará, y no es extraño que las familias le prometan una hija al futuro esposo o a sus padres, incluso antes de que nazca. Para cumplir la promesa —y evitar que la niña tenga relaciones sexuales con otros— se realiza la circuncisión femenina. Si su hija se mantiene virgen y se casa con la persona prometida, ellos reciben como dote seis cabras o una vaca. Cada vaca cuesta el equivalente de 200 dólares. Eso es más de lo que una familia masái gana en un año.

Es común que los hombres de la tribu masái tengan hasta cuatro mujeres; todas, sin excepción, mucho más jóvenes que ellos. Los matrimonios ocurren cuando ellas cumplen 16 o 17 años. Es fácil identificar a los hombres masái por su túnica roja, bastón de madera y machete. Ellos son nómadas, aunque sus mujeres se quedan en casa cuidando de la familia. Los «guerreros», como les gusta llamarse, se van por largos periodos con sus cabras y vacas buscando los pastos que crecen durante las dos temporadas de lluvia. Llevan más de 200 años haciéndolo, desde que emigraron del Sinaí hacia el sur, a lo largo del río Nilo. Esa tradición no ha muerto.

Pero los masái se han ido integrando rápidamente a la sociedad que los rodea. Algunos han dejado sus chozas de lodo y madera para convertirse en obreros, choferes o guías de turistas. Los expertos creen que ellos no podrán seguir viviendo con las mismas costumbres por más de 40 años. Es el peso de la modernidad. Solo entonces empezaría a desaparecer la práctica de la circuncisión femenina entre los masái.

El problema no es solo con los masái. La clitorectomía es un ritual que sufren anualmente entre 75 y 100 millones de niñas y mujeres en 26 países de África. Se sigue practicando clandestinamente en Estados Unidos y en varias naciones de Europa occidental donde hay grandes concentraciones de exiliados africanos.

Ocurre igual entre judíos y cristianos que musulmanes y seguidores de religiones indígenas.

Las niñas africanas generalmente son circuncidadas entre los cuatro y 10 años de edad, aunque no son extraños los casos de infantes sometidos a la operación. Un nivel socioeconómico alto no es ningún obstáculo para ser obligada a seguir la tradición; 90 por ciento de las mujeres en Etiopía han perdido el clítoris.

Una de cada dos mujeres en África es víctima de este ritual, según se denunció en la Conferencia de las Naciones Unidas sobre la Mujer, realizada en 1996 en Beijing. Hay un creciente movimiento a nivel mundial para prohibir esta cruel costumbre, pero los gobiernos de naciones como Sudán, Kenya y Egipto aún no se atreven a enfrentar con fuerza esta centenaria tradición. Hassan Al-Kallah, el entonces subsecretario de Salud de Egipto, decía que el gobierno de su país estaba «en contra de la (clitorectomía), pero (que) no se pueden cambiar las tradiciones de una sociedad de la noche a la mañana».

La doctora Nahid Toubia, una de las científicas más conocedoras del tema, escribió en un artículo del *The New England Journal of Medicine* que aun cuando se necesita un mayor número de investigaciones para examinar las consecuencias físicas, sexuales y psicológicas de las niñas sometidas a este tipo de mutilación, «la circuncisión femenina no se puede seguir viendo como una costumbre tradicional». La doctora Toubia aseguró que el debate ya no se debe centrar en lo apropiado de interferir en este tipo de práctica cultural, sino en cómo detenerla.

La clitorectomía no solo mutila, enferma, acaba con el placer sexual y marca emocionalmente a las mujeres, sino que pretende reforzar costumbres que mantienen la dominación masculina. Y no se trata de falta de respeto y sensibilidad a culturas menos favorecidas económicamente. Ninguna tradición cultural puede justificar hoy en día este tipo de abuso infantil y juvenil. Por ahora, lo más urgente es poder pasar de la discusión abstracta a los casos concretos y a la acción. Ese es uno de los principales retos para promover la igualdad de la mujer en el mundo.

Puede sonar etnocéntrico, arrogante y fuera de lugar el cuestionar una costumbre que forma parte central de la cultura de todo un continente. Pero en mi caso, lo único que necesité para convencerme de la brutalidad de la clitorectomía fue seguir los ojos aterrorizados, confundidos, de las dos adolescentes que conocí en Tanzania, luego de mi impertinente pregunta.

Solo así pude ponerle rostro al horror que les espera cada año a millones de mujeres y niñas africanas.

EL LODO DE DOÑA POLITA
[Agosto, 1997]

Laguna de Coyuca, Guerrero. «Si vas a Acapulco, tienes que ir con doña Polita», me dijo uno de mis mejores amigos.

«¿Y quién es doña Polita?», le pregunté. «Bueno, mira…», contestó, escondiendo la risa en la respiración. «Es una mujer que saca lodo de la laguna de Coyuca, te lo pone en la cara y quedas como nuevo». No me dijo mucho más; solo que varios artistas habían ido al lugar y que estaba lleno de gallinas, mosquitos y polvo.

Sonaba bien; así podría escribir algo distinto a la política, que ya me trae aburrido. Rápidamente empaqué la curiosidad junto con mi recién estrenada categoría de «casi cuarentón». (Hace rato cumplí los 39).

Al llegar a Acapulco renté un Jeep y tomé la carretera a Zihuatanejo. Crucé los cinturones de pobreza que rodean el centro turístico; hasta acá no se estiran los dólares. Cuarenta y cinco minutos más tarde estaba en la laguna de Coyuca, donde Hollywood filmó *Rambo II* y *Tarzán*. Un lanchero regordete y tostado por el sol ofreció llevarme con doña Polita y en 33 minutos —para ser exactos— me topé con el letrero metálico que marca la entrada de su restaurante: «La #1».

Polita andaba buscando mangos, pero me recibió Rocío, su hija. «Pásele, pásele», me gritó amable, arreglándose los casi rojos rayi-

67

tos en su pelo. «¿En qué le puedo ayudar, güerito?», me preguntó Rocío. Me dio un poco de pena decirle que iba por lo del barro, pero no vi a nadie alrededor y se lo comenté en voz bajita. «A ver, siéntese ahí», me dijo, apuntando a una silla de plástico blanco. «¿Se le antoja algo de tomar?», recitó. «¿Un mezcalito?». «No, gracias». «¿Seguro?», insistió. «Bueno», cedi. «¿Qué tal un sidral?».

Rocío trajo el refresco de manzana en la mano derecha y en la izquierda una cazuela llena de un lodo claro, verdoso. Puse el sidral en el piso polvoriento, eché la cabeza para atrás y Rocío empezó a aplicarme el barro sobre la cara. Luego me tapó con el mismo menjurje unos lunares en el pecho y me contó feliz: «Esto sirve para todo».

Cuando estaba ya bien embadurnado apareció doña Polita. Tras el saludo, me ofreció una tajada del mango con sal que estaba comiendo. Llevaba puesto un enorme delantal azul marino con su nombre bordado en rojo. Tiene 70 años y su cara es más clara que el resto de la piel. «Es ahí donde me pongo el lodo». Me saludó como si me conociera de toda la vida y respondió mis preguntas sin ninguna resistencia.

Desde 1965 vive en este lugar donde el verde se mete por los poros derechito a la barriga y cerca de la barra que divide el agua dulce del mar. Pero no fue hasta 10 años después que descubrió el lodo que la hace lucir mucho más joven. «Uso el lodo que está debajo de la arena del río que desemboca en la laguna», me confesó. Pero nadie (salvo su hija Rocío) sabe exactamente de dónde lo saca.

Mientras se me secaba el lodo en la cara, Polita me llevó a ver su museo. Consiste en una tabla de madera, custodiada por unos perros hambrientos, con las fotografías de algunos ricos y famosos que han ido a buscar el elixir de la juventud. Rodeadas de moscas estaban las fotos de un risueño Luis Miguel y de un Julio

Iglesias aún más contento. Ambos aparecían escondidos tras sus máscaras de fango marrón. El actor Andrés García también es pieza del museo. Y él sí que parece haber rejuvenecido un par de décadas. (No, no es el tratamiento de doña Polita ni la uña de gato, sino una vieja fotografía en blanco y negro). Las otras caras del museo de doña Polita llenarían sin dificultad cualquier sección de chismes de *People* o *TVyNovelas*.

Ahí también, en la parte central del muro fotográfico, está fija doña Polita, flaca y feliz, cuando se casó a los 17 años de edad. «Tenía una cinturita de 50 centímetros», me presumió. «En esa época la mujer lucía una belleza natural, sin maquillaje». Quizá esas memorias la hicieron buscar, bajo el río, una mixtura que le ayudó a estirar los minutos y las horas. Su ultimo experimento consiste en ponerse el lodo en las manchas que le han salido en los brazos «por tanto freír pescado». Los primeros resultados, según me dijo, son prometedores. Aun así, no quiere ampliar su negocio.

«¿Le interesa exportar el barro?», le pregunté. Y me vio como si le hablara de marcianos. «No», me aseguró.

«¿Para qué? Me dicen que si lo exporto tendría que pagar impuestos y la verdad yo estoy muy bien aquí. Además, el lodo no es mío. Es del río».

Poco a poco me fui quedando sin palabras. No por falta de rollo sino porque la fina capa de lodo en mi cara —ahora casi amarilla— se había endurecido como un yeso. Me imaginaba con los cachetes estirados hasta las orejas y empecé a padecer una sensación de inmovilidad. «¿Y cómo me quito esto?», pregunté un poco preocupado. «En el río», contestó doña Polita, antes de darse la media vuelta para irse a tirar a su hamaca.

Cuando terminé con mi intento rejuvenecedor, escurriendo agua por todos lados, le pregunté a Rocío cuánto les debía. «Cinco pesos por el refresco», me dijo. «Y por el lodo lo que sea su voluntad». Cuando llegué a mi cuarto de hotel, sinceramente, me sentí superdescansado.

A la mañana siguiente, tras despertarme, fui corriendo al espejo y no encontré las ojeras que generalmente me acompañan. Pero nunca supe si el cambio lo provocó el barro o las diez horas que dormí esa noche.

Dos días después, las ojeras reaparecieron. Y ahí, frente al espejo, se rompió el embrujo del lodo de doña Polita.

EL MARATÓN DE NUEVA YORK
[1997]

Nueva York. Aún no acabo de entender totalmente qué me hizo someterme a una especie de tortura durante 42 125 metros (o poco más de 26 millas) solo para decir: llegué.

¿Para qué correr un maratón? Bueno, en mi caso, había un montón de razones, todas inexplicables: quería experimentar en carne propia el sacrificio de la preparación, los nervios antes de la salida, el cansancio de la carrera, la solidaridad con otros corredores (casi todos desconocidos), los gritos de apoyo de la gente que se acumula a lo largo del trayecto y, sobre todo, la emoción post orgásmica de acabar. Y lo terminé, pero casi en calidad de cadáver.

Todo comenzó por pura envidia. En dos ocasiones había visto correr un maratón a mi amigo José Luis —una en Nueva York y la otra en Boston— y me parecía irresistible el estado anímico que alcanzaba durante la carrera; como un trance. Los corredores le llaman «la zona», donde el dolor físico no se siente. Pues bien, yo quería sentir eso mismo. Pero jamás me imaginé en lo que me estaba metiendo.

Decidido, me apunté para el maratón de Nueva York en 1997. Cuando recibí la confirmación para participar me quedaban solo cuatro meses de preparación. Unos amigos me aseguraron que era prácticamente imposible estar listo en ese tiempo, que era una locura, pero de todas maneras comencé a correr seis días a la semana. Simultáneamente, dejé la carne roja y me convertí en un adicto a las pastas.

Corría todas las mañanas, no importaba dónde estuviera. Recuerdo que mi entrenamiento coincidió con una época de muchos viajes, lo que resultó ser magnífico porque conocí al ras del suelo las calles de Madrid, la carretera que va del centro de Managua al aeropuerto, las caribeñas montañas de Virgen Gorda y un par de largas avenidas en la ciudad del smog, la Ciudad de México.

Como quiera que sea, todo esto fue un buen entrenamiento porque Miami, donde vivo, es tan plano como una hoja de papel. La única montaña es el puente de Key Biscayne, que conecta un cayo con el resto de la Florida.

Por supuesto, cuatro meses de entrenamiento no fueron suficientes para mis flacas y semipeludas extremidades. Y menos aún cuando me enteré de que haría muchísimo frío durante la carrera en Nueva York. (En Miami solo hace frío en los cines y los restaurantes, que son como un iglú y donde parece que ponen la temperatura del aire acondicionado a bajo cero).

El día de la carrera me parecía más a un esquimal —por todo lo que llevaba encima— que a un atleta. Estaba helando. Y cuando hace frío, a la gente le dan ganas de ir al baño. Pero cuando son 29 mil las personas que quieren desahogarse líquidamente, la cosa se complica. Por eso construyeron un gigantesco tobogán de madera, que según anuncia orgullosamente la publicidad oficial, es «el urinal más grande del mundo». Lo vi, me asustó, aguanté el aire y lo usé.

Asimismo, antes del disparo de salida, me llamaron la atención varios corredores hincados. Pensé que estaban rezando, pero no era así: de rodillas, se sacaban de los shorts su congelada masculinidad y sin ninguna inhibición nos salpicaban a todos con el producto de su nerviosismo.

Total, llegó el momento y miles salimos disparados por el puente Verrazano-Narrows que conecta Staten Island con Brooklyn. Tras los primeros 20 minutos empecé a sentir un piquete en la rodilla izquierda. Me extrañó, porque la derecha era la que generalmente me daba problemas. A la hora de estar corriendo mis piernas me informaron que no querían cooperar. Me concentré en llegar, al menos, a la mitad del maratón. Y ahí, sobre el puente Pulaski, encontré una manta que decía: «No te des por vencido. Es la misma distancia de aquí a la meta, que de regreso a la salida». Seguí corriendo.

Llegué a Queens cojeando, pero ya no estaba dispuesto a parar. Comí unas galletas con chocolate, un plátano y tomé mi enésimo vaso de Gatorade, recuperé un poco de fuerzas y luego me dirigí a cruzar el puente Queensboro hacia Manhattan, con la falsa ilusión de que la meta se acercaba. En el kilómetro 30 y tras cuatro horas en el trayecto, no había forma de doblar mis rodillas. Un párrafo del libro *Lentitud* de Milan Kundera describe de manera precisa la forma en que me sentía: «… el corredor tiene siempre presente su cuerpo, obligado a pensar en sus ampollas, en su cansancio; cuando corre siente su peso, su edad, y está más consciente que nunca de sí mismo y de su tiempo en la vida».

Nunca alcancé la famosa «zona». Los últimos 12 kilómetros del maratón los caminé estilo pirata, es decir, como si tuviera patas de palo. Lisa, mi esposa, me acompañó esos últimos kilómetros, inyectándome ánimos, mientras mi hermana Lourdes esperaba paciente, muy paciente, en la meta.

«Como pato» es una descripción más que apropiada de la manera en que pasé por el Bronx hasta entrar a Central Park. Ahí en el parque me rebasó una mujer de 69 años de edad (según me enteraría más tarde). Al cruzar la meta —sudado, apestoso y tambaleante— ya había anochecido.

Volteé a ver el reloj oficial y leí 6:56:07. Pensé que era la hora, pero no. Fue el tiempo que me tardé en completar el maratón. 6 horas, 56 minutos y 7 segundos. Fui de los últimos. Quedé en el lugar 27 841. No me importó. Temblaba, casi no me podía sostener en pie y mi cuñado Alfredo prácticamente me cargó hasta el hotel. Pero pocas veces me he sentido tan satisfecho y tan apoyado.

Llegué.

BALI (VISTO CON OJOS MEXICANOS)
[5 de enero, 1998]

Bali, Indonesia. Por años me imaginé que esta isla debería ser lo más parecido al paraíso terrenal. Quizá fueron las fotografías de atardeceres naranja o los cuentos de una amiga californiana que se enamoró en Bali de un taxista australiano. Pero lo que encontré fue muy distinto a lo que imaginaba.

Tal vez fueron las 32 horas que pasé en tres aviones y cinco aeropuertos antes de llegar o que mi cuerpo pedía (a gritos) una cama, pero mi primera impresión de Bali fue decepcionante. Un gigantesco anuncio de Federal Express me dio la bienvenida.

Mi desilusión inicial fue similar a la de otro mexicano, el pintor Miguel Covarrubias (1904-1957), cuando llegó a la isla una primavera de 1930. Él entró por el norte y yo por el sur; él en un buque, el *Cingalese Prince*, y yo en un avionzote hongkonés A-300.

El problema es que Bali ya forma parte de la aldea global y está perdiendo lo que la hacía única; existen zonas burdamente comercializadas, el tráfico es aterrador, hay drogas por todos lados —tres veces me ofrecieron hachís y marihuana durante una caminata de media hora en el área de Kuta— y sus tres millones de habitantes parecen estar irremediablemente atrapados en el irritante y próspero negocio del turismo masificado; hay 800 mil visitantes por año infectados de mercadotecnia.

Sin embargo —como le ocurrió a Covarrubias hace 68 años— solo tuve que escarbar un poquito (y abrir bien los ojos) para sucumbir al encanto de la isla y encontrar al «verdadero Bali», el «Bali de las fotografías».

Aquí hay más sonrisas por habitante que en cualquier otra parte del mundo. Y no es la cordialidad fingida de quien atiende a un turista, sino parte de una entusiasta y reverencial actitud frente la vida.

Por casualidad me tocó estar en Bali durante el Galungan, una festividad que ocurre cada 210 días y en que, con flores y ofrendas de fruta, pollo, arroz y un picantísimo chile rojo, se celebra la victoria de los dioses sobre los demonios, del bien sobre el mal. En la práctica esto significa que en los más de 10 mil templos de la isla los dioses de piedra fueron vestidos, literalmente, con telas amarillas, blancas y negras. Es impresionante ver cómo una isla se cambia de ropa.

Bali es el único lugar que queda —tras la invasión china del Tíbet— donde la religión domina la política y la economía. Aquí todo se venera, desde los autos hasta los espíritus, y en el mercado de Ubud me tocó ver cómo una rata muerta, en lugar de ser desechada al basurero, tuvo también su despedida de este mundo con varias barritas de incienso. O tal vez era solo para espantar el mal olor y las moscas. Pero nunca he visto tratar con más respeto a una rata, viva o muerta. Es el karma a su máxima expresión; lo que hagas —aseguran los balineses— te harán.

Contrario al resto de Indonesia —con mayoría musulmana—, en Bali se practica un ecléctico hinduismo, importado de la isla de Java, con rasgos de budismo y animismo. Y para no confundirnos con tanto ismo, basta decir que la criminalidad en Bali es mucho menor que en el resto del archipiélago de Indonesia.

Más que por sus playas —las he visto mucho más lindas en el Caribe y en el Pacífico—, Bali asombra por sus campos de arroz;

son como esculturas (verdes, dinámicas, acuáticas) que se aprecian con el mismo respeto y silencio del que va a un museo. Hasta aquí mi tarea de turista.

Pero lo que nunca pensé encontrar en Bali fue una enorme curiosidad por México y lo mexicano. Y la razón es solo una: Thalía. La telenovela mexicana *Marimar* —que protagoniza Thalía— se ha traducido al bahasa Indonesia, el idioma común del país, y es uno de los programas de mayor *rating*. De tal forma que mis conversaciones con los balineses generalmente comenzaban así:

—«*Where are you from?*», me preguntaban en un inglés champurreado, con varias risas intercaladas.

—«*From Mexico*», contestaba.

—«*Ah*», me decían felices. «*María Mercedes... Thalía... Ah... Ah... Ah... very beautiful*».

Thalía, sobra decirlo, es más popular en Bali que cualquier güerita de Hollywood. Pero el éxito y la penetración de las telenovelas mexicanas en Bali refleja algo mucho más preocupante; es la modernización de una de las sociedades más tradicionales del orbe. Bali está perdiendo sus puntos de referencia y olvidando su pasado. Es un proceso lento, pero aparentemente inevitable. La tecnología se está comiendo el mandado y el materialismo ha hecho su nicho.

El mismo Covarrubias, en su libro *Isla de Bali* (publicado en 1937), observó cómo Bali corría peligro de perder su identidad cultural. Entonces escribió que ahí había «una cultura viviente que está destinada a desaparecer bajo el despiadado ataque del comercialismo moderno y la estandarización».

Afortunadamente, el pronóstico pesimista del mexicano Covarrubias no se ha cumplido en su totalidad y todavía vale la pena darse una vueltecita por Bali. Pero la pregunta es: ¿por cuánto tiempo más?

Mientras tanto, para mí, Bali ya no me da comezón.

ENTERRADOS BAJO EL VOLCÁN
[18 de noviembre, 1998]

Acabo de regresar de las faldas del volcán Casita, en el noroeste de Nicaragua, y muy poco en mis casi 20 años de periodista me había preparado para lo que vi.

La catástrofe ocurrida el pasado 30 de octubre apenas se está conociendo en todas sus dimensiones. Y tuve la suerte —¿suerte?— de ser uno de los primeros reporteros en llegar a lo que hoy es un gigantesco e improvisado cementerio de más de dos mil personas. Pero vamos por partes.

La tragedia ocurrió un viernes. Apenas rasgaban las 11 de la mañana. Estaba muy nublado y hacía cinco días que no dejaba de llover; el huracán *Mitch* continuaba estacionado frente a la costa atlántica de Honduras y Nicaragua. La tierra estaba ablandada pero casi nadie en el pequeño municipio de Posoltega podía sospechar que el volcán Casita iba a salirse de su piel. Casi nadie.

La noche anterior al deslave, el encargado de la antena de transmisiones del Canal 2 de televisión —que se encuentra en la punta del volcán— llamó angustiadísimo a sus jefes para decirles que él se iba de ahí porque la tierra hacía unos ruidos muy raros. El volcán Casita estaba a punto de reventar. Y vomitaría, no lava, sino una mole de agua, lodo, piedras y árboles.

El encargado de la antena de televisión no fue el único en dar la señal de alarma. La alcaldesa de Posoltega, Felicita Zeledón, había avisado a las autoridades en Managua, y a los medios de comunicación a nivel nacional, que el volcán se les podía venir encima. Algunos la tildaron de loca y exagerada. Otros ni siquiera le pusieron atención. ¿Quién se podía preocupar por un pequeño municipio, cerca de la frontera con Honduras, cuando el resto del país se estaba desbaratando por las lluvias e inundaciones?

No hubo vuelos de reconocimiento para analizar, desde el aire, las condiciones del terreno. La zona militar de Chinandega —que supervisa el municipio de Posoltega— no cuenta con un solo helicóptero; los siete helicópteros de la fuerza aérea nicaragüense estaban concentrados en Managua, la capital. No hubo órdenes de evacuación.

Nadie les fue a avisar a las dos comunidades agrícolas construidas sobre la ladera del volcán que corrían peligro. Estaban demasiado aisladas del resto del municipio y enviar un vehículo, en medio de las lluvias torrenciales, habría parecido suicida y quizá innecesario.

Bueno, no hubo ni siquiera una palabra de advertencia. Y aunque la hubiese habido, a través de la radio, los 2200 habitantes que vivían al pie del volcán tampoco la hubieran escuchado. Tenían, sí, agua potable. Pero no teléfonos ni electricidad. (Una radio con pilas era un lujo que no podía darse, prácticamente, ninguno de estos campesinos dedicados al cultivo del maíz).

La muerte de estos posoltegas estaba anunciada en el resto del país, pero nadie se tomó la molestia de comunicárselos. Donde vivieron, murieron.

Esa mañana del viernes doña Anita creyó haber escuchado aviones. Muchos aviones. «Vienen a repartir provisiones», pensó la mujer de unos 40 años, pero cuyo rostro reflejaba 20 más. En lugar de provisiones se le vino encima un lodazal y la muerte de una nieta. Ella apenas salvó el pellejo. «Lo que soy yo, Anita, nunca había visto eso».

En realidad, nadie había visto eso.

Lo que se les vino encima a quienes eran vecinos del volcán Casita es difícil de cuantificar. Cuando un gajo del volcán se desmembró por la acumulación de las lluvias, toneladas y toneladas de lodo y piedras iniciaron su fatal recorrido desde la punta del volcán hasta el mar. El alud se llevó, en segundos, dos poblaciones completas; una —la Rolando Rodríguez— de 1592 habitantes (según el último censo) y otra —El Porvenir— de unos 600.

El teniente coronel Denis Membreño, jefe del segundo comando militar del ejército nicaragüense, presintió que algo grave había ocurrido. Y ese mismo fin de semana, ante la imposibilidad de llegar por aire a la zona del volcán, envió por tierra a un grupo especializado de soldados.

Lo que vieron esos militares aún no se les borra de la retina; cientos de cadáveres confundidos con la maleza. Rescataron a algunos sobrevivientes, pero el lodo fresco les imposibilitó seguir adelante; un paso en falso hubiera significado ahogarse en verdaderas y húmedas tierras movedizas.

Así pasaron tres semanas hasta que el lodo se solidificó.

Desde un helicóptero y en un día soleado vi, por primera vez, esa brecha mortal. Medía unos 25 kilómetros de largo, tres de ancho y hasta cinco metros de profundidad. A su paso no quedó nada. Tras aterrizar en el aeropuerto de Chinandega, manejé durante dos horas —sobre el cauce de un río recién creado— hasta llegar a las faldas del volcán. Y ahí solo encontré silencio. Puro silencio.

Al poco rato di con una mujer que estaba buscando a su marido. Milagrosamente lo pudo identificar, pero los militares no la dejaron llevarse su cadáver. Había el peligro de infecciones y lo incineraron, sin mayor ceremonia, frente a sus ojos. Ella nunca dejó de llorar.

Ahí, más que los muertos, me impresionaron los vivos, los sobrevivientes. Cuando uno de ellos —Santos Centeno Vanega— se enteró de que yo era un corresponsal extranjero, me jaló de la camisa y me detuvo. «Señor», me dijo. «Déjeme decirle unas palabritas, solo unas palabritas».

Su historia me rompió por dentro. Santos Centeno Vanega perdió en el deslave del volcán Casita a su padre, a sus cinco hermanos, a su esposa y a sus cuatro hijos. Y en una extraña necesidad interior, intentó recitarme, uno por uno, los nombres de sus familiares desaparecidos: «José Santos Centeno Vázquez, mi hijo, de 14 años. Francis Centeno Vázquez, mi hija, de 13 años, iba a cumplir los 13. Yaidirita Centeno, de ocho años. Juan Manuel… Juan Manuel… de cinco años…» No pudo seguir.

Lo que vi junto al volcán Casita es la versión nicaragüense de Pompeya y Herculano. Alguien, alguna vez, empezará a excavar y encontrará —como en las ruinas italianas— el momento exacto en que la vida se detuvo.

Y en esa lejana región de Nicaragua la vida se detuvo el viernes 30 de octubre de 1998 a las 11 de la mañana. Si no lo hubiera visto, no lo creería.

UN VERANO CON PAOLA
[6 de septiembre, 1999]

Miami. Creo que este verano, tanto mi hija Paola, de 12 años de edad, como yo —un padre cuarentón que aún se rehúsa a dejar de jugar futbol los fines de semana—, hemos aprendido mucho: ella de los adultos, yo de los adolescentes. Así que llegamos a un acuerdo; cada uno iba a escribir sobre el otro. Y aquí está.

La idea nació cuando mi hija me preguntó: «Papá, ¿alguna vez has ido a una discoteca?». Era obvio que ella me percibía de otra época —«de otra modernidad», como dice ella—, igual como yo veía a mi padre cuando tenía su edad. La distancia estaba ahí.

Al subirnos al auto empecé a perder la batalla por la radio. Me reemplazaron a Sting, Serrat y Pancho Céspedes por Backstreet Boys, N'sync y Jennifer López. Ella escoge las películas que vemos —*The Blair Witch Project* fue la última— y ahora hay cosas de las que Paola preferiría no hablar, como drogas, chicos y sexo. Mi plan de ser padre, amigo, confidente y compañero de aventuras comenzó a fracturarse.

Algunos de mis amigos piensan que ella aún es muy joven para que sepa sobre condones y relaciones sexuales, pero si no lo hago yo o su madre lo harán sus amigas. Prefiero pecar de exagerado (y de pesado). Cuando era joven, la única plática de educación sexual que recibí de mi padre duró cuatro minutos o menos. Es decir, el trayecto entre nuestra casa y un centro comercial en México. Me dijo algo así como: «Si alguna vez tienes ganas de estar con una mujer, avísame y yo te ayudo». No me acuerdo de nada más. Con Paola, ya pasamos de los cuatro minutos y mantenemos, aún, viva la conversación.

Drogas es otro de los temas difíciles. Este verano Paola me preguntó si yo había fumado cigarros de adolescente y le tuve que decir que sí; fue solo una vez y casi me ahogo al tragar todo el humo del tabaco. Pero lo que más le sorprendió a ella es que nunca le hubiera contado eso a mi mamá. (Perdón, Jechu. Ahora ya lo sabes).

Desde luego, más que los cigarrillos, me preocupan las drogas. No quiero que sea una de los 6 488 niños en Estados Unidos que cada día prueba marihuana por primera vez o de los 1 786 menores de edad que, diariamente, se inauguran con la cocaína. Y la única forma de tratar de evitar ese riesgo es hablarlo, directamente, pero sin que sienta que le estoy dando un discurso o que dudo de ella.

Este verano escuché, mucho. Por ejemplo, aprendí de los «anarcas» —jóvenes españoles a quienes «no les gusta tener jefe» y que se visten siempre de negro—, de Leonardo di Caprio, de cómo el e-mail y el teléfono a veces reemplazan a los padres, de las inseguridades que surgen por tener cuerpo de mujer y mente de adolescente, de los besos furtivos que se dan los estudiantes en los pasillos de las escuelas cuando los maestros no están viendo… de lo ingenuo e infantil que yo era cuando tenía 12 años.

Una tarde Paola me preguntó si no me «aburría de hacer siempre lo mismo». En general yo creía que, como periodista, tenía uno de los trabajos más interesantes del mundo, y con ese comentario, mi hija me obligó a repensar mis rutinas y mis planes. Y una noche —cuando ella estaba llena de energía y yo solo pensaba en cama— me dijo: «Me parece que eres adicto a dormirte temprano». Ella, vampiro profesional, considera una debilidad personal el dormirse antes de la una de la mañana.

Cuando veo los éxitos de Paola —que pasó de maravilla sus cursos, que la seleccionaron en el equipo de básquetbol, que cuida de sus hermanos como la mejor, que es una buena persona…— me inflo de orgullo como cualquier padre. La adoro, es cierto. Pero hay algo más. Me parece que está aprendiendo a vivir la vida mejor que yo; la siento más libre, vibra con una intensidad inusitada y tiene menos miedos que su padre y su abuelo paterno. Creo que va por buen camino… solo me preocupa quedarme atrás.

UN VERANO CON PAPÁ

Yo voy notando poco a poco que voy cambiando. No era como antes, toda mi vida estaba controlada por mis padres. En este verano he conocido a fondo a mi papá: el tipo de música que le gusta, su adolescencia, sus escapadas de casa…

Serrat, Pancho Céspedes y Sting es el tipo de música que a mi papá le gusta. No sé si puedo decir que esa música está pasada de moda porque esa es una de las diferencias que tenemos yo y mi padre. Como él ha mencionado en su artículo, yo soy la que domino la radio del coche. Ya es hora de que mi padre vea lo que está de moda y lo que no. Me imagino que ya habrá aprendido la lección. No estoy diciendo que mi papá no sea moderno; una de las cosas que se le da genial a mi padre es bailar en el coche. Cuando estoy triste o enfadada me hace reír con sus movimientos raros que hace bailando.

«Buenas noches, vampirito», dice mi papá a las 10 de la noche. ¿Pero, qué es esto?, me pregunto; porque tan pronto. A partir de las 10 es cuando el aburrimiento me posee. Imagínense estar sola en la planta de abajo con ningún ruido, solo yo viendo la tele; hay veces que me aburro tanto que empiezo a mirar al techo. Me aburro muchísimo por la noche. Cómo me gustaría que mi papá fuese vampiro como yo. Debo admitir que ayer por primera vez mi papá se quedó viendo la tele conmigo hasta las 11:35. Podía ver el esfuerzo que hacía por quedarse despierto viendo un programa que a mí me gustaba: *The Wonder Years*. Te felicito por tu esfuerzo, papi.

Con mi papá no se puede estar bromeando con los deportes porque te gana sin ningún problema. A mí me encanta el básquetbol y soy una muy buena jugadora y estoy en un equipo femenino de básquet que representa a Madrid y a España. Pero, aunque sea yo todo esto, mi papá me gana; no por mucho, pero él es el Michael Jordan y yo estoy en camino para serlo. Tenis, futbol y ping-pong son también los deportes en que me gana, pero la velocidad de 100 o 200 metros me encanta, tanto que este verano he conseguido empatar con él. Wow.

Los adultos son simplemente aquellos que hayan formado una vida, una vida que no cambiará nunca, que tendrán siempre el mismo horario. Los adultos son todos ellos que no paran de mandar a los niños a que se porten bien, que no hagan esto o eso… y si algún joven hace algo mal, lo primero que hacen los adultos es regañar en vez de pensar en su juventud y decir «Yo también hice eso, mejor no la regaño».

Nosotros los jóvenes siempre intentamos pasárnoslo bien, intentar sacar unas buenas notas porque si no ya sabemos lo que nos espera. Estamos en el teléfono la mayor parte del tiempo, pero siempre hay una voz que te interrumpe diciendo «Basta de llamadas» o «Despertarás a tu hermano».

Antes de terminar este artículo le quiero decir a mi papá que es un fabuloso padre y que no se está quedando atrás. Te quiero papá.

LA MUERTE HUELE A QUEMADO
[13 de marzo, 2000]

En el aire entre Barquisimeto y La Fría, Venezuela. «Humo, humo», gritó uno de los periodistas. «Oiga, piloto; hay humo en la cabina».

Desde mi asiento en una avioneta de hélices para ocho pasajeros, vi una columnita de humo blanco —casi como vapor— saliendo del piso en la parte posterior de la nave.

«Heeeey, piloto», dije, tratando de controlar mi nerviosismo, «le están diciendo que hay humo». «Ya lo escuché», me contestó muy parco, «estamos revisando los instrumentos».

El primero en darse cuenta del problema fue Martín, uno de los dos camarógrafos que me acompañaban en un viaje para entrevistar al presidente de Venezuela, Hugo Chávez. Desde las cuatro filas de asientos que nos separaban, Martín me hizo la señal de que algo olía a quemado.

Ángel, nuestro jefe de camarógrafos —con quien he recorrido América Latina—, y Marisa, la productora, confirmaron lo que yo no quería escuchar. «Huele a quemado», dijo Ángel, mientras Marisa reafirmaba la existencia del agudo olor moviendo su nariz.

Mi sentido del olfato es muy malo. Me han operado tres veces de la nariz y en cada intervención quirúrgica fui perdiendo la capacidad de oler. Ahora solo detecto olores muy fuertes, ¡y hasta yo también estaba oliendo algo a quemado!

El copiloto se paró de su asiento y fue a revisar la zona de donde salía el humo. Movió unos tapetitos, no vio nada raro y luego anunció: «Es el aire acondicionado».

Lo apagaron e inmediatamente se sintió más frío en la cabina. Dejó de olerse a humo. La avioneta siguió su ascenso. Dieciséis mil, 17 mil, 18 mil pies de altura. Llevábamos unos 20 minutos de vuelo.

Nadie hablaba. Una de las dos mujeres del grupo —una funcionaria pública— se hizo la dormida, como tratando de olvidar el peligro.

Por dentro, me sentía como un metal retorcido. No quería creer que iba en una avioneta que se había llenado de humo. Pero así era. Pensé todo en un *flashazo*: en mis hijos, en el testamento que había firmado hace solo unos días, en el México de cuando era niño, en todo el tiempo perdido en tonterías… ¿Y si esto se incendia en el aire? Siempre me ha incomodado mucho la idea de morirme de mañana. ¡Todo un día desperdiciado!… y aún no daban las nueve de la mañana.

Iba sentado exactamente atrás del piloto y copiloto y, aunque no entiendo nada de aviación, veía con obsesión cada uno de sus movimientos, así como el ininteligible tablero de instrumentos buscando una lucecita roja que indicara problemas.

Nada. Respiré profundo.

El altímetro seguía moviéndose hasta alcanzar los 24 mil pies de altura. De pronto, volvió a salir humo. Esta vez con mucha más intensidad. «Híjole», pensé, «ahora sí ya nos llevó la ching…».

Un rayo de luz se colaba por una ventanilla y se veía como una nubecita de polvo. «Eso es polvito», dijo la funcionaria pública, despertándose de su fingido sueño. «Nada de polvito», repuntó otro. «Yo fumo y eso no es polvito».

Sin decir una palabra el piloto hizo descender la avioneta a 10 mil pies de altura. Luego, le dejó los instrumentos al copiloto

—que no pasaba de los 25 años— y se volteó para decirnos: «Voy a despresurizar la cabina, van a sentir un dolor en sus oídos y si alguien se siente mareado o le falta el aire, díganmelo para que le dé su mascarilla de oxígeno». Despresurizó la cabina y dejó de salir humo.

«Tenemos una misión», continuó el piloto, un joven militar de la Fuerza Aérea Venezolana. «Hay que llegar a La Fría (donde comenzaría la gira del presidente Chávez), así que mi recomendación es que sigamos volando a esta altura hasta llegar».

Marisa y yo casi brincamos de nuestros asientos. «Pero ¿cómo sabe que no hay un fuego en el avión?», le preguntamos. «¿No será mejor aterrizar y revisar la avioneta?»

«Es que tenemos una misión», insistió el piloto militar. «Esa es mi recomendación y no me gustaría que hubiera una discusión entre los pasajeros y el piloto».

Él debe saber más que nosotros, pensé. Pero al mismo tiempo no podía sacar de mi mente el accidente en que murió John F. Kennedy Jr. ni el reciente desastre aéreo de Alaska Airlines que les costó la vida a 88 personas.

No habían pasado ni cinco minutos cuando volvió a salir humo. En esta ocasión casi toda la cabina se llenó de un horrible olor a chamuscado. Empecé a perder el centro y se me ocurrió, irracionalmente, gritar: «Abran las ventanas», pero antes de abrir la boca me di cuenta de la estupidez que estaba a punto de decir. ¿Y si nos ahogamos?

Todos, de alguna manera, mantuvimos una actitud de cierta calma. Pero por dentro el miedo me chupaba. Sentí mis pectorales y mis cejas temblar sin control y las palmas de mis manos eran unos chorros de agua. Me toqué la frente y mi mano patinó con el sudor. Debajo de mis brazos había dos lagunas.

El olor nunca desapareció. Mientras, algunos hacían bromas. «A ver si no nos agarra la pelona», dijo alguien por ahí. No había de otra; era preciso hacer un aterrizaje de emergencia. El piloto se olvidó de que tenía una misión y ya un poco pálido pidió permiso a la torre de control para aterrizar en el aeropuerto más cercano —una base militar en Barquisimeto— y 12 minutos más tarde tocamos tierra. Ángel, como un Papa, besó el piso.

Ya en la pista nos dimos cuenta de lo que había pasado. «Qué idiotas somos», comentamos. «A la primera señal de humo debimos haberle dicho al piloto que se regresara». Pero claro, no supimos medir el peligro y no queríamos poner en riesgo la entrevista con Chávez. «Qué idiotas somos», repetí. Le di la espalda a la avioneta y me fui hacia el hangar diciendo: «Yo en esa mierda ya no me vuelvo a subir».

Tras cruzar el hangar, lo primero que vi fue a un sacerdote católico que se nos acercaba; sotana negra, cuello blanco, paso tranquilo, calvicie incipiente, sonrisa amable. Martín y yo nos echamos a reír, nerviosos. «Esto está de película», me dijo.

El padre Ángel —nos enteraríamos más tarde— visitaba la base militar todos los viernes por la mañana. No soy una persona religiosa, pero gustosamente le acepté al padre la tarjetita de una virgen —la Divina Pastora— y me la guardé en el bolsillo. No vaya a ser…

Mas rápido cae un hablador que un cojo —le escuché alguna vez a mi madre— y yo caí. No, no me subí en la avioneta descompuesta. Pero otra exactamente igual —también con una tripulación militar— nos fue a recoger. Y estoy escribiendo esto mientras volamos hacia La Fría; como terapia confesional y para contar que nos salvamos por un pelito.

Ahora ya sé a qué huele la muerte. La muerte huele a quemado. Y lo sé porque estoy en tiempo extra.

EL MARTES QUE ESTADOS UNIDOS PERDIÓ LA INOCENCIA
[20 de septiembre, 2001]

Miami. Nos habíamos levantado temprano y Nicolás estaba muy contento. Días atrás mi hijo había comenzado la escuela y ya le estaba perdiendo el miedo a quedarse sin sus padres por unas horas. Pero cada vez que lo acompañaba para dejarlo en el colegio, me señalaba con su dedito al cielo y decía: «Mira, papá, esa es mi bandera». Esa mañana parecían flotar las 13 franjas horizontales rojas y blancas con las 50 estrellas enterradas en el azul. Se refería por supuesto a la bandera norteamericana.

Ese martes 11 de septiembre del 2001 me quedé unos minutos más en la escuela y vi a mi hijo Nicolás ponerse la mano en el pecho, al igual que cientos de sus compañeros de primaria, y declamar en inglés: «*I pledge allegiance to the flag of the United States of America...*». Me enterneció ver a un niño de apenas tres años de edad repetir, si bien mecánicamente, el saludo a la bandera de Estados Unidos. Soy mexicano (más bien, muy mexicano) pero Estados Unidos me ha dado las oportunidades que no encontré en mi país y, además, mis dos hijos nacieron en esta nación de inmigrantes.

Salí contento de la escuela y regresé corriendo a casa, para hacer un poco de ejercicio, seguido por mi perro Sunset. Tras una ligera llovizna el sol peleaba con las nubes y me quemaba la cara.

Era una mañana típica del sueño americano: casa en los suburbios, un buen trabajo, dos hijos maravillosos y el futuro asegurado.

En todo tenía razón, menos en lo de futuro asegurado.

Cuando llegué a la casa fui a la cocina a tomar un poco de agua y mi esposa Lisa recibió una llamada por teléfono. Era una amiga. Colgó inmediatamente y la vi correr para encender el televisor. No le hice mucho caso, hasta que gritó: «¡Nooo puede ser!». Las imágenes de la televisión transmitían a nivel nacional el extrañísimo caso de un avión enterrado en una de las torres gemelas del World Trade Center de Nueva York. Nos paramos, mudos, frente al televisor. Y ahí mismo vimos atónitos cómo otro avión comercial se estrellaba contra la segunda torre causando una enorme explosión.

«¿Qué es esto?», dije en voz alta. «¿Qué está pasando?» La posibilidad de un accidente quedaba desvanecida con el choque de la segunda aeronave. Una falla en la torre de control de alguno de los tres aeropuertos de Nueva York habría sido detectada y corregida por cualquier piloto experimentado. Sí, la única posibilidad factible era la de un acto terrorista.

Hice un par de llamadas a la oficina —como periodista vivo de lo inusual, de lo repentino y hay mañanas en que no sé en qué país del mundo acabaré durmiendo— y me fui a dar un duchazo. El plan era irme directo al aeropuerto y tomar el primer vuelo de Miami a Nueva York. Lisa me sorprendió cuando jalaba una toalla tras salir de la bañera. «Bombardearon también el Pentágono», me informó y se echó a llorar.

El mundo lineal, seguro, tranquilo, que solo unos minutos antes había vislumbrado para mi hijo Nicolás se transformó en un escenario caótico, impredecible, lleno de miedos. Y Estados Unidos, que estaba muy mal acostumbrado a pelear fuera de su territorio y a sentirse prácticamente invulnerable a ataques terroristas internacionales, hincaba la rodilla por unos angustiantes momentos. El ataque había sido audaz, cruel y bien planeado. Luego vendrían los mares bipartidistas de patriotismo y el contraataque. Pero la inocencia estaba perdida.

Por supuesto, no me pude ir a Nueva York en avión. Todos los aeropuertos del país cerraron. Y la ciudad de la que Frank Sinatra aseguró que nunca duerme —... *a city that doesn't sleep*— durmió. Aterrada. Desencantada. Sin cantos.

Doce, 13, 14, 15 horas pasé en la televisión reportando sobre el peor día en la historia de Estados Unidos en lo que se refiere al número de muertos por un acto terrorista o de guerra. Y describí 100, 200, mil veces cómo un avión se estrellaba en las torres gemelas de Nueva York y cómo unos muñequitos desesperados se tiraban al vacío para no morir calcinados.

Desde las nueve y media de la mañana hasta las ocho y media de la noche de ese martes el presidente George W. Bush prácticamente desapareció del mapa. Había «evidencia creíble» diría luego el portavoz presidencial, de que la Casa Blanca y el avión presidencial estaban también en la lista de objetivos terroristas.

Así que el Air Force One, como chapulín supersónico, saltó de Sarasota en la Florida (donde sorprendió a Bush el primer ataque) a una base aérea en Lousiana a otra en Nebraska a otra en Virginia. El presidente, ausente, pero seguro, reapareció en vivo para dar un discurso a la nación a las 8:32 de la noche del martes en la Casa Blanca a donde había llegado esa misma tarde.

Quizá no hubo vacío de autoridad durante esas larguísimas horas en que no vimos ni escuchamos en los medios de comunicación a Bush ni a ninguno de sus ministros o colaboradores. Quizá todas las órdenes fueron dadas desde el avión. Quizá ahí estaba el mandatario en pleno control. Quizás. El código Delta —una operación de emergencia antiterrorista— estaba en efecto. La seguridad era la prioridad. Pero poder que no se ve, poder que no se ejerce.

La noche terminó con los mismos aviones destruyendo las mismas torres y las mismas imágenes de seres desesperados lanzándose al vacío.

Cuando por fin salí de los estudios de televisión estaba lloviendo. No abrí el paraguas y caminé, lento, hacia el auto. Prendí el radio para escuchar aún más noticias. No pude más. Apreté el botón que dice CD y oí a Madonna cantar *hey mister DJ...* Mi mente, lo admito, descansó.

Llegué a casa, comí un sándwich de mantequilla, preparé leche con chocolate —como cuando era niño— y me metí a la regadera. Al salir fui al cuarto de Nicolás y le toqué el estómago en un ritual que sigo desde que nació.

Sí, estaba respirando. Y respiré. Aliviado.

Así, el mismo martes que Estados Unidos perdió su inocencia yo perdí la convicción de que el futuro de mi hijo Nicolás sería mejor que el mío. Lo despeiné suave, delicadamente, mientras dormía y me acordé que esa misma mañana me dijo orgulloso en su escuela: «Mira, papá, esa es mi bandera».

CARTA DESDE JALALABAD
[17 de diciembre, 2001]

Jalalabad, Afganistán. Crucé a pie la frontera de Pakistán a Afganistán. No hay zona fronteriza sin conflictos. Pero Tijuana (entre México y Estados Unidos) es el paraíso terrenal comparada con Torkham.

Un soldado pakistaní abrió una enorme y oxidada reja para que yo pudiera cruzar la frontera, mientras otros dos o tres guardias trataban de evitar a gritos y golpes que se colara a Pakistán un puñado de refugiados afganos. Entré a Afganistán a empujones.

Llevaba una carta que, supuestamente, me permitiría llegar sano y salvo a Jalalabad con la compañía de guerrilleros bajo el mando de Haji Zaman, uno de los tres jefes tribales que se han repartido la provincia de Nangarhar tras la huida de los talibanes. Pero su gente brillaba por su ausencia en la frontera.

En cambio, uno de los lugartenientes de Haji Qadir —otro de los líderes— al verme medio perdido se me acercó para proponerme que, por 100 dólares, sus guardias me llevarían a Jalalabad. No tuve otra opción. Así, rodeado de tres perfectos desconocidos tomé una destartalada camioneta Toyota para recorrer los casi 80 kilómetros. Kafir, un soldado de 20 años, se acomodó junto a mí en el asiento de atrás. No me alivió mucho los nervios que su fusil Kalashnikov, apoyado en el piso de la camioneta, brincaba con los

94

hoyos del camino y a veces terminaba apuntándome exactamente debajo del mentón. Ruleta afgana, pensé. Me sudaban copiosamente las manos mientras pensaba: ¡qué diablos hago aquí!

En un inglés con acento pashtún —la lengua del lugar— Kafir me preguntó mi opinión sobre Osama bin Laden. Pero percibiendo una pregunta capciosa me resistí a decirle que Osama me parecía un impresentable y cobarde criminal. Poco después aplaudí mi prudencia al escuchar que él, Kafir, era un seguidor del líder terrorista: «*I am a follower of Osama*». Me quedé helado y solo alcancé a decir «Ok». Los dos vimos hacia adelante y el fusil siguió brincando en el piso, entre sus rodillas.

Durante todo ese trayecto no pude dejar de pensar en los cuatro periodistas asesinados el pasado 19 de noviembre en una carretera de Afganistán. Más que en combate, los reporteros muertos en esta guerra han perecido por robos o asaltos en los poco transitados caminos del país.

En Afganistán no aceptan Visa o American Express y para los guerrilleros, los periodistas llevamos en la frente el símbolo de *cash*. Para alguien que está acostumbrado a ganar 20 dólares al mes, la cartera de un periodista extranjero es un verdadero botín. En ningún país del mundo me he sentido tan frágil y vulnerable como aquí. Pero, diferencias políticas aparte, Kafir y sus secuaces me ayudaron a pasar por todos los retenes sin un rasguño antes de depositarme en el mugroso hotel Spinghar de Jalalabad, el centro extraoficial de reunión y albergue de los corresponsales extranjeros en esa parte del país.

Jalalabad —que sería una grosera exageración calificar de ciudad— refleja claramente los problemas que enfrentará el Afganistán de la posguerra. Esta es tierra de nadie. O, más bien, un lugar que muchos se disputan, pero que carece de un gobierno fuerte, policía eficiente y cierto sentido de orden. Ese es el peligro. La escapada de los talibanes dejó un escabroso vacío de autoridad en Afganistán.

En el mercado de Jalalabad (entre flacas y descoloridas zanahorias, cerros de lana recién afeitada y abundante hashish) se pasean nerviosos los muchachos iletrados y armados de los tres jefes tribales. Constantemente se están disputando pequeños pedazos de territorio: el mercado, la carretera de Jalalabad a Kabul, la entrada al único hotel. Y tratan de imponer su autoridad, con la fuerza de las armas, con frecuentes retenes. Las peleas son cosa de todos los días. Y no es extraño escuchar tiros al aire. A los afganos les encanta discutir, pero siempre me quedó la impresión de que sus gritos en un ambiente tan cargado de tensión pudieran ser el preludio de una descarga de ametralladoras.

Además, los ahora extalibanes están mezclados con el resto de la población y me fue imposible dar unos pasos sin sentir en mi nuca la mirada curiosa del que nunca ha visto a un extranjero... pero que ha sido adoctrinado a odiarlo. O, al menos, resentirlo. En las calles de Jalalabad me llevé un buen par de empujones y de —supongo— insultos en pashtún (que por supuesto no entendí y qué bueno).

Ahora, me da mucha pena reportar que las mujeres de Jalalabad siguen tan reprimidas como en la época de los talibanes. Por principio, las mujeres no aparecen en la vida pública. Vi a niñas y ancianas, estas últimas cubiertas totalmente con la tradicional burka. Pero no vi la cara de una sola adolescente o mujer joven en más de tres días. En el Afganistán postalibán ya se puede oír música, ver televisión y volar papalotes (o cometas). Sin embargo, las mujeres no tienen ni voz ni voto.

Esta provincia de Nangarhar es más conservadora que, digamos, la capital de Kabul. Pero Afganistán está décadas atrás de la igualdad de los sexos en ingresos, oportunidades de empleo y educación. Basta decir que antes de la guerra, de cada 100 estudiantes de primaria solo seis eran niñas. En la parte del mundo de donde yo vengo a este tipo de burda discriminación le llamamos machismo. Aquí no. En Afganistán —me aseguran— es una centenaria tradición el papel sumiso y secundario de la mujer. Desafortunadamente no se lo pude preguntar a ninguna mujer. Los hombres no me lo permitieron. «La única posesión de muchos hombres musulmanes es su mujer», me contó a manera de explicación alguien que nunca ha dejado salir sola a su esposa.

Si Jalalabad es un microcosmos de la pobreza, violencia y discriminación sexual que le espera a Afganistán, estoy seguro de que la paz será mucho más difícil de ganar que la guerra contra los talibanes. *Inshala.*

HOTEL SPINGHAR:
LOS COSTOS DE CUBRIR LA GUERRA
[24 de diciembre, 2001]

En memoria a los periodistas muertos en
Afganistán: Johanne Sutton, Pierre Billaud,
Volker Handloik, Harry Burton, Maria Grazia Cutuli,
Julio Fuentes, Aziz Haidari y Ulf Stromberg.

Jalalabad, Afganistán. Más periodistas han muerto en la guerra de Afganistán que soldados norteamericanos o británicos. Ocho, hasta el momento. Sé exactamente cómo murió cada uno de ellos; traía conmigo los recortes de los periódicos informando de sus muertes. Era, para mí, un terrible recordatorio: de nada sirve un reportero muerto.

Lo más importante para cualquier periodista en una zona de guerra es sobrevivir. Pero estamos en franca desventaja. Aquí en Afganistán todos parecen estar armados (talibanes, soldados de la Alianza del Norte, *marines* norteamericanos…), menos nosotros. Ninguna noticia es tan importante que justifique la muerte de un periodista. Ninguna. Aunque a veces tomamos el riesgo porque nos toca ser los ojos y los oídos de los que no están ahí.

Lo curioso es que los mismos periodistas que se jugaban el pellejo durante el día cubriendo los combates en las montañas de Tora Bora, buscaban en la noche la ilusoria protección de estar en grupo en el hotel Spinghar de Jalalabad. En las cenas de cuatro dólares —arroz blanco con pasas y coliflor junto a raquíticas piernas de pollo frito en aceite negro de tanto uso, pan *nan* y Pepsi— escuché las más fascinantes historias del periodismo a principios de siglo: «Me dispararon los talibanes y tuve que esconderme bajo un tanque...». «Al llegar a Kabul fuimos rodeados por corruptos guerrilleros ansiosos de unos cuantos dólares...» «Mi cuarto de hotel, recién bombardeado, estaba muy bien; excepto que no tenía techo...» Son verdaderas aventuras en las que, si algo salía mal, no llegabas a la cena para contarlo. Y ocho periodistas no llegaron a cenar.

El hotel Spinghar bien podría confundirse con un maltratado hospital psiquiátrico de la época soviética. Dos pisos, paredes manchadas de humedad, pasillos largos, fríos y oscuros. Pero en medio de la guerra era difícil encontrar otro rinconcito mejor protegido de las balas. A mí me tocó quedarme en el cuarto que ocupaban los corresponsales del *Miami Herald* y de la cadena de periódicos del Knight-Ridder. «Ahí te dejamos a Osama», me dijeron muertos de la risa. «Osama» era un ratón que jodía y hacía ruido toda la noche. *Toooda.* Y el maldito «Osama» mordisqueó durante mi primera noche un riquísimo chocolate que llevaba en caso de emergencia y lo tuve que tirar.

Mi cuarto (30 dólares la noche) tenía el olor de muchas batallas campales. Varios periodistas antes que yo se habían enroscado en el mismo colchón agujereado y tapado con las mismas sábanas grises sin que nadie, en más de dos meses, las limpiara. El baño, compartido, nunca tuvo agua y las costras de mugre, mocos y excremento sugerían otro tipo de guerra. Eso me obligó a aprender una legendaria técnica afgana que requiere de mucho balance y puntería. Y sobra decir que pasé varios días sin bañarme. Pero en medio del conflicto bélico agradecí, aunque no lo crean, mi aborto de cuarto de hotel.

En el mismo cuarto dormía Naim, mi guía y traductor. Naim es un *fixer* pakistaní. (*Fixer* viene del inglés *fix*, es decir, el que lo arregla todo). Por 200 y hasta 300 dólares diarios estos *fixers* conseguían transportación a la zona de guerra (por 100 dólares), contrataban guardaespaldas o guerrilleros armados (20 dólares por cabeza), traducían del pashtún al inglés, compraban comida (nada cuesta más de un dólar) y se aseguraban de que tus crónicas llegaran a donde tenían que llegar. Y a veces, también, estos *fixers* te salvaban la vida. Esto último no tiene precio.

«No vaya para allá, *mister* George», me advertía Naim con mucha calma. «Minas». Me llamaba George porque Jorge en pashtún significa «hermana menor» y no pude convencer a Naim de llamarme así. Y lo de *mister* era, supongo, porque yo era el que pagaba. Naim ganaba en un día lo mismo que una familia pobre pakistaní en cinco meses. Son los precios infladísimos por la guerra. Pero no me arrepiento ni por un centavo. Lo importante era estar sano y salvo.

Me recomendaron a Naim luego de que le salvó la vida a un periodista de la televisión norteamericana. Al reportero, por ser negro, lo habían confundido con un miembro de la organización terrorista Al Qaeda de Sudán o Yemen y estuvo a punto de ser masacrado por soldados de la Alianza del Este y enojados afganos. Naim rescató con mucho valor al periodista de CNN de la turba enfurecida, lista para apedrearlo. Para mí, Naim también fue un gran compañero en la guerra. El problema es que sus ronquidos —aunados a los chillidos del ratón «Osama» y los vuelos de los B-52 norteamericanos— nunca me dejaron dormir más de tres horas seguidas.

En la guerra los periodistas hacen alianzas y amistades que serían impensables en tiempos de paz y de *ratings*. Comparten pasta de dientes y papel del baño, se recetan medicinas para la tos y la diarrea, se regalan dulces, intercambian información y entrevistas, y mantienen un férreo código de silencio: los *affairs*, imprudencias y abusos de drogas y alcohol son siempre un secreto profesional. Pero, sin duda, los corresponsales más apreciados eran los que te prestaban el teléfono satelital (a seis dólares el minuto) para hablar a tu casa cada noche y avisar que todavía estabas vivo. (Gracias Daryl de cnn; y muchas, muchas gracias, Enrique Serbeto del diario ABC de España).

El *lobby* del hotel Spinghar (que significa «montañas blancas») estaba plagado de jóvenes afganos armados, miembros del equipo de seguridad de algunos corresponsales; tras la muerte de cuatro periodistas el 19 de noviembre, muchos reporteros decidieron contratar a guerrilleros para su protección. Y en el jardín del hotel había un muchacho que, en lugar de decir «Buenos días», preguntaba: «¿Va usted hoy a la zona de guerra?», como si se tratara de ir a comprar zanahorias al mercado. Además, un montón de niños te perseguía como un enjambre de avispas, pidiendo monedas y repitiendo hasta el cansancio que eran muy pobres: «*I'm a poor boy, I'm a poor boy...*».

Me fui del hotel con una mezcla de nostalgia y alivio. Las noticias de la guerra daban sus últimas patadas de ahogado y, para ser muy franco, nunca dejé de tener miedo durante mi estancia en Jalalabad y Tora Bora. Me sentí muy frágil y vulnerable. El peligro no era morir en combate; el verdadero peligro era ser atacado o robado por alguno de los muchos y dispares grupos armados de bandidos y guerrilleros. El miedo, estoy seguro, me mantuvo alerta y evitó que me relajara en un lugar donde no se puede confiar en nadie.

Le pagué a Naim, le di un abrazo como a un hermano y me subí a un taxi (100 dólares) que me llevaría desde Jalalabad a la frontera con Pakistán. Podría haberme quedado en Afganistán un par de días más. Pero no quise estirar mi suerte. Me esperaban en casa a cenar.

TEMAZCAL: AL BORDE DE LA VIDA
[28 de octubre, 2002]

Puerto Morelos, México. Es el baño sauna de los mayas. Pero más allá de limpiar las toxinas del cuerpo, te avienta a una aventura del alma totalmente inesperada; al menos para un primerizo como yo.

Antes de desaparecer del mapa por razones aún inexplicables, los mayas acostumbraban sanarse (por dentro y por fuera) con el ritual del temazcal. Primero saludaban los cuatro puntos cardinales —que representan las etapas de la vida y estaciones del año: niñez/primavera, adolescencia/verano, madurez/otoño y sabiduría/invierno— y se hacían una limpia con humo vegetal. Luego se internaban en un recinto cavernoso calentado por piedras volcánicas para sudar sus enfermedades, limpiar la piel y enfrentar sus miedos.

«Es como regresar al vientre materno», nos dijo Nancy, la guía, a los cuatro incautos que desconocíamos totalmente en lo que nos estábamos metiendo. Pero tengo que reconocer que la experiencia de entrar al temazcal sonaba intensa e interesante. «Sin duda, mejor que un masaje», pensé. «Al menos es algo nuevo».

El ayudante de Nancy, un indígena maya llamado extrañamente Secreto, alimentaba madera al fuego de un horno en forma cilíndrica donde las piedras volcánicas ponían al rojo vivo su ahuecado corazón. Siguiendo el ritual maya, pasamos del este al sur y del oeste al norte envueltos en un humo aromatizante. Luego, con una solemnidad casi religiosa, repetimos una breve oración maya y bajamos los tres escalones al interior del temazcal, construido en forma de pirámide.

Los cuatro novicios nos sentamos sobre unos tapetes de petate cuadrangulares que a su vez descansaban sobre la arena tibia y talcosa del caribe mexicano. En ese mismo espacio habrían cabido ocho personas cómodamente sentadas en posición de flor de loto. Pero los que perdimos hace tiempo la flexibilidad juvenil pudimos estirar groseramente las piernas sin golpear a nadie. Y así comenzó el viaje a la oscuridad.

Secreto empezó a traer las piedras incandescentes a un hoyo en la base de la pirámide y cuando el montón de lava petrificada —y ahora renacida por el fuego— sobrepasó la superficie, Nancy le ordenó que cerrara la puerta por fuera. El azotón me hizo saltar el pecho. Un haz de sol yucateco se colaba de manera rebelde por las rendijas de la puerta. Pero los orificios fueron rápidamente tapados, también por fuera, como si un lápiz gigantesco borrara cuatro líneas de luz. Dentro, nuestras sombras bailaban al son de los tenues reflejos rojos, naranjas y amarillos de las piedras calientes.

«Ahora van a empezar a sudar», nos advirtió una voz ronca; era la de Nancy que se había transformado en nuestra chamana. «Traten de relajarse; si no aguantan el calor, bajen la cabeza al nivel del piso». Fue entonces que soltó el primer balde de agua contra las piedras. ¡Shhhhhhhh! Estas se quejaron con un ruido que pedía silencio e inmediatamente después soltaron un olor a yerbabuena. Vino otro baldazo más. Nos hizo toser. Este otro humo blanco venía envuelto de eucalipto.

Nancy, que aprendió el ritual de sanador de su abuelo yucateco, intercalaba los distintos tés de hierbas medicinales con cantos e instrucciones muy precisas. «Limpien su nariz… usen los baldes de coco seco para sacar el agua de la olla de barro y refrescarse… identifiquen sus miedos y enfréntenlos… no se paren».

Tras media hora de copioso sudor, el suplicio paró. Se abrió la puerta, entró Secreto con más piedras y luego la misma voz ronca nos advirtió: «Ahora sí se va a poner caliente». Creía que no podía resistir más, pero ante la vergüenza de desistir, respiré profundo y vi con angustia cómo la puerta se volvía a cerrar. ¡Shhhhhhhh! ¡Shhhhhhh!, gritaban las piedras ante la nueva infusión de agua y hierbas. Empecé a alucinar. Vi figuras de un perro y un lobo en las piedras al rojo vivo. «Lealtad y liderazgo», concluyó Nancy. Otros vieron ardillas, peces, serpientes y hasta dragones. Cada rasgo tenía su explicación: era un viaje dentro de nosotros mismos.

El agua siguió cayendo hasta que las piedras perdieron su luz. La oscuridad era total. «Así es el mundo de los ciegos», dijo Nancy. El calor era insoportable. Lo único que quería hacer era salir corriendo. Sentía una combinación de angustia y miedo; oía claramente los latidos de mi corazón, rasposo, acelerado y adolorido. Un pedazo de sandía y la aplicación de un lodo rico en minerales por todo mi cuerpo me hizo olvidar momentáneamente mis temores.

Por fin, como boleto de salida, la sanadora nos exigió un grito largo y tendido. Lo que salió fue un aullido desgarrador desde las entrañas. Y nos dejó salir. No sé cuánto duró esa segunda encerrona. Quizás unos 25 minutos. Perdí la noción del tiempo. Pero llegué al límite. Un poco más —de tiempo, de calor, de angustia— no lo hubiera aguantado.

Secreto, ¡mi querido Secreto!, abrió la puerta y los vientos del atardecer se colaron dentro de la pirámide. Caminé, casi como zombie, hacia el mar y me quedé flotando boca abajo unos segundos. Tras secarme, toqué mi piel: estaba inusualmente suave. Era la huella de una experiencia muy dura, gruesísima. No es para todos y casi no fue para mí.

Los temazcales han resurgido, como una moda, durante los últimos dos años en la península de Yucatán. Lo que nunca me imaginé es que el calor, silencio, oscuridad e intensidad sensorial del temazcal me llevarían al mismísimo borde de la vida.

Después de todo, regresar al vientre materno no es tan agradable como creía.

20 AÑOS EN USA
[30 de diciembre, 2002]

Miami. Como muchos inmigrantes, llegué a Estados Unidos con la intención de quedarme por poco tiempo. «Me voy un año a Los Ángeles», le anuncié a mi familia, a mi novia y a mis amigos en la Ciudad de México, «dos años máximo». Bueno, esos dos años se han convertido en 20 y todavía no tengo fecha de regreso.

Llegué a Los Ángeles el 2 de enero de 1983. Lo recuerdo perfectamente porque estaba anocheciendo y todo lo que tenía —una maleta, una guitarra y un portafolio con papeles— lo podía cargar con mis dos manos. Nunca he vuelto a experimentar esa misma sensación de libertad. Una ciudad nueva, un país nuevo y nada que me atorara al pasado. Otros inmigrantes con quienes he conversado consideran, al igual que yo, su llegada a Estados Unidos como una segunda fecha de nacimiento.

Tras una brevísima carrera en el periodismo mexicano —un poco en radio y menos aún en televisión— me vine con el sueño de convertirme en un trotamundos: quería ser testigo de la historia y conocer a los hombres y mujeres que la hacen. Esos sueños quedaron rápidamente aplastados por la falta de dinero. Los pocos dólares que traje de México —producto de mis flacos ahorros y de la venta de un viejo bochito, un Volkswagen rojo— se agotaron con la colegiatura de la escuela y no tuve más remedio que buscar trabajo. Mi primer empleo en Estados Unidos no fue de corresponsal extranjero, como había soñado, sino como mesero. ¿El pago? Quince dólares al día con comida incluida. Apenas para sobrevivir.

Vivía con otros estudiantes extranjeros en una derruida casa que llamábamos la Pink House por el estridente color rosa con que estaba pintada. Cocinábamos en los clósets con unas parrillitas eléctricas porque el dueño no nos permitía usar la cocina. Mi ropa siempre apestaba a un ensopado de tomate que cocinaba mi amigo Charles, de Ghana, y al arroz con fideos que yo preparaba con salsa mexicana. El menú de las cenas no variaba mucho: gigantescas ensaladas de lechuga, pan blanco y grandes vasos de agua, para que todo se expandiera en el estómago y aplacara el hambre.

Aprendí a champurrear el inglés, de mesero pasé a cajero y tras graduarme de un curso de periodismo televisivo en la UCLA (Universidad de California en Los Ángeles) conseguí mi primer trabajo como reportero en la estación de televisión de la cadena Univision en Los Ángeles. Veinte años después son las canas y las patas de gallo alrededor de mis ojos las que cuentan la historia de más de 60 países visitados y 60 presidentes entrevistados, un muro de Berlín derrumbado, dos torres caídas en Nueva York, tres huracanes, cuatro guerras, cinco libros y más muertos de los que quisieran recordar. No me arrepiento. Tuve razón en venirme a Estados Unidos; difícilmente hubiera podido lograr todo esto en México.

Estados Unidos me dio las oportunidades que mi país de origen no pudo. Y en eso no estoy solo. Uno de cada seis mexicanos vive, como yo, en Estados Unidos. Aquí nos hemos dado cuenta de que mucho trabajo y mucho esfuerzo sí se traduce, la mayoría de las veces, en progreso. Pero la sociedad del dólar también se cobra caro el boleto de entrada. Si las oportunidades son lo mejor de Estados Unidos, lo peor es la discriminación y el racismo. Sí, existen, y ahí está el senador republicano Trent Lott para probarlo.

Veinte años después de haber llegado a Estados Unidos todavía extraño México. Me sigue entristeciendo, como el primer día, la distancia que me separa de mis hermanos Alejandro, Eduardo, Gerardo y Lourdes y de mi madre, que siempre será la «Jechu». Me duele todavía haber estado tan lejos cuando murió mi padre: me enteré de su muerte por teléfono. Y la nostalgia me pica en la boca: en cualquier momento cambiaría una hamburguesa por unos taquitos al pastor o una pizza por un buen pozole rojo.

Veinte años después sigo pensando en regresar. Al igual que Ulises en la *Odisea*, «deseo y anhelo continuamente irme a mi casa». El problema es que ya no sé dónde está mi casa. ¿En México o en Estados Unidos? ¿Donde están mis hermanos o donde viven mis hijos Paola y Nicolás? «No soy de aquí ni soy de allá», canto en los malos momentos junto con Facundo Cabral. Pero en los buenos, siento que tengo dos casas, dos hogares, dos idiomas, dos culturas, dos países.

Veinte años después estoy enormemente agradecido con Estados Unidos. La idea del sueño americano no es un cuento; me consta. Aunque esto no me ha vuelto ciego a los errores del unilateralismo y a los excesos guerreristas del país que me acogió con tanta nobleza. Pero, al final de cuentas, me quedo con la generosidad y apertura de una nación que me tomó casi cayéndome y me empujó hacia adelante.

Veinte años después sé que este es un país en que uno puede reinventarse y pienso —como el columnista Fareed Zakaria— que «la creencia de que cualquier persona puede aspirar a cualquier cosa es uno de los más grandes regalos de Estados Unidos al mundo».

Veinte años después, gracias.

PETE, LAS NOTICIAS Y EL DESIERTO
[13 de octubre, 2003]

Phoenix, Arizona. Las rocas del tamaño de una casa se amontonan creando figuras inverosímiles. Dicen por aquí que Dios se puso a jugar canicas en el desierto y que, luego, las dejó abandonadas. Son piedras monumentales que se trepan unas sobre otras desafiando la ley de la gravedad. La primera impresión es que estos *boulders*, como les dicen en inglés, se van a desplomar con un soplido del desierto que les rodea. Pero llevan 12 millones de años sin moverse un solo centímetro. Este es el paisaje con el que creció —y murió— mi amigo Pete Moraga.

Acababa de aterrizar en el aeropuerto de Phoenix cuando entró la llamada a mi celular. Sí, fue uno de esos ataques fulminantes que una aspirina al día no puede evitar. Encontraron su cuerpo, tirado, en la casa. Pero yo no me lo puedo imaginar así.

Conocí al «señor Moraga» cuando llegué a Los Ángeles en 1983. Era el director de noticias del Canal 34 de televisión y me contrató como reportero casi sin conocerme. Simplemente confió en mí. Así, siguiendo más su instinto que la razón. Yo era un periodista muy verde, inexperto, pero hambriento de trabajo. Literalmente. Los 15 dólares diarios que ganaba como mesero apenas me alcanzaban para sobrevivir. Y fue Pete quien me sacó del restaurante —y de un extrañísimo trabajo como cajero en un cine—

para meterme en la televisión. Aún hoy no sé por qué lo hizo. Nada en mi poquísima experiencia en el periodismo mexicano sugería que yo podría tener algún futuro en esta profesión. Pero pronto dejé de comer ensalada de lechuga con pan todas las noches.

Pete me dio la mano cuando otros apostaban por mi fracaso. «No, tú nunca vas a trabajar como periodista en Estados Unidos», me había advertido antes un ejecutivo de la televisión en Los Ángeles. «Tu acento en inglés es muy fuerte y los medios de comunicación en español están a punto de desaparecer». Bueno, se equivocó. Conseguí un trabajo como reportero —gracias a Pete— y los noticieros en español, lejos de desaparecer, les ganan hoy en los *ratings* a la mayoría de los programas de noticias en inglés de Los Ángeles. Pete Moraga —considerado una «leyenda» por el expresidente George Bush padre— fue uno de esos latinos que abren brecha para otras generaciones.

Pete hizo mucho más que solo darme trabajo. Fue también un mentor y protector. Mi primera cena del Día de Acción de Gracias —*Thanksgiving*— la pasé en su casa junto con su esposa Gloria, su hijo, sus tres hijas y varios de sus nietos. Y comiendo pavo con mermelada de frambuesa y tamales mexicanos me hicieron sentir como uno más de ellos. Los Moraga me adoptaron rápidamente. Cuando más solo me sentí en un país extraño, ellos siempre tuvieron para mí un asiento en su mesa. ¿Cómo olvidar eso?

Pete, mi jefe, me enseñó una de las mejores lecciones que he recibido en el periodismo. Cuando entraba todo confundido a su oficina, en un viejo edificio de la calle Melrose en Los Ángeles, sin saber cómo estructurar un reportaje, siempre me decía —paciente y sonriente—: «A ver, cuéntame qué pasó». Se lo contaba con palabras muy sencillas, como se le habla a un amigo y luego, invariablemente, me decía: «Okey, ahora escríbelo de la misma forma en que me lo contaste». La fórmula nunca falló. Al final de cuentas, la labor fundamental del artesanal oficio de periodista es contar historias que la gente entienda. Somos modernos juglares. Eso lo aprendí de Pete.

También aprendí de él que los mejores reporteros se hacen en la calle, escuchando a la gente, pescando información, trabajando persistentemente una nota como si fuera una pieza de cerámica que surge de nuestras manos sucias y enlodadas. Hacer periodismo es más parecido a la carpintería que a la filosofía. Y solo la calle —no un estudio de televisión ni una sala de redacción— enseña eso. Bajo el mando de Pete hice calle, mucha calle.

Pete era un hombre corpulento, del color de la tierra, que nunca dejó de expresarse en español, a pesar de que sus maestros en una escuela de Arizona le pegaban cuando lo hablaba. Pete, nacido en Tempe, Arizona, podía saltar del inglés al español en la misma frase y daba unos abrazos de oso que solían sacarme el aire del cuerpo. Era un gusto, una invitación, estrechar sus manos grandes y redondas. Y se nos fue a los 77.

Cuando llamé por teléfono a casa de los Moraga para darle el pésame a Gloria, me contestó una grabadora con la voz de Pete. Y me atraganté. Era esa voz firme, pero amable, cariñosa, que me guió durante mis primeros y difíciles años en Estados Unidos. Mientras escuchaba su voz, el sol otoñal se enterraba entre cactus y rocas gigantescas. «Qué curioso», pensé, «que pocas horas después de morir Pete, yo estoy pisando el mismo desierto y viendo el mismo paisaje de Arizona que tanto marcó su vida». Era —lo entendí más tarde— nuestra despedida.

LAS OLIMPIADAS:
LO MEJOR DEL MUNDO
[16 de agosto, 2004]

Sí, las olimpiadas son lo mejor del mundo. Nada se compara a reunir en el mismo lugar a los atletas más reconocidos del planeta. La idea es poderosa y sencilla. A pesar del extendido dopaje y del rampante comercialismo, no existe ningún otro evento en que miles de millones de personas se detengan a ver cómo corren, nadan y juegan los hombres y mujeres más rápidos, ágiles y fuertes que existen sobre la tierra. Pero hay mucho más que carreras, brincos y sudor.

La idea original de las olimpiadas implicaba hacer una pausa en las guerras. Durante 1 200 años —desde 776 a.C. hasta 393 d.C.— muchas batallas se detuvieron durante las olimpiadas. Hoy no, lo cual nos hace pensar que, en lo básico, en los asuntos de vida y muerte, hemos avanzado muy poco. Sería verdaderamente revolucionario que, por ejemplo, las actuales guerras en Irak, Afganistán y Sudán se pararan durante los 17 días que duran las actuales olimpiadas en Grecia. Pero creo que no podemos esperar tanta sabiduría y visión de nuestros líderes.

Habría sido una audaz y extraordinaria propuesta que Estados Unidos y Gran Bretaña le hubieran ofrecido un alto al fuego de dos semanas a la resistencia iraquí o que israelíes y palestinos se comprometieran a no disparar un solo tiro mientras sus atletas compiten en Grecia. Tristemente, dichos escenarios ya ni siquiera se imaginan.

Sin embargo, las olimpiadas sí nos dan una pausa mental, una distancia emocional, frente a los conflictos, tragedias y accidentes que forman parte de nuestras vidas diarias. Nos siguen preocupando, por supuesto, las muertes de civiles iraquíes y de soldados norteamericanos, las víctimas del huracán *Charley* en la Florida, el genocidio en Sudán y la tensa situación en Venezuela tras el plebiscito revocatorio del domingo pasado, pero cuando prendemos la televisión y vemos a un muchacho saltar sin dificultad por encima de los dos metros y 20 centímetros de altura o a una gimnasta doblarse como si fuera de goma, quedamos maravillados y nos alejamos un poco de nuestros problemas.

Las olimpiadas nos dan una ilusión de paz y nos refrendan, por más cursi que suene, la esperanza de que no estamos condenados a la violencia. Y no soy el único que se siente así. «Estas son dos de las mejores semanas de los seres humanos», concluyó recientemente la revista *Newsweek*. Es cierto.

Mi pasión por las olimpiadas se remonta a 1968, cuando tenía 10 años de edad, y vi correr descalzos a los maratonistas de Kenya y Etiopía frente a la casa de mis abuelos en la Ciudad de México. Quedé marcado por el resto de mi vida. Tras ese momento mágico, jugaba a ganar una medalla de oro en unas competidas miniolimpiadas que, junto con mis hermanos y vecinos, organizábamos en plena calle. Un día, en lugar de ganarme una medalla, quedé condecorado con una pulmonía tras meterme entre las puertas del refrigerador luego de un caluroso y extenuante día de futbol, carreras, patines y bicicleta.

Mi fascinación con los Juegos Olímpicos no se congeló ese día. Al cumplir los 14 años de edad me presenté, solo, en las oficinas del Centro Deportivo Olímpico Mexicano (CDOM) para decirle al único funcionario que me quiso escuchar que yo corría muy rápido y que quería ir a unas olimpiadas. Todavía no sé cómo pero me permitieron entrenar con el equipo mexicano de atletismo y, eventualmente, formar parte de una informal preselección olímpica. Años más tarde, una lesión en la columna terminó con mis aspiraciones de asistir a una olimpiada. Nunca he llorado tanto en mi vida.

Esa gran frustración personal no impidió que creciera mi admiración por aquellos que sí han logrado ir a unos Juegos Olímpicos. En 1984, ya en Los Ángeles, tuve la gran suerte de hacer un noticiero matutino de televisión con el excampeón olímpico de natación, el mexicano Felipe «el Tibio» Muñoz, ganador de los 200 metros de nado de pecho en 1968. A Felipe le decían «el Tibio» porque el agua de la piscina donde entrenaba siempre estaba demasiado caliente o demasiado fría para su gusto. Y, para mí, la experiencia de trabajar con él no tuvo nada de tibia.

Hoy, embobado frente al televisor, voy al baño y hago llamadas solo durante comerciales, para no perderme lo más llamativo de estos juegos: las nadadoras árabes que participan por primera vez en unos Juegos Olímpicos gracias a trajes de baño que las cubren de pies a cabeza; las hazañas acuáticas de Michael Phelps; el accidente que en medio segundo terminó con una década de entrenamiento de varios ciclistas; la alegría de ver al equipo de Puerto Rico participar en las olimpiadas como un país independiente; los impresionantes reflejos de los jugadores de ping-pong... Y así, entre gritos de emoción, trato de contagiarles el entusiasmo olímpico a mis hijos con el oculto deseo de que ellos, algún día, sí puedan participar en una olimpiada.

Al final del día, ya con los ojos rojos, cuando veo por el televisor tantos asientos vacíos, me culpo hasta el cansancio por haber decidido no viajar a Atenas. ¿Por qué le hice caso a la agente de viajes que me dijo que ya no había boletos disponibles? ¡Qué estupidez! Pocas veces he sido más feliz como espectador que durante las Olimpiadas de Los Ángeles (1984) y Atlanta (1996). Y me prometo estar en China dentro de cuatro años.

Eso es lo único malo de los Juegos Olímpicos; que solo duran dos semanas cada cuatro años.

MI NARIZ
[3 de enero, 2005]

«Esta nariz cuelga hacia la derecha».
Luigi Pirandello

El sentido del olfato es, para mí, el más enigmático. Siempre me ha llamado la atención cómo el olor del pasto mojado, después de llover, me regresa a mi infancia en la Ciudad de México, y cómo la mezcla de humo de cigarro (Raleigh con filtro) y loción me regresa a mi padre. De la misma manera, el olor de una alfombra húmeda y sucia me recuerda mi primer y muy difícil año como inmigrante en Los Ángeles. Es como si los olores abrieran algunas ventanas en mi cerebro.

Oler es, a la vez, un proceso mágico y absolutamente involuntario; es muy difícil regular lo que olemos o lo que dejamos de oler, sobre todo cuando estamos en un lugar público. Pero la magia está en los mundos que nos abre.

En asuntos de olores la ciencia ha ido muy por detrás de la literatura. Marcel Proust, el autor de *En busca del tiempo perdido*, ya escribía hace casi 100 años cómo el olor del *madeleine* —un pastelito esponjoso típico de Francia— le generaba «un placer exquisito que invadía mis sentidos» y lo volvía a su niñez. Más tarde, el alemán Patrick Süskind, con su extraordinaria novela *El perfume*

(1976), nos planteaba la vida de un asesino que tenía un prodigioso sentido del olfato y que para elaborar sus irresistibles fragancias en el putrefacto París del siglo XVIII mataba a jóvenes vírgenes.

Proust y Süskind, de hecho, se les adelantaron a los doctores norteamericanos Richard Axel y Linda Buck, quienes ganaron el premio Nobel de Medicina hace un par de meses por sus estudios sobre el sistema olfativo. Los doctores Axel y Buck le quitaron el misterio al olfato y descubrieron que todos los seres humanos tenemos en la parte superior de la nariz unos cinco millones de receptores, agrupados en 350 tipos distintos, que nos permiten distinguir alrededor de 10 000 olores.

Lo que tan hermosa y brutalmente describieron Proust y Süskind es algo mucho más primitivo. Cuando nos acercamos una rosa a la nariz, por ejemplo, las moléculas que desprende la flor activan a una parte de nuestros millones de receptores que, a su vez, envían por los nervios una señal al bulbo olfatorio (que está localizado al frente del cerebro). El bulbo olfatorio —una especie de aduana olfativa— envía sus mensajes a otras partes del cerebro donde, finalmente, distinguimos los patrones de los olores y los ligamos con experiencias en el pasado. Así, una rosa puede generarnos un sentimiento agradable que vinculamos a una experiencia previa, mientras que el excremento de una vaca provoca, por las mismas razones, nuestro rechazo.

Como quiera que sea, la vida está cargada de olores. De hecho, vivimos entre olores que, con frecuencia, no detectamos. Muchas veces juego con la idea de que los olores tuvieran un color. Así, me imagino rodeado de esferas azules y verdes mezclándose con franjas negras y moradas entre corrientes amarillas y remolinos naranja.

Pero nuestro mundo olfativo es mínimo comparado con el de los animales. Mi perra Sunset tiene una zona olfativa 40 veces más grande que la mía y por eso, cuando salimos a caminar, baja su hocico al ras del suelo y podría acompañarme casi con los ojos cerrados. El olor es su guía.

Mi obsesión y fascinación con los olores, tengo que reconocerlo, surge de una terrible deficiencia física. Nací con la huella de los fórceps cruzando mi cara y siempre he tenido la nariz chueca. Es abultada en el centro y uno de sus orificios es mucho más estrecho que el otro. Eso, aunado a dos fracturas —una por un golpe jugando futbol y otra por una pelea en un partido de básquetbol— y a tres operaciones, me ha dejado con una nariz con una mínima capacidad para oler.

No distingo bien los perfumes ni detecto la sazón de las comidas hasta que las acerco a mi boca. Para apreciar el maravilloso y único olor de la piel de mis hijos cuando estaban recién nacidos, tenía que acercar las fosas nasales a su cara y manos como si fueran una aspiradora. Además, tengo una permanente inseguridad respecto a la efectividad de mi desodorante, de mi pasta de dientes, de mi hilo dental y mi enjuague bucal. ¿A qué huelo?, es una interrogante constante y angustiosa.

Pero no todo es negativo; sufrir de una reducida capacidad olfativa tiene, también, algunas ventajas. Soporto perfectamente los sudores, propios y extraños, durante la clase de Bikram yoga y puedo despedirme de abrazo de mis amigos luego de 90 minutos de futbolito. Y los olores que marean y golpean a otros —como quesos, zapatos viejos, axilas, alientos cebolleros y desechos naturales— para mí pasan casi desapercibidos.

A pesar de sus serias carencias, o quizás debido a ellas, mi nariz ha compensado manteniendo la memoria de las cosas que huelo por mucho más tiempo de lo normal.

Por ejemplo, el olor de unos ricos tacos al pastor o de un carro nuevo puede ser recordado por una persona por solo unos instantes o, tal vez, hasta algunos minutos. Pero luego desaparece. En cambio, mi nariz puede guardar esos mismos olores durante días.

Es como si mi nariz no dejara escapar lo poco que huele. Lo que entra en ella ya no sale; es una cárcel de olores. Así, el olor de los soldados iraquíes muertos que encontré en una morgue de Kuwait durante la guerra del golfo Pérsico me persiguió durante casi dos semanas. Aun después de haber regresado a casa y tirar la ropa con la que viajé, ese olor a muerte no desapareció de mi nariz. Me lavé la nariz con agua, con alcohol y con lociones. Nada funcionó.

Parece que mi cerebro almacena celosamente lo poco que le envían mis receptores de olores en la nariz. Solo el tiempo lo borra, lenta, muy lentamente, para ser reemplazado por otros olores igual de intensos y testarudos.

Mi nariz y yo, después de 46 años de convivencia, por fin nos hemos acoplado. Sé que es casi inservible y cuando la veo en el espejo —torcida, fragilísima, llena de manchas, cicatrices y moretones— tengo que admitir que es la parte más débil de mi cuerpo. Pero tal vez, por eso mismo, es la que conozco mejor.

LOS HOMBRES VERDES
DE IMMOKALEE
[14 de marzo, 2005]

Immokalee, Florida. Cruz está pintado de verde de los pies a la cabeza. Me lo encontré regresando a su casa después de 10 horas de trabajo levantando tomates (o jitomates, como él prefiere llamarlos). Cruz es un hombre verde; me recuerda al Hulk, el gigantesco personaje verde de las películas. Pero Cruz, un muchacho de 21 años del estado mexicano de Guanajuato, no es un superhéroe; los hombros caídos y la mirada perdida de este joven campesino hablan de un profundo cansancio. No puede más.

El tomate que Cruz pisca en los campos del sur de la Florida aún está duro, y al jalarlo de la rugosa planta para meterlo en una cubeta desprende un polvo verdoso que se pega a la ropa y la piel. Cruz tiene el pelo verde, la cara verde, la panza verde, los pantalones verdes, los zapatos verdes y sus manos —¡ay, sus manos!— verdes. La tierra, combinada con el verde de los tomates, se le ha incrustado a Cruz desde las uñas hasta la mitad de sus antebrazos.

Donde la mugre se ha secado, se asoman pedacitos de su piel morena. El sol y el polvo le han dejado a Cruz el cuero cuadriculado. Sus pómulos son un desierto ansioso de agua y crema humectante. La ropa no tiene remedio. Solo el cloro puede limpiarla, pero después de dos o tres lavadas, los pantalones y las camisas quedan percudidos y llenos de hoyitos. Cruz usa los mismos zapatos para trabajar y para descansar; son los únicos que tiene.

Cruz es uno de los 30 mil trabajadores del campo —en su inmensa mayoría de México y Guatemala— que cosechan tomates y naranjas y que conocí el año pasado en esta población inmersa en los pantanosos *everglades* del sur de la Florida. De aquí sale la materia prima que termina en millones de ensaladas y jugos para el resto de Estados Unidos. Pero es un trabajo ingrato.

Pasé dos días viendo vivir y trabajar a los hombres (y mujeres) verdes de Immokalee y no fue fácil ocultar la indignación por las condiciones en que muchos de ellos operan. Es frecuente ver a una docena de trabajadores durmiendo, hacinados, en un tráiler sin baño, aire acondicionado o agua. Y la levantada no es mucho mejor.

A las cuatro de la mañana los estacionamientos de esta pequeña población se llenan de sombras; son los campesinos que salen a buscar diversas formas de transporte para llegar a los campos de cultivo. A veces, con suerte, los contratistas les proporcionan autobuses con asientos. Otras, son llevados en camiones de carga, como si fueran animales, y solo tienen para sentarse la cubeta con la que recogen la cosecha. Una vez dentro, ya no pueden salir; las puertas del camión se cierran y se abren por fuera.

Tras el trayecto que a veces puede durar dos horas, pasan ocho, nueve o 10 horas más en los campos. Yo llegué durante la temporada de pisca de tomate y por cada cubeta de 32 libras los campesinos recibían unos 40 centavos. Es decir, un trabajador necesitaba levantar dos toneladas de tomates al día para ganar 50 dólares. Sin embargo, la empresa Taco Bell —que es una de las principales compradoras de tomate del país— acaba de llegar a un acuerdo con la Coalición de Trabajadores de Imokalee para pagarles un centavo más por cada libra que recojan. Y esto, para los campesinos, es un gran triunfo por el que pelearon por años.

A pesar de este logro, piscar tomate sigue siendo un trabajo brutal y muy mal remunerado. Pero esto les permite a los restaurantes y supermercados del país ofrecer la comida a precios muy bajos.

«Da coraje que estás haciendo mucho y que eres tratado como una persona de segunda o tercera clase», me dijo Lucas Benítez, uno de los fundadores de la Coalición de Trabajadores de Immokalee durante mi visita. «Sin nosotros, sin trabajadores agrícolas aquí, Estados Unidos se muere de hambre». La agrupación de campesinos ha logrado reducir los abusos a los trabajadores y denunciar los casos más extremos a las autoridades.

Immokalee es una extrañísima ciudad en donde la mayoría de sus habitantes son inmigrantes indocumentados. No hay otra ciudad similar en todo el país. En las calles, los policías a veces parecerían ser los únicos que son ciudadanos norteamericanos. Pero estos policías no arrestan a los indocumentados. Tampoco por aquí se aparecen los agentes del servicio de inmigración. Si lo hicieran la ciudad quedaría casi desierta. Es como si hubiera un acuerdo tácito entre las autoridades y los empleadores de que no se debe detener a estos trabajadores; millones de dólares están en juego y las mesas de los norteamericanos dependen de que haya alguien —aunque no tenga documentos legales— que coseche sus frutas y vegetales.

Immokalee es el mejor ejemplo de la doble moral que existe en Estados Unidos respecto a los inmigrantes indocumentados; muchos los atacan y desean, públicamente, que se regresen a sus países de origen. Pero, al mismo tiempo, la economía del país no podría funcionar con eficiencia sin ellos y todos los norteamericanos, en privado, se benefician de su trabajo. Por eso aquí toleran a los indocumentados.

Sin los hombres verdes de Immokalee las mesas de los norteamericanos serían de otro color.

EL DERECHO A PREGUNTAR
[12 de febrero, 2007]

La recientemente fallecida periodista italiana, Oriana Fallaci, decía que no debía existir ninguna pregunta prohibida. Todo se puede preguntar. Y yo añadiría que con mayor razón si se trata de preguntarle a gente con poder.

Si nosotros los periodistas no preguntamos, no indagamos, ¿quién lo va a hacer?

Nuestra principal función social es evitar los abusos de los poderosos y nuestra arma es la pregunta.

Ochenta y dos periodistas murieron en el 2006 haciendo preguntas, según la organización Reporteros Sin Fronteras. Después de Irak —donde murieron 40— el país más peligroso para hacer preguntas incómodas es México, con nueve periodistas asesinados.

¿Por qué hizo esto? ¿De dónde sacó el dinero? ¿Quién le dio autoridad para actuar así? ¿Cuánto gana? ¿Quién lo puso ahí? ¿Quién es su amigo? ¿Quién es su enemigo? ¿Miente? ¿Cae en contradicciones? ¿Qué hace con nuestro billete? ¿Qué sabe hacer? ¿Con quién comió? ¿Por qué? ¿Quién le regaló eso? ¿A cambio de qué? ¿Qué esconde? ¿Me enseña su cuenta bancaria?… Son solo preguntas.

Experimenten. Háganle algunas de estas preguntas a cualquier político —o a un amigo— y lo van a incomodar. Pocos, muy pocos, pueden contestarlas todas.

Una vez aclarado que nuestro trabajo es preguntar, veamos dos casos concretos.

Hace unos días el vicepresidente de Estados Unidos, Dick Cheney, se negó a contestar una pregunta del conductor de CNN, Wolf Blitzer. Blitzer, atinadamente, encontró una contradicción en el vicepresidente y buscó aclararla.

La hija de Dick Cheney, Mary, es abiertamente lesbiana, lleva 15 años viviendo con su pareja y está embarazada. No ha informado cómo se embarazó. Y, dicho sea de paso, Mary Cheney tiene todo el derecho de hacer lo que quiera con su vida, con su pareja y con su bebé. Punto y aparte.

Pero quien vive en una contradicción es el vicepresidente Dick Cheney. Él trabaja para un gobierno —el del presidente George W. Bush— que rechaza las uniones de las personas del mismo sexo y que lleva dos años buscando una enmienda en la Constitución para prohibir que ese tipo de relaciones se conviertan en matrimonio. La pregunta, entonces, es legítima. A quién apoya Cheney, ¿a su hija Mary o a su jefe Bush?

Cheney, quien será abuelo por sexta vez, le dijo al periodista que «había cruzado la línea» al hacer la pregunta —sobre el rechazo de los grupos más conservadores a embarazos como el de su hija— y se rehusó a contestarla.

Mi posición es la siguiente. Si un asunto privado afecta la vida pública de un país, los periodistas tenemos el derecho a preguntar. Por lo tanto, se vale preguntarle al vicepresidente Cheney sobre las uniones de personas del mismo sexo.

Su opinión importa y tiene un peso en el debate en Estados Unidos sobre los matrimonios gay. ¿Acaso Cheney no quiere que mujeres como su hija tengan todas las protecciones y derechos que otorga la ley a los heterosexuales? Cualquier respuesta es noticia.

Pero Cheney no quiso contestar al sugerir que el periodista se había metido en territorio prohibido.

Otro ejemplo.

Cuando Vicente Fox era presidente de México le pregunté si tomaba antidepresivos. En ese momento —septiembre del 2003— muchos mexicanos trataban de explicarse por qué Fox parecía desanimado, sin ímpetu, sin grandes propuestas.

«No», me contestó a la pregunta concreta de si tomaba Prozac. Antes de la entrevista tuve mis dudas sobre si hacer o no esa pregunta. ¿Me estaba metiendo demasiado en la vida privada de Fox? Al final, decidí hacer la pregunta porque su salud afectaba la vida del país y los mexicanos —creo— teníamos el derecho a estar informados.

Sé que a Fox no le gustó la pregunta pero la contestó. «Ustedes (los periodistas) tienen la libertad absoluta de preguntar y yo la libertad absoluta de responder».

¿Quién iba a decir que Fox le pudiera dar clases de cómo contestarle a la prensa al vicepresidente norteamericano Dick Cheney (aunque no, por supuesto, de literatura latinoamericana)?

Me preocupa por igual cuando los periodistas elegidos con dedo tienen miedo de hacerle preguntas duras a George W. Bush y a Hugo Chávez, por poner dos dispares ejemplos. ¿Cuándo fue la última entrevista dura que vieron o leyeron con Bush o con Chávez?

Los políticos, casi todos, han aprendido muy rápido que les pueden dar la vuelta a los periodistas y utilizar la internet o sus puestos para dar discursos, pontificar, y no exponerse a las preguntas incómodas. ¿Por qué se va a querer arriesgar Chávez a que lo cuestionen en una entrevista sobre sus nuevos poderes casi dictatoriales si puede hablar durante horas, sin interrupciones, en su programa *Aló Presidente*?

No, no hay pregunta prohibida. No hay pregunta tonta. Y cuando surge la oportunidad, hay que hacerla. Aunque sea la última vez.

EL MUNDO AL REVÉS
[11 de junio, 2007]

Las Vegas, Nevada. Aquí se vive el mundo al revés. Todo lo que generalmente se prohíbe o evita en el resto del mundo, en esta ciudad se promueve, se consume y se practica.

Esta es mi segunda visita a Las Vegas. La primera fue hace más de dos décadas. Pero la recuerdo porque me corrieron de todos los bares y casinos; aún no había cumplido los 21 años. Ahora fue muy distinto.

Este es un universo invertido. Es el mundo bizarro que aparece en los comics de Superman. Esta es la ciudad del escapismo. Mucha gente viene a Las Vegas para hacer lo que no puede hacer en su casa.

Nunca he visto a tanta gente perder tanto dinero tan rápido como en las mesas de ruleta, dados, poker o black jack. Apostar 100, 200 o 1 000 dólares y dejarlos ir en una mala mano o con el caprichoso rebote de una pelotita es la regla. Puro masoquismo lasveguiano.

Recuerdo particularmente a un hombre en trance que dejaba al mismo tiempo apuestas de 100 dólares en varias mesas de ruleta y luego ni siquiera regresaba para ver si había ganado. Asumía con patético pesimismo que iba a perder.

¿Por qué no se iba del casino?, me preguntaba. Pero sus movimientos automáticos, como de un zombie, indicaban que había perdido más que dinero. Su voluntad ya no le pertenecía, les pertenecía a los dueños del hotel que él enriquecía.

Es muy probable que su capacidad de decisión, al igual que la de la mayoría de los jugadores, hubiera sido inundada por cantidades industriales de alcohol. Aquí se puede conseguir cualquier bebida por menos de un dólar, siempre y cuando estés apostando.

No hay nada más patético en Las Vegas que esos hombres que se desplazan en grupo y que, como manada que cuida sus biberones, llevan —cada uno— una cerveza en la mano. ¿Qué tratan de decirnos? ¿Que se están divirtiendo cargando una bebida alcohólica de un dólar? ¿A quién creen que se pueden ligar así?

En el llamado *strip* —compuesto por una docena de cuadras donde están los hoteles y casinos más importantes— es fácil encontrar a inmigrantes latinoamericanos recién llegados que ofrecen en unas tarjetitas los servicios de Lety, Lucie y Julie por 35 dólares. No está muy claro qué se obtiene exactamente por esa cantidad. Pero para averiguarlo, ahí está el teléfono en las tarjetas debajo de sus cuerpos semidesnudos.

Amor fácil no es la única ilusión. Las Vegas te vende el falso sueño de que, una vez aquí, ya no es necesario visitar ninguna otra ciudad del mundo.

¿Para qué ir a europa a ver la torre Eiffel si encuentras una burda réplica aquí en el hotel París? ¿Para qué visitar Nueva York si el hotel del mismo nombre hizo una vaga imitación de sus calles, incluso con alcantarillas donde sale vapor? ¿Para qué viajar a Venecia si en el hotel Venetian te pueden cantar en italiano en una góndola sobre canales artificiales de agua transparente a 100 metros del lobby? ¿Para qué ir a Florencia a ver el *David* de Miguel Ángel si una copia está en el Cesar's Palace?

La fuente de Trevi y los jardines flotantes de Babilonia están a unos pasos de las maquinitas tragamonedas. ¿Pa qué ir a otro lado si Céline Dion, Elton John y Alejandro Fernández vienen a cantar acá?

Además, Prada, Channel, Armani, Gucci y sus hermanas tienen sucursales.

Y si lo suyo son los pecados capitales —además de desfalcar tu crédito, farandulear, chupar, jugar o reventarte— siempre está a tu disposición la bíblica gula.

En los famosos bufets, por una módica suma se puede comer un elefante. O dos.

Sigo impresionado por las largas filas de *hot cakes*, carnes frías, salmones, postres, tocino y demás tapones de arterias acompañados por aún más largas filas de obesos dispuestos a romper a mordiscos las recomendaciones de sus médicos y la última dieta de moda baja en carbohidratos.

La temperatura de los restaurantes, teatros y casinos —un poco friita— te evita adormilarte y la luz tenue te evita saber si es de día o de noche. No hay relojes en ningún lado. Es fácil perderse; todo parece un laberinto. Y las puertas siempre están demasiado lejos y escondidas como para notar el paso del tiempo. Pero en algún momento te tienes que ir. Aunque sea arrastrado.

El aeropuerto de Las Vegas, además de sus increíblemente largas filas para los chequeos de seguridad, es un claroscuro de la naturaleza humana. Los que llegan portan todavía esas máscaras con sonrisa dibujada; están seguros de ganarle una partida al destino.

Los que se van, en su mayoría, arrastran en sus arrugas noches de juerga y les cuelgan ojeras marcadas por apuestas perdidas. Con las manos en los bolsillos rotos, sus ojos se pierden en el vacío haciendo los imposibles cálculos para el próximo pago de la renta o de la tarjeta de crédito.

Pero a todos les quedará el consuelo de que, al menos por unos días, pudieron vivir su vida al revés.

SOY UN NÚMERO
[6 de agosto, 2007]

Soy un número. No, más bien, soy muchos números. La vieja queja de estudiantes, trabajadores, burócratas, clientes y amantes —«quiero que me traten como a un ser humano, no como a un número»— no tiene mucho sentido en esta época. Con seis mil millones de personas en el mundo, lo único que deseamos la mayoría de las veces es que no nos confundan con otros. En mi caso, hay más de 20 Jorge Ramos viviendo en Miami. Y la manera de diferenciarnos es con números.

Espero que mis hijos, familiares, amigos y compañeros de trabajo me reconozcan por la manera en que los trato, por mis gestos y voz, mis ronquidos y estornudos. Pero más allá de este íntimo círculo, soy un simple número. Vamos a ver.

En Estados Unidos, donde vivo, no eres nadie sin un número del Seguro Social. Sin tu «soshal» no puedes trabajar, no puedes pagar impuestos ni rentar una casa, no puedes abrir una cuenta de banco ni comprar un auto o tener una tarjeta de crédito. O sea, no existes. Así que en Norteamérica soy —más que el nombre que tan pacientemente buscaron mis padres y abuelos— una cifra de nueve dígitos que comienza con el cinco y termina con el cero.

El asunto del número del Seguro Social es tan serio para determinar que eres un ser humano vivito y coleante que mi hijo Nicolás, antes de recibir su acta de nacimiento, vio llegar por el correo su *Social Security Number*. ¡Nicolás —celebramos todos— existes! Y gracias a ese numerito lo pudimos inscribir en el kínder.

Hay más cifras, desde luego. Para algunos en Estados Unidos soy 031658, es decir, mi fecha de nacimiento empezando por el mes y seguido por el día y el año. Sin embargo, en México, donde nací, y en el resto de América Latina soy 160358. Es cuestión de lógica: el día antes del mes; el mes antes del año.

A veces somos cifras sin razón; números tirados a la licuadora y escogidos al azar. Para el banco soy mi número de cuenta; la verdad no les importa si uso o no el Gilberto como segundo nombre. Las dos compañías con que tengo tarjeta de crédito me han asignado un largo número; a ellos no les preocupa si duermo con pijama, encuerado o en calzones, siempre y cuando les pague al final de cada mes todo lo que he firmado (incluyendo, claro, los calzones).

Y para la aerolínea en que estoy viajando ahora soy el pasajero del asiento 2D del vuelo 912 que despegó a las 7:16 am de la puerta E31 en Miami y que aterrizará a las 10:00 am en Los Ángeles. Tengo un número de viajero frecuente; no necesitan saber si soy gordo o flaco ni si me da miedo volar.

Para el estado de la Florida soy una extraña combinación de letras y números que aparecen en mi licencia de manejar y que me piden cada vez que pago con cheque. Para la compañía de teléfono en casa soy 10 dígitos con código de área. Y otros 10 más para el celular y 10 más para la oficina. Mi nombre no me sirve al usar el teléfono.

En la internet soy dos series impronunciables de letras seguidas de códigos secretos. Y si antes de la época cibernética ya tenía problemas para memorizar todos mis números vitales —además de la placa del auto, la zona postal de mi casa y oficina, aniversarios y cumpleaños— ahora tengo que recordar listas enteras de códigos para tener acceso a información absolutamente personal.

Necesito dos *PIN* (*Personal Identification Number* o Número de Identificación Personal) tan solo para prender la computadora, dos más para tener acceso a mi cuenta bancaria, dos para revisar mi fondo de retiro (401K), dos para escuchar los mensajes en la máquina contestadora, uno para hacer llamadas de larga distancia, dos para sacar dinero en los cajeros automáticos con cada tarjeta de crédito y otros más para sacar información de archivo de no sé cuántas páginas de la internet…

Claro, podría apuntar todos estos números y códigos en una libreta o en una agenda electrónica, pero me aterra que se me pierda o me la roben y me quede vacío. Si alguien tuviera acceso a todos mis números me puede dejar en pelotas y con deudas estratosféricas. Así que, por difícil que parezca, he hecho apuntes mentales con métodos mnemotécnicos de montañas de códigos, *PIN*, combinaciones y cifras.

Lo preocupante es que esos números son el ADN de mi privacidad. Esos números muestran qué como, dónde compro, a dónde viajo, cuánto dinero tengo ahorrado, el lugar en que vivo, la ropa que me pongo, qué escribo, a quién se lo envío, cuánto pago en impuestos, a quién le debo… Alguien, por ahí, con una simple lista de mis números sabría más de mí que yo mismo. En otras palabras, *Big Brother* me tiene agarrado por mis números.

¿Y esta es la libertad que nos iba a dar la nueva tecnología? A veces me siento esclavo del Palm Pilot y del celular y del iPhone y de las *laptop* y de las contestadoras y de las instituciones que me piden, a través de una cordial y neutral voz electrónica, que me identifique. «Soy Jorge», me dan ganas de gritar. De nada sirve. No soy Jorge. Soy un número. No, más bien, soy muchos números.

VIETNAM: LA VIDA EN MOTO
[1 de enero, 2008]

Ho Chi Minh, Vietnam. La vida en la antigua Saigón parece transcurrir arriba de dos ruedas. La ciudad está secuestrada por un enjambre motociclístico que engorda en las grandes avenidas y enflaca en los callejones. Las motocicletas aquí son las reinas.

Esta ciudad, que cambió de nombre de Saigón a Ho Chi Minh en 1976, tiene cuatro millones de habitantes y, quizá, tres millones de motocicletas. Imposible llevar un registro. Pero están por todos lados.

Es la vida en moto.

Las calles son un espectáculo de balance y variedad. Las motos siempre están a punto de chocar, pero, sorprendentemente, solo presencié un accidente y no tuvo mayores consecuencias.

No olvido a la mujer que sensualmente le daba un masaje de espalda a su novio mientras él manejaba como si nada ocurriera. Pero, luego, cuando las uñas y las puntas de los dedos de ella recorrieron con suavidad su cuello, el intrépido motociclista volteó la cabeza y aceleró el paso. Sabía que al bajarse tendría su premio.

Más impactante aún fue ver cómo un padre llevaba a su hijo enfermo, con las piernas paralizadas y un claro retraso mental, en una especie de triciclo. El padre y su hijo, a su vez, eran empujados por otro familiar en una moto que echaba un grueso humo gris.

Me imaginé mil posibilidades sobre esta improvisada ambulancia hochiminita. Ninguna, sin embargo, con final feliz.

Y como en un acto circense vi a un joven llevar tres maniquíes blancos en un precario equilibrio sobre su oxidada moto. Pero manejaba con tanta solidez y confianza que hasta el mismo chofer parecía de cartón. Surrealismo vietnamita.

Las motocicletas, no hay duda, proyectan una inevitable sensación de libertad en esta nación que todavía se cataloga en los libros como comunista. Sin embargo, el capitalismo está mordiendo fuerte.

Un ejemplo. Los gobernantes, que aseguran tener «una economía de mercado con una orientación socialista», invitaron recientemente al país a Bill Gates, catalogado como «el capitalista más famoso del mundo» por el diario *The New York Times*.

Eso no es todo. Restaurantes de primera (con inigualable comida francovietnamita), hoteles de lujo, tiendas con ropa de marca, innumerables negocios privados y la presencia de inversión extranjera sugieren una conveniente combinación de rígido control en lo político con una creciente apertura comercial.

Pero la gran mayoría de los casi 85 millones de vietnamitas depende de la agricultura y la pesca, no viven en Hanói ni en Ho Chi Minh, y son dolorosamente pobres. Durante un largo recorrido de Da Nang, la tercera población en importancia, a la ciudad imperial de Hue, vi el patente retraso en este país que apenas lleva 30 años de paz.

El turismo ha sido una de las formas de generar crecimiento en Vietnam. Sin embargo, las «atracciones turísticas» dejan mucho que desear. A menos, claro, que se sepa apreciar el mausoleo de un exlíder guerrillero, que no tiene mayor chiste, y un derruido helicóptero militar que aún queda como trofeo de la guerra en la antigua embajada norteamericana en Saigón.

Mi grave error fue haberme metido a un *tour* con un repetitivo guía que gustaba de llamarnos a sus cautivos clientes como «*ladies and lemonade*» («damas y limonada»). El colmo fue cuando nos llevó, medio acorralados, a tomar un paseo en bote al río Perfume en la ciudad de Hue. Les aseguro que ese río de aguas de café revuelto no hace honor a su nombre y se compara con los más contaminados y menos estéticos que he visto en cualquier país latinoamericano en plena temporada de lluvias.

Vietnam, para decirlo claro, es un país muy interesante, mas no irresistiblemente bello. A Vietnam se va para aprender historia y para entender cómo vive una nación que nunca ha perdido una guerra. Pero no a turistear.

Desde aquí, por ejemplo, es más fácil entender por qué a Estados Unidos le está costando tanto la guerra en Irak. El ejército norteamericano nunca logró dominar las inhóspitas selvas y montañas vietnamitas, de la misma forma en que ahora suda la gota gorda en los desiertos y laberintos citadinos de Irak. Estados Unidos entró a ambas guerras con vagas razones y sin saber cómo y cuándo salir.

De pronto, el ruido de las motos me saca de cualquier elucubración y me obliga a abrir bien los ojos para no ser arrollado en una impronunciable calle vietnamita. Ese ruido es tan prevalente que incluso, ya volando hacia otro lugar, sigo oyendo en mi mente el zumbido de un país que busca por mil caminos un nuevo destino.

50
[16 de marzo, 2008]

Cumplo 50 años. Y hago una pausa. Ya pasé más de la mitad de mi vida y, afortunadamente, hay un par de cosas que he aprendido y otras que me resisto a aceptar. Este es mi estado de cuentas.

Mi primera observación es sobre la brevedad de la vida. Es un cliché mayúsculo. Pero cada año que pasa es proporcionalmente más rápido que el anterior. Sí, el tiempo es relativo. Un año para mi hijo Nicolás es eterno; para mí, en cambio, vuela.

Desde luego, por más que quiera estirarla, ya no puedo pegarme la palabra «joven». Hay mañanas en que soy un lejano espectador de mí mismo y no reconozco al que está semiborroso en el espejo. No hay negación. Los achaques, las arrugas, las canas y las mañas están todos ahí. Pero lo curioso es que mi cuerpo y mi mente no registran todavía el cinco y el cero y se sienten, digamos, de otra edad.

Me explico. Los hombres a principios del siglo pasado se morían, en promedio, al cumplir la edad que ahora tengo. Vivo en tiempos extras gracias a los avances de la nutrición, la medicina y la tecnología; unos perfectos desconocidos alargaron mi vida. Gracias.

El montón de años, sin embargo, no te hace automáticamente más listo. Conozco a demasiados viejos cascarrabias. Pero sí ayuda a estar más consciente de todo. Ahora aprecio más los momentitos que antes dejaba pasar sin atención. Y por eso —solo por eso— creo que vivo mejor.

La segunda observación es sobre lo inesperado en la vida. Pasan tantas cosas fuera de nuestro control que a veces resulta una proeza cumplir con todas las citas de un solo día. Trato frecuentemente de engañar al calendario planeando con varios meses de anticipación. Pero sé que es una trampa.

La vida no es previsible ni justa. Aún me asombro al darme cuenta de que estuve mucho más cerca de morirme en un tontísimo accidente de tránsito en una mañana soleada que cubriendo cinco guerras. Eso no tiene mucho sentido, ¿verdad?

Mi tercera observación —y me apena, por adelantado, que les moleste a algunos— es que, con la edad, han crecido mis dudas sobre la religión. Es algo estrictamente personal: algunas de las personas más intolerantes que he conocido son creyentes fanáticos.

Tengo más preguntas que respuestas. ¿Por qué sufrimos? ¿Por qué se enferman o se mueren los niños? (Sé que mi e-mail se va a inundar de contestaciones).

Además, no conozco a nadie que me pueda decir con absoluta certeza qué pasa después de morir. Y prefiero vivir así; sin creencias sobrenaturales, pero, también, sin mentiras piadosas. A mí me ha resultado más el actuar en la tierra que pedirle al cielo.

No creo en el destino ni en el mito de que las cosas pasan por algo. Creo, como los viejos existencialistas, que hay que darle un propósito a nuestra vida y ya. Por lo tanto, no es necesario pertenecer a una religión institucionalizada para tratar de dejar las cosas un poquito mejor que como las recibimos.

Mi cuarta observación es mucho más terrenal. Hay que aprovechar el (mucho o poco) tiempo que estamos en el planeta. Y hacer lo que más te gusta es uno de los secretos para una vida plena.

Al cumplir los 40 años me regalé el «no»: no haría más lo que no quisiera (léase bautizos, bodas, compromisos…). Y ahora a los 50 años me regalo el sí: haré mucho más de lo que me gusta.

Hay momentos clave —como dice mi cuñada Carolina— en que es preferible tomar una decisión «bien sentida» que una decisión bien pensada. Escoger con quién compartes tu vida cae en esta categoría. Decidir cómo pasas ocho, 10 o 12 horas al día, también.

Sospecho que quienes tienen éxito no son, necesariamente, los más inteligentes. El éxito es pasión más perseverancia. Escogí una carrera —el periodismo— que me ha permitido viajar millones de kilómetros y conocer a cientos de personas que han cambiado el mundo y son exitosas. Y creo que todas tienen algo en común: hacen lo que más les gusta, siguen sus instintos y son muy luchadoras.

Y mi quinta y última lección —una por década— tiene que ver con la maravilla de vivir. Hay tanto que rescatar.

Desde luego que me arrepiento de algunas cosas. Sería estúpido creer que no me he equivocado. Pero a esos errores —que son muchos y solo míos— les exprimí un poquito de experiencia, humildad y humor… para cuando haga falta.

Mi balance es positivo: más buenas vibras que malos rollos y más amor que desamor. Quizás, como alguna vez me dijo el abuelo de mi hija Paola, la felicidad está en que te quieran quienes tú quieres. Y me siento bien rodeado.

Al final de cuentas, estoy al día, bien parado en la tierra, con casi todos los míos y en paz. Me gusta mi vida a los 50. Escogí la vida que quise, no la que me tocó. Y no puedo imaginarme un mejor regalo de cumpleaños.

COSAS INÚTILES
[15 de diciembre, 2008]

Hay muchas cosas inútiles en esta vida. Y me temo que nos van a regalar algunas de ellas en estas navidades. Esta es mi lista negra. Lo más inútil del mundo son las corbatas. Las odio. Quizás mi odio crece debido a que las tengo que usar todos los días entre semana para presentar un noticiero de televisión. ¿Acaso la gente me creería menos si no me pusiera corbata? Espero que no. Pero casi todos los que salen en la tele a decir cosas serias van colgados de una corbata.

No son pocos los días en que siento cómo me ahorca, lentamente, la seda de la corbata. En un momento dado las corbatas tenían su utilidad: mantenían cerradas las camisas. Pero luego se inventaron los botones y la corbata, necia, se quedó colgando.

El reloj. Esa es otra cosa inútil. Nunca en mi vida he usado reloj. Me aprietan por fuera y por dentro. Mi padre una vez me regaló uno y, después de agradecérselo efusivamente, lo guardé en un clóset. Sigue ahí. Me incomoda muchísimo estar cargando la hora o, peor, que la hora me cargue a mí.

Si quiero saber qué hora es, pregunto. Sin embargo, ya no es necesario hacerlo porque todo parece llevar un reloj incluido: los autos, los celulares, las computadoras, los hornos de microondas y, bueno, hasta las lavadoras.

Será por esta antigua costumbre de andar desrelojado que me parecen ridículos aquellos que usan relojes para presumir. Como si el precio del reloj reflejara el valor de la persona. La autoestima es indirectamente proporcional al precio del reloj.

Con la explosión de los celulares, los relojes son ya una reliquia del pasado. Basta con que le den un vistazo a las muñecas de los *teenagers* que nacieron con la internet para comprobar que usar reloj no es, ni siquiera, *cool*.

Además, vivir sin reloj me da una cierta sensación de libertad.

Y si bien no derramaría ni una lágrima si quemáramos revolucionariamente todos los relojes y corbatas en el mundo, sí tengo que reconocer cierta nostalgia por la muerte de las cartas, otra inutilidad.

Llevo años sin recibir una. Y no, no me refiero a las cuentas que todavía llegan por correo. Me refiero a esas cartas que uno solía enviar a sus amigos, a sus familiares, a aquellos que te querían, y en las que vertías todo lo que llevabas dentro.

Bien decía Kafka que «escribir cartas significa desnudarse». Durante décadas recibí algunas que todavía conservo y que al releer me remueven. ¿Cómo olvidar esa enorme ansiedad al esperar una carta que llegara de Londres o Madrid o México? Cierro los ojos y me recuerdo temblando al rasgar con violencia el sobre y, luego, quedarme inmóvil tras leer mi nombre escrito a mano en la parte superior izquierda, con el corazón a punto de reventar.

Las cartas, muy a mi pesar, ya son inútiles. Hace años que no escribo una. Las hemos reemplazado por e-mails y textos. Federico Reyes Heroles tiene mucha razón al decir en su maravillosa novela *Canon*, que la profundidad no está de moda.

Hemos cambiado el viejo arte de escribir cartas por una serie de textos apurados en los celulares y de letras arrejuntadas en la internet que intentan reflejar nuestro estado interior. Reírse, en inglés, se escribe simplemente LOL (*laughing out loud*) y el decir te quiero mucho, en español, se reduce a tres mayúsculas TQM.

Los japoneses, que han logrado integrar como pocos la tecnología a su vida diaria, leen *bestsellers* en sus teléfonos celulares. Si eso está ocurriendo con la literatura, ¿qué podemos esperar de una carta de amor?

Estoy seguro de que las computadoras de las oficinas están cargadas de maravillosos secretos del corazón. Por más que los *geeks* nos aseguren que todo lo que escribimos en una computadora deja una huella —ya ven lo que pasó con las computadoras del líder de las FARC, Raúl Reyes— y que enviar un *emilio* a través de la internet es como salir a una plaza a gritar su contenido, la gente sigue escribiendo las cosas más personales (y humillantes) frente a un monitor de computadora. La internet da un falso sentido de anonimidad e intimidad, a pesar de ser el medio más público y universal que tenemos.

Aprecio la rapidez, eficacia y omnipresencia de los *e-mails* y textos. Pero extraño las emociones enrolladas en las palabras manuscritas de una carta. Lo que antes era ensuciarse los dedos con tinta hoy es equivalente a sufrir síndrome del túnel carpiano.

Sí, las cartas, los relojes y las corbatas son cosas inútiles. Pero, para finalizar, se me ocurre una más: no hay nada más inútil que escribir sobre cosas inútiles.

Y MI PAPÁ SE FUE EN EL HUMO…
[15 de junio, 2009]

No puedo dejar de pensar que mi papá estaría hoy vivo si no hubiera fumado tanto. Estoy convencido de que el cigarrillo lo mató.

Cada año que fumó le quitó uno de vida. Habría llegado a este día del padre con 77 años. Pero ahora me tengo que conformar con recordarlo en fotografías y en olores.

El recuerdo más nítido que tengo de mi padre es el de sus largos bigotes picándome el cachete, cuando se acercaba a darme un beso, y luego me abrazaba ese olor inconfundible a humo de cigarrillo y loción.

Qué terrible que aquello que lo mató —el humo— sea también lo que más rápidamente lo trae a mi mente. Hay veces en que voy caminando en un lugar público y, de pronto, la mezcla del humo del cigarro y el perfume de otras personas me obligan a detenerme buscando a quien, yo sé, ya no está ahí. Pero ese olor lo reaparece en mi mente y, por un breve instante, vuelvo a estar con él.

Mi papá nunca conoció a mi hijo Nicolás y se perdió de verlo jugar en los torneos de futbol. Y apenas pasó unos años con mi hija Paola, pero se perdió su ceremonia de graduación de la universidad hace unas semanas. Todo por fumar (y, tengo que reconocerlo, también por una infalible dieta de carne, huevos, pan, mantequilla y tocino que, aunada a una total falta de ejercicio, le reventó tres veces el corazón).

Cuando mi padre empezó a fumar no había tanta conciencia sobre los peligros del cigarrillo. Y menos aún en México. Fumaba frente a mí y mis hermanos y jamás se le ocurrió a nadie que ese humo nos ennegrecía también los pulmones.

Fumar era «padre». Tanto que de niños nos llevaban a una dulcería donde nos compraban cigarros de chocolate. Y mientras nos los comíamos a mordidas, pretendíamos fumar, echando aire, al igual que la mayoría de los adultos que nos rodeaban.

El recuerdo es un poco difuso, pero una vez mi padre me dejó darle una inhalada a uno de sus cigarrillos sin filtro. El sabor me pareció asqueroso y tosí por un buen rato. El efecto fue el esperado: nunca más en mi vida me acerqué al tabaco. Y ahora lo odio por haberme quitado los mejores años con mi papá.

Hace ya 45 años que el Asesor Nacional de Salud de Estados Unidos advirtió que el fumar causaba cáncer de pulmón. Bueno, yo creo que nunca le avisaron de eso a mi papá en México y a millones de fumadores en toda América Latina.

Los pulmones latinoamericanos siempre han sido subestimados por la industria tabacalera. Ellos venden donde los dejan. Y como nuestros gobiernos han recibido a cambio millones de dólares en impuestos, las empresas cigarreras han podido aniquilar con impunidad a cuanto fumador quede enganchado por la nicotina.

La historia se repite. El Congreso de Estados Unidos acaba de aprobar una nueva ley que, por primera vez, le otorga al gobierno la autoridad de regular la industria tabacalera. Ahora la Administración de Alimentos y Medicinas (FDA) reducirá los niveles de nicotina en cada cigarrillo, prohibirá los sabores artificiales y controlará aún más las campañas de mercadotecnia y publicidad. No más cigarrillos *light* o *mild*: todos matan.

La nueva ley no es todo lo deseable, pero es bastante. El fumar mata a 400 mil personas en Estados Unidos cada año, según el

Centro para el Control y Prevención de las Enfermedades. Y el objetivo de esta nueva ley es muy sencillo: que el tabaco mate a menos gente. De nuevo, los pulmones norteamericanos estarán un poco más protegidos que los mexicanos, los europeos o los chinos.

Si mi padre hubiera sabido a tiempo del veneno que se estaba metiendo de joven, ¿hubiera dejado de fumar? No lo sé. En los últimos años de su vida sí dejó de fumar, pero ya era demasiado tarde; sus venas y arterías eran de cartón.

Lo extraño horrores. Siento que me hace más falta ahora que cuando yo era niño. Y lo entiendo mejor. Quizás porque me acerco peligrosamente a la edad en la que el tabaco lo ahorcó.

Siempre he tenido la impresión de que la verdadera vocación de mi padre fue la magia, no la arquitectura. Su cara se iluminaba cuando nos hacía trucos de magia y le encantaba desaparecer monedas y sus propios dedos ante los atónitos ojos de cualquier niño. Y su dolorosa despedida tuvo, sin duda, algo de magia.

Al final, mi papá se fue en el humo.

COMPAÑEROS DE VUELO
[21 de diciembre, 2009]

Volar ya no es lo mismo. Y menos en estos días de fiesta. Las insoportables medidas de seguridad en los aeropuertos (¿por qué me quitaron en una ciudad lo que me dejaron pasar en otra?), los asientos cada vez más pequeños en los aviones (como para niños) y los constantes retrasos (¿cuándo fue tu último vuelo que llegó a tiempo?) han hecho de volar un purgatorio.

Lo importante hoy es llegar. Antes no era así. Recuerdo todavía a mis padres vestirse elegantemente para tomar un vuelo, sin importar a dónde. La memoria de un vuelo placentero quedaba tan marcada o más que la del lugar que visitaban. Ya no.

Vuelo más de lo que quisiera, al menos una o dos veces a la semana. Es imposible esperar un poquito de privacidad. Y no me he podido borrar de la mente a tres de mis últimos compañeros de viaje.

Al primero que aquí rindo tributo le llamaré, simplemente, el contagioso. Desde que se subió al avión no paró de estornudar y, como no había visto los reportajes de televisión sobre cómo tapar el estornudo con el antebrazo, me salpicó de virus y otros gérmenes impronunciables como si fuera lluvia de verano.

A la hora de la comida yo protegía valientemente ni bandeja. Y no es que se tratara de un manjar; el almuerzo parecía (y sabía)

144

como una madeja de ligas. Pero no me quería enfermar de la gripe H1N1 en el vuelo de Miami a México.

El contagioso, mientras tanto, mezclaba un singular concierto de estornudos con unas monstruosas jaladas de mocos, inhalados con toda la fuerza y estruendo de sus pulmones. La roja e irritada nariz de ese hombre era un verdadero campo de batalla y yo su involuntario reportero. Al final, perdí. El contagioso logró colar uno de sus virulentos soplidos en mi bebida y estuve enfermo por una semana. Pero no fue gripe porcina. Bueno, más o menos.

Otro compañero de asiento, en un vuelo de Washington a Houston, mascaba sus siete píldoras con la boca abierta, como si necesitara un testigo presencial de su bucal masacre. Pobre hombre, pensé. Debe tener muchas enfermedades.

En Washington hacía un frío de tembladera. Pero el señor de las píldoras ya se sentía de vacaciones y no tuvo ningún empacho en viajar con sandalias, pantalón corto y camisa hawaiana. Aun así, me intrigaba saber qué hacía que este hombre se metiera tantas pastillas tan temprano. Y lo supe poco después del despegue.

No daban todavía las siete y media de la mañana cuando el individuo ya había ingerido tres botellitas de vodka. Eso explicaba las pastillas.

Se cuajó en su asiento antes de las ocho. El aliento alcohólico salía filoso como espada. Respiraba con trabajo, como un dragón herido. Y los pedacitos de colores de las pastillas desbaratadas, como de fiesta, adornaban los dientes y la lengua de una boca semiabierta que babeaba un espeso líquido amarillento.

Mi tercer memorable compañero de vuelo confundió su asiento con el baño de su casa. Tan pronto entró al avión empezó a desvestirse. Le dio el saco a la asistente de vuelo, se desabrochó el cinturón y se abrió el botón de los pantalones; su voluminoso y blanco abdomen no tardó en desbordarse como una avalancha.

Tiró los zapatos al piso, se sacó la camisa y empezó a repartir sus pertenencias —portafolio, celular, botella de agua, compras del *duty free*— a su alrededor (o sea, sobre mí). No solo rompió las más elementales reglas de la etiqueta, sino que llenó de hoyos mi espacio vital; esos treinta centímetros de distancia mínima entre un extraño y lo blanquito de mis ojos.

Sus brazos peludos entraban y salían de mi asiento mientras él leía su periódico y yo esquivaba la sección de deportes. La tormenta terminó cuando, con los brazos en cruz, y las piernas en V de victoria, se echó a dormir y sus ronquidos se confundieron con las turbinas del avión. Acabé de almohada y embarrado como mosca contra la ventana.

Lo malo es que, después de todos estos viajes, me he quedado con una duda: ¿y qué es lo que estos tres ilustres caballeros habrán pensado de mí?

LAS TRES LECCIONES DE TUTU
[31 de mayo, 2010]

Sabía que comenzar mi reciente entrevista en Miami con el arzobispo sudafricano, Desmond Tutu, con una pregunta sobre futbol iba a ser un desperdicio. Pero el mundial está a punto de comenzar y quería saber si su país —el primer africano en ser sede— estaba preparado para el reto.

«Sí, creo que sí», me dijo Tutu con una sonrisa amplia, libre, de niño travieso. «Tenemos una o dos cosas por hacer, pero ha sido maravilloso ver la construcción de los estadios y ver la emoción (por el mundial)».

Pero el mundial era la excusa para hablar con Tutu. Quería escuchar a este hombre sabio que se dio a conocer en los años ochenta como uno de los más fieros opositores al *apartheid* —el brutal sistema de discriminación contra la mayoría de la población negra de Sudáfrica— y que en 1984 recibió el premio Nobel de la Paz.

«¿Qué pueden aprender los inmigrantes latinos que luchan contra la discriminación en Estados Unidos de la lucha por los derechos humanos que se dio en Sudáfrica?», le pregunté. «Una muy importante es saber que vas a ganar», me dijo, en mi primera lección. «La injusticia no puede continuar para siempre. Cuando la gente es injusta y trata a los demás de una forma injusta, también sufre. Y más tarde descubrimos que es mucho mejor si nos aceptamos unos a otros como miembros de una familia».

Esa confianza de que ellos iban a ganar en su lucha contra el *apartheid* permitió, eventualmente, el fin de la dominación de la minoría blanca y la transformación de Sudáfrica en una nación con 11 idiomas oficiales. «Es una forma de celebrar nuestra diversidad», observó. «Por eso decimos que somos una nación arcoíris».

Sudáfrica ya no tiene *apartheid*, pero le dije a Tutu que en una visita a su país noté, todavía, señales de rechazo y discriminación contra los negros.

«Eso toma tiempo», me dijo. Y luego me dio la segunda lección. «¿Recuerdas que (el líder de los derechos civiles en Estados Unidos) Martin Luther King decía que no se podía legislar que la gente se amara, pero que era importante legislar que no hubiera linchamientos? Uno espera que la gente entienda que es mejor vivir en armonía que como enemigos».

A Tutu le gusta hablar de «*Ubuntu*». ¿Qué es eso? «*Ubuntu* es la esencia del ser humano», me explicó. «Yo soy una persona porque tú eres una persona». Y quien llevó este concepto de «*Ubuntu*» a la política fue el expresidente Nelson Mandela.

Mandela —quien pasó 27 años en la cárcel por oponerse a la minoría blanca y fue presidente de 1994 a 1999— se dio a conocer por sus políticas de reconciliación y de negociación con sus enemigos. ¿Qué deben aprender otros líderes de Nelson Mandela?

«Creo que es un don que Dios te da el que puedas ser un líder», me dijo Tutu en su tercera lección. «Y el gran regalo es recordar que tú eres un líder por el bien de aquellos que lideras. Tú no eres un líder para engrandecerte o enriquecerte. Tú estás ahí por el bien de los que dicen que tú eres nuestro líder».

Llevaba solo unos minutos con Tutu, pero tiene esa extraordinaria cualidad de hacerte sentir a gusto y sin estrés. Por eso me atreví a hacerle la pregunta más difícil. ¿Qué equipo ganará el partido inicial en el mundial: México o Sudáfrica?

«Soy de México», le empecé a decir y, de pronto, me interrumpió.

«Mala suerte», me dijo y se echó a reír. Las risas de Tutu retumbaron en las paredes del cuarto. No pudimos conversar más. Le di la mano, él la tomó entre las suyas, me vio a los ojos y me dijo: «Que Dios te bendiga». Y siguió riendo.

MÁS ALLÁ DEL FUTBOL
[7 de junio, 2010]

Es difícil de explicar a quienes no crecieron rodeados de futbol por qué la copa mundial en Sudáfrica nos hace perder el balance de nuestras vidas por un mes. «Fiebre mundialista», le llaman los cronistas deportivos. Para mí es, simplemente, regresar a una infancia feliz.

Crecí jugando futbol en la calle frente a mi casa en la Ciudad de México, con mis tres hermanos y vecinos, y con dos piedras como porterías. Todos los fines de semana. Todo el verano después de desayunar y hasta que el sol se metiera.

Recuerdo que el estado normal de mis rodillas eran dos enormes costras que sangraban invariablemente con el primer balonazo. No me importaba. Lo importante era driblar al oponente y meter gol mientras toreábamos irresponsablemente a los autos que pasaban.

En la escuela era igual. Asistir a clases tenía sentido solo por el recreo para jugar futbolito. El mejor halago que me podían dar mis compañeros era decir que había hecho una jugada o tocado el balón como Enrique Borja, el goleador mexicano más famoso de mediados de los años sesenta y setenta.

Hace unas semanas, cuando el trofeo de la Copa del Mundo estuvo durante unas horas en la ciudad de Miami (como parte de una gira mundial), me tomé una foto con Borja —quien ahora es un alto ejecutivo del futbol internacional— y luego se la fui a presumir a mi hijo Nicolás de 11 años. Desde luego que no tenía ni idea de lo que le estaba platicando. Pero me dio unas palmaditas en la espalda y me dijo: «Qué bien, papá».

El futbol me regresa a los domingos por la tarde en casa de mi abuelo Miguel. Frente a una caja gigantesca, que era el televisor de blanco y negro, los nietos devorábamos el acostumbrado plato de chicharrón mientras veíamos el partido.

Al medio tiempo, mi abuelo nos llevaba al pequeño bar bajo las escaleras y nos servía un vasito de rompope, un licor muy suave y dulce hecho con leche. El mareo subsecuente terminaba con el pitazo final del juego y el inicio de una larga comida cuya sobremesa se extendía hasta la noche.

Estos recuerdos del futbol en México me siguieron en mi aventura hacia el norte. Y hoy, todavía, juego futbol los sábados por la mañana con un entusiasta grupo de exjóvenes llenos de vendas y olorosas pomadas para el dolor.

Bueno, juego siempre y cuando no tenga que llevar a mi hijo a algún torneo con su equipo en la Florida. Nicolás, casi por ósmosis, absorbió desde niño mi pasión por el futbol y, estoy seguro, se la transmitirá también a sus hijos.

Nicolás me está acompañando en Sudáfrica durante este mundial y, sin duda, estoy más emocionado por su compañía que por ver a los mejores jugadores del planeta.

Vivo en un país —Estados Unidos— donde el *soccer* es, todavía, un deporte secundario. No llena estadios como el futbol americano, el básquetbol o el béisbol. Pero su infraestructura deportiva es tan eficiente —con buenas ligas, muchos campeonatos y enormes recursos, en comparación con América Latina— que no debe sorprendernos si a mediano plazo Estados Unidos se convierte en campeón del mundo.

Sin embargo, en Estados Unidos el futbol no se juega en la calle —como yo lo hacía en México— y sospecho que esos niños (perfectamente uniformados y que juegan con árbitro en impecables canchas verdes de pasto sintético) no se divierten tanto como lo hicimos nosotros. Nosotros jugábamos para divertirnos; ellos lo hacen para ganar.

Confieso que mis gustos futboleros están muy influenciados por el pasado. Creo que el brasileño Pelé —no Maradona, Messi, Ronaldo, Ronaldinho o Beckham— ha sido el mejor jugador de la historia y creo que el partido de la semifinal del mundial en México en 1970 entre Alemania e Italia no tiene paralelo.

Pero por eso vine a Sudáfrica y por eso veré la mayoría de los 64 partidos del mundial (y sus repeticiones por televisión en horarios innombrables): para acordarme de una época en mi vida en que nada, absolutamente nada, era más importante que el futbol. Una época en que casi rocé el cielo.

CINCO COSAS QUE APRENDÍ
EN 25 AÑOS
[31 de octubre, 2011]

No puedo imaginarme una vida mejor o más intensa. Hago lo que más me gusta hacer. De hecho, llevo exactamente 25 años haciéndolo.

Todo comenzó el 3 de noviembre de 1986 cuando me nombraron conductor —presentador, le dicen en otros países— del *Noticiero Univision* en Estados Unidos. Para ser franco, no era el mejor para esa posición ni tenía (a los 28 años) la experiencia necesaria para hacerlo. La empresa, que entonces se llamaba Spanish Interantional Network, pasaba una crisis interna y fui el único periodista hombre disponible para hacer el noticiero. Todos los demás se fueron a la competencia.

Nunca había entrevistado a un presidente y no sabía leer el teleprompter. Teresa Rodríguez, con una generosidad y paciencia infinita, me llevó de la mano, literalmente, durante esos primeros noticieros. Luego me acompañaría María Elena Salinas, luchadora como pocas, con quien he tenido la relación (profesional) más larga y productiva de mi vida. Gracias a las dos por aguantarme.

Ahora, al cumplir un cuarto de siglo en la misma y privilegiada posición, estas son cinco cosas que he aprendido:

1) En el periodismo (y en la vida) la credibilidad y la confianza lo son todo. Si cuando hablas y escribes la gente no te cree, de nada

sirve tu trabajo como periodista. Conozco a muchos periodistas que se vendieron —a un gobierno, a una empresa, a una idea— y a quienes nadie les cree nada. Además, en esta era en que hay millones de notas falsas en la internet, los reporteros de verdad —los que cuentan lo que ven y cuya palabra vale— son más necesarios que nunca. Una vez escuché, de lejos, a una pareja en un supermercado de Miami comentar sobre el último y falso rumor de la muerte de Fidel Castro. Y él dijo que solo lo creería cuando lo dijéramos nosotros en el *Noticiero Univision*. De eso se trata.

2) Este es el mejor oficio del mundo. Lo dijo primero, por supuesto, el Nobel de Literatura Gabriel García Márquez. Nada te hace sentir más vivo que estar bien parado en el mundo, ser testigo de la historia y conocer a sus protagonistas. He visto lo peor de nosotros en cinco guerras, en las fronteras, en el racismo serbio y en el de Alabama y Arizona, y en el olor de las torres que cayeron el 11 de septiembre del 2001. Pero nadie me quita las vueltas, muchas, que le he dado y le sigo dando al planeta, ni las incontables pláticas con los que escribieron los libros que leí y con los líderes políticos que alguna vez me parecieron inalcanzables. Gracias al periodismo nada me es ajeno.

3) Nuestra principal función social como periodistas es evitar los abusos de los que tienen el poder. Hay que hacer las preguntas incómodas; si no las hacemos nosotros nadie más las hará. Una buena pregunta puede hacer tambalear a un dictador. Los duros para entrevistar —Fidel, Chávez, Uribe, Evo, Salinas de Gortari...— son mucho más interesantes que los suavecitos. Pero no hay nada como ir a la Casa Blanca y cuestionar al hombre más poderoso del mundo. Al final de cuentas, todos somos iguales, todos vamos al baño y todos nos vamos a morir. Hay que pensar en eso al entrevistarlos. La entrevista es una guerra, decía la italiana Oriana Fallaci. A veces gana el que pregunta y a veces el que contesta.

4) Soy, antes que nada, un inmigrante. He aprendido de los inmigrantes más que de cualquier otro grupo. Aprendí a no darme por vencido, a aprovechar esta segunda oportunidad, a no echarle la culpa a nadie más, a no creer en la suerte, en el destino o en los horóscopos y a que nadie me defina. No hay nada más duro que irte del país donde creciste. Estados Unidos me dio las oportunidades que mi país de origen no me pudo dar. Aquí nacieron mis dos hijos. Llegué a Estados Unidos cuando solo había 15 millones de latinos; hoy somos más de 50 y sigo hablando español. Y mi sueño es ver en la Casa Blanca al primer presidente o presidenta hispano.

5) *It's only television.* La televisión no es lo más importante en la vida. Los que trabajamos ahí a veces la tomamos muy en serio, pero nos equivocamos. No vale la pena morir por una nota ni dejar de vivir por hacer televisión. Todo lo que sacrificamos por la televisión nunca se recupera. Hacer periodismo por televisión me ha dado durante un cuarto de siglo una vida única, intensa y privilegiada. No tengo cómo agradecer este maravilloso e irrepetible viaje. Pero tampoco puedo olvidar que con un simple clic del control remoto voy a desaparecer.

DOS HÉROES
[26 de diciembre, 2011]

Una de las maravillas de ser periodista es el encontrar a gente que te cambia la vida.

Sé —lo reconozco— que me he pasado una buena parte del 2011 quejándome de las cosas que no me gustan. Así que, para compensar, quiero terminarlo hablando de dos personajes que me han llenado de inspiración para seguir adelante.

Los dos fueron campesinos. Los dos eran pobres. Los dos tenían todo en su contra y, sin embargo, lograron sus sueños. José Hernández pasó de los campos de cultivo en Modesto, California, a convertirse en astronauta. Alfredo Quiñones entró como indocumentado a Estados Unidos y hoy es uno de los neurocirujanos más exitosos del mundo. Estas son sus historias.

Alfredo Quiñones Hinojosa no se quería ir de México. De hecho, estudió para maestro. Pero México lo expulsó. Su familia perdió todo lo que tenía por la crisis económica de los años ochenta y su hermana Marisela murió por una simple diarrea a los dos años de edad.

«No cabe la menor duda», me dijo en una entrevista, «ella murió por pobreza, por falta de recursos, por falta de educación». Eso lo marcó para siempre. México lo apretaba y Alfredo comprendió que tenía que irse a otro lugar o se moriría de hambre y de frustración.

Cruzó como indocumentado de Mexicali a Calexico dos veces y se fue a cosechar tomate, algodón y uva a los campos de cultivo del valle de San Joaquín en California. Ahí, con un diccionario en el bolsillo, aprendió inglés y años después fue aceptado en la escuela de medicina de Harvard.

Hoy el «doctor Q», como le apodan, es el jefe de neurocirugía del prestigioso hospital de la Universidad de Johns Hopkins, opera de tumores cerebrales a casi 300 personas al año y es uno de los líderes en la investigación de células madres para encontrar una cura al cáncer. Las mismas manos que se llenaron de callos levantando tomates hoy salvan vidas.

«No importa que seamos jornaleros del campo, no importa que vengamos de un origen humilde, si tenemos un sueño y trabajamos arduamente, tus sueños van a salir adelante», me contó. «Ojalá que la gente se dé cuenta de que salí adelante en base a la educación, al trabajo y a la mucha ayuda que este país me ha dado».

La historia del astronauta José Hernández es similar. De padres inmigrantes, él trabajó en los campos de cultivo de Modesto, California. Pero un día, cuando apenas tenía nueve años de edad, vio cómo un astronauta caminaba en la Luna en la última misión del Apolo. Y eso le cambió la vida.

«Yo quiero ser astronauta», le dijo entonces a su papá. Y él le contestó: «M'ijo, si te pones a estudiar, a trabajar duro y planeas tu carrera, tú puedes lograrlo».

No fue fácil. Diez veces intentó entrar al programa espacial de la NASA y 10 veces fue rechazado. Pero a la decimoprimera vez lo aceptaron. José fue al espacio con la misión del *Discovery* en el 2009. «Finalmente logré mi sueño», me dijo con una sonrisa.

Hoy José tiene otro sueño. Quiere ser congresista y se está lanzando como candidato del Partido Demócrata para las elecciones de noviembre del 2012. Quiere representar a la misma gente de

Modesto, donde fue campesino y donde el desempleo es mucho mayor que en el resto de Estados Unidos. Su actitud es la misma que lo llevó al espacio. «Si estoy en una posición para hacer una diferencia, ¿por qué no me lanzo yo?», se preguntó.

Durante el 2011 he realizado cientos de entrevistas con presidentes, artistas, activistas, manifestantes y un montón de políticos de todos los colores. Sin embargo, he aprendido más del doctor Quiñones y del astronauta Hernández que de todos los demás.

Primero, no deja de sorprenderme cuando alguien empieza desde lo más bajo —cultivando la tierra como inmigrante o como hijo de inmigrante— y a pesar de la pobreza llega a lo más alto de su profesión. (Aunque sospecho que estas historias no podrían repetirse en muchos países además de Estados Unidos).

Tanto Alfredo como José nunca se dieron por vencidos. Nunca. Me encanta hablar con ellos por esa extraordinaria convicción de que nada es imposible. Su entusiasmo te hace vibrar hasta los huesos y te obliga a salir de tu zona de confort.

Y este año, luego de que muchos hablaron y escribieron sobre ellos, Alfredo y José decidieron, por fin, contar su historia en primera persona. El libro de José se llama *El cosechador de estrellas* y el de Alfredo es *Becoming Dr. Q*, que, a propósito, no publicará en español por dos años para obligar a jóvenes hispanos a aprender inglés y leerlo en ese idioma.

En esta época en que les llaman «héroes» a muchas personas que matan y destruyen, yo escogí como mis héroes a dos personas que salvan vidas, nos llenan de esperanzas y abren caminos. Es la mejor manera de terminar este año y comenzar el que viene.

EL BAUTIZO DE MIAMI
[16 de abril, 2012]

Llevo casi un cuarto de siglo viviendo en Miami y sé que cuando alguien llega a esta ciudad lo más probable es que sea sometido a un simple, pero feroz interrogatorio: ¿estás a favor de la dictadura castrista o en su contra? La respuesta, inmediatamente, te clasificará como un amigo o un enemigo del exilio cubano. Este ritual es lo que yo llamo el bautizo de Miami.

Nadie importante se escapa. Políticos, diplomáticos, deportistas y artistas pasan por este «bautizo». Una vez que pisan tierra miamense, un periodista o un exiliado se encargará de hacerles la pregunta. Y está prohibido responder «No sé» o «Déjame pensarlo un poquito más».

Es una cuestión de sobrevivencia. Se trata de definir quién está contigo y quién en contra. En esta comunidad hay mucho dolor y resentimiento; cientos de miles huyeron de la dictadura comunista y lo perdieron todo. Esa pregunta busca, al mismo tiempo, concientizar sobre el brutal régimen y crear alianzas para su inevitable y futura desaparición.

No hay castrismo sin Fidel y Raúl Castro, y los dos líderes están a punto de pasar la hoja. Basta ver su edad. Son una desgraciada excepción frente a los movimientos mundiales contra caudillos y tiranos. Su sangrienta dictadura de 53 años se ha caracterizado

159

por la represión, la falta de libertad y la absoluta ausencia de democracia multipartidista. Dos tipos han decidido por décadas el destino de millones y eso no se vale.

Ozzie Guillén, el mánager venezolano del equipo de béisbol de los Marlins, debió saber sobre este bautizo de Miami antes de decirle a la revista *Time* que amaba y admiraba a Fidel Castro. Es imposible decir una estupidez así sin ofender a la ciudad que te da de comer y que pagó millones de dólares de impuestos para construir un estadio que no se necesitaba. (¿No hubiera sido mejor usar ese dinero para construir buenas escuelas? Bueno, ese es otro espinoso tema).

Los cubanos de Miami son implacables con este tema y tienen toda la razón. Hay que criticar y denunciar las dictaduras en todo momento, sin tregua. Elie Wiesel, el premio Nobel de la Paz y sobreviviente del Holocausto, lo dijo mejor que nadie: «Hay que tomar partido. La neutralidad ayuda al opresor, nunca a la víctima. La acción es el único remedio contra la indiferencia».

No se puede ni se debe ser neutral ante Fidel y Raúl Castro. Son vergonzosas las imágenes del Papa Benedicto XVI de la mano, literalmente, con Fidel. El Papa prefirió al opresor que a las víctimas y —al igual que el presidente de México, Felipe Calderón, durante su reciente visita a La Habana— se rehusó a reunirse por un minuto con las Damas de Blanco y otros disidentes. El Papa y Calderón tomaron partido con los que matan y reprimen, no con los que buscan un cambio democrático.

Estas son las cosas que molestan tanto en Miami. El exilio cubano, correcta y tristemente, sabe que lo han dejado solo en su lucha contra la dictadura castrista. Cada visita en La Habana, cada foto con un sonriente Fidel, cada vez que un presidente o político se rehúsa a llamar tirano a quien gobierna a dedo y a fusil, los cubanos de Miami reafirman su convicción de que el mundo le ha dado la espalda a su tragedia.

Miami ha crecido mucho, pero aún tiene ese aire de que todo es transitorio. Estamos, parecen decir los cubanos, pero solo hasta que Cuba sea libre. La sensación de temporalidad de la ciudad se reforzó con la llegada de los nicaragüenses huyendo de los sandinistas, y de los colombianos de la violencia, y de los venezolanos de Hugo Chávez. Cada crisis latinoamericana significa más renta de apartamentos en Brickell y Miami Beach y de casas en Hialeah y Kendall.

Miami es un refugio; un lugar donde se espera el cambio, donde se curan las heridas y donde se prepara el regreso. Pero en el caso de los cubanos, ese posible regreso se ha postergado por más de medio siglo y aún no hay fecha.

Se derrumbó el muro de Berlín y el bloque socialista y en Cuba no pasó nada. La Primavera Árabe se enfrió en la isla. Y esa frustración de que cualquier intento de apertura, hasta la internet, se estrella con el malecón de La Habana, se siente en carne viva en Miami.

Por eso, lo que le queda a esta comunidad es mantener con dignidad y firmeza su oposición al régimen de La Habana. Y eso implica criticar y denunciar a cualquiera que intente ocultar la desgracia que se vive en Cuba.

Ozzie Guillén pidió «perdón con el corazón en la mano, de rodillas», tras declarar su amor por Fidel. Él puede decir lo que quiera. La primera enmienda de la Constitución lo protege. Pero el problema es que tocó donde más duele. Las palabras importan. Los Marlins, protegiendo su inversión, lo suspendieron por cinco juegos; los cubanos, en el fondo, ya lo poncharon de por vida. Nunca vivirá en paz aquí.

Mis dos hijos llevan sangre cubana y estoy muy orgulloso de eso. No puedo dejar de pensar que si hubieran nacido en Cuba hoy serían esclavos de un sistema, su vida dependería de dos ancianos y no podrían decir, ni siquiera, abajo el comunismo (como el hombre que fue arrestado tras gritarlo en la misa del Papa en Santiago). Ellos y yo sabemos la enorme bendición que fue el que nacieran en Miami.

El bautizo de Miami es un ritual al que me he acostumbrado y que entiendo a la perfección. Pone en un lado a los que están por la libertad y del otro a los que no tienen el valor de llamarle dictador al dictador.

LECCIONES PARA CAMBIAR EL MUNDO
[25 de junio, 2012]

Los jóvenes conocidos como *Dreamers* en Estados Unidos y los estudiantes del movimiento Yo Soy 132 en México nos están dando muchas lecciones sobre cómo cambiar el mundo. Y la primera es: las cosas como están no nos gustan y no nos vamos a dejar.

Los *Dreamers* —estudiantes indocumentados que fueron traídos a Estados Unidos por sus padres cuando eran niños— lograron cambiar la política migratoria de la nación. En enero del 2010 comenzaron a marchar por todo Estados Unidos y a quejarse de que Barack Obama había deportado a más inmigrantes que cualquier otro presidente. No eran ingenuos: sabían que sus protestas le costarían muchos votos latinos al presidente Obama y, quizás, la reelección.

Al final, el presidente cedió a la presión: les concedió a los estudiantes un permiso para suspender sus deportaciones y quedarse legalmente en Estados Unidos (beneficiando hasta a un millón 400 mil estudiantes, según el Pew Hispanic Center). Segunda lección: los políticos solo respetan la fuerza; si Obama quería más votos hispanos tenía que dar algo a cambio. Y lo dio.

En México, los jóvenes del movimiento Yo Soy 132 denunciaron que el candidato puntero en las encuestas, Enrique Peña Nieto, del Partido Revolucionario Institucional (PRI) está tratando de comprar la presidencia. ¿Cómo? Gastando decenas de millones de dólares, cuando era gobernador del Estado de México, en publicidad y en espacios informativos para promover su imagen personal. El dinero no era suyo, era del presupuesto estatal. Tercera lección: con Facebook y Twitter ya no se necesitan los medios tradicionales —radio, televisión, prensa escrita— para que un país te oiga y para hacer denuncias.

Yo Soy 132 está denunciando lo peor de México: la concentración del poder, el dinero y la información en muy pocas manos. México, un país definido por la narcoviolencia, la impunidad y la corrupción, tiene ahora a un grupo de jóvenes que no le tiene miedo a nada. El movimiento Yo Soy 132 sacó del clóset a muchos mexicanos temerosos de denunciar y protestar. El próximo presidente, sea quien sea, tendrá que enfrentarse a ellos. Cuarta lección: para cambiar las cosas primero hay que sacar los trapitos al sol. «La verdad nos hará libres» es el lema de la Universidad Iberoamericana, donde surgió la primera protesta contra Peña Nieto.

Estos jóvenes podrían haber aprovechado el fin del año escolar para irse a la playa, de vacaciones o para perderse en los laberínticos universos de los celulares y las redes sociales. Pero en cambio salieron a las calles a transformar la realidad. Quinta lección: todo se puede cambiar; nada es permanente.

Las generaciones de sus padres aprendieron a esperar. Ellos no. Estos jóvenes crecieron con computadoras, celulares, internet, control remoto y están acostumbrados a cambiar instantáneamente, con un clic, una imagen, un contenido y hasta un país. Sexta lección: no hay que esperar a que las cosas cambien, hay que cambiarlas ya. Es el principio de Gandhi; sé tú el cambio que deseas ver en el mundo.

Estos jóvenes, tanto en Estados Unidos como en México, tienen las características de los grandes periodistas: cuestionan la autoridad, denuncian lo que está mal, entienden la importancia de los tiempos y reportan con rapidez. Séptima lección: los cambios comienzan confrontando a los que tienen el poder, no aceptando sus regalos, su dinero o sus promesas.

Los *Dreamers* y Yo Soy 132 saben que los cambios de verdad salen de abajo, no de arriba. Estos jóvenes no esperaron a nadie ni se compadecieron de sí mismos: se organizaron, tomaron las calles sin pedir permiso y exigieron un cambio. Octava lección: las cosas cambian de abajo para arriba y no al revés. (De arriba para abajo no es cambio, es imposición).

Los *Dreamers* hicieron historia. Su logro es lo más importante que ha ocurrido para los inmigrantes desde que Ronald Reagan concedió una amnistía en 1986. Yo Soy 132 en México se ha convertido en el movimiento estudiantil más influyente desde 1968. Novena lección: la historia se hace día a día y sus protagonistas, muchas veces, son desconocidos.

Y la décima lección es que el error más grande que se pudiera cometer en Estados Unidos y en México es no oír a sus jóvenes. Los *Dreamers* están promoviendo la idea de igualdad para todos, con documentos o sin ellos. Yo Soy 132 lucha en contra de un México donde un grupito decide por todos los demás. Están del lado correcto de la historia: con los de abajo, con los más vulnerables. Quienes los ignoren o los evadan, sencillamente, van a perder el futuro.

MONSTRUOS EN SOTANA
[30 de julio, 2012]

Monseñor William Lynn pasará al menos tres años en la cárcel. Es ahí donde siempre tuvo que estar. Es un criminal: permitió que otro sacerdote abusara sexualmente de un niño de 10 años de edad. Como lo dijo la jueza en el caso, monseñor Lynn protegió a monstruos en sotana.

Es la primera vez en la historia de Estados Unidos que un sacerdote católico es sentenciado por encubrir a abusadores sexuales dentro de la Iglesia. En lugar de denunciarlos o entregarlos a la policía, monseñor Lynn cambiaba a estos sacerdotes de parroquia o, simplemente, se hacía de la vista gorda.

Durante el tiempo que estuvo a cargo de investigar acusaciones de abuso sexual en la Arquidiócesis de Filadelfia (1992-2004) monseñor Lynn nunca —nunca— se puso del lado de las víctimas. Prefirió, en cambio, esconder los crímenes de religiosos pederastas. Por eso va a la cárcel.

Monseñor Lynn expuso a muchos niños a ser violados sexualmente. Pero, en concreto, fue encontrado culpable por encubrir los crímenes de un sacerdote: Edward Avery. Avery pasó seis meses en un centro psiquiátrico de la Iglesia, en 1993, luego de una acusación de abuso sexual. Pero luego Lynn lo envió a vivir a una rectoría —con acceso a niños y violando las recomendaciones de los doctores—. La decisión tuvo terribles consecuencias. En 1999, Avery obligó a un monaguillo de 10 años de edad a tener sexo oral con él. Avery reconoció su crimen y pudiera pasar hasta cinco años en una prisión.

Lo que hizo monseñor Lynn es lo mismo que hacen muchos líderes de la Iglesia católica en todo el mundo. En vez de denunciar judicialmente a sacerdotes pederastas se convierten en sus cómplices y los encubren.

Eso es exactamente lo mismo que hizo el actual Papa, Joseph Ratzinger, con el criminal Marcial Maciel, el fundador de los Legionarios de Cristo en México. El entonces cardenal Ratzinger estuvo encargado de la Congregación de la Doctrina de la Fe de 1981 al 2005 y su responsabilidad era, precisamente, investigar los casos de abuso sexual dentro de la Iglesia. A su oficina llegaron todos los documentos que comprobaban los crímenes sexuales de Maciel. Pero no hizo nada.

Ratzinger obedeció al entonces Papa Juan Pablo II —el principal encubridor de Maciel— o decidió ocultar sus delitos. Como quiera que sea, se puso del lado de los criminales y no de las víctimas, que eran todas menores de edad. El comportamiento del actual Papa Benedicto XVI fue idéntico al de monseñor Lynn. La diferencia es que Lynn está en Estados Unidos e irá a la cárcel, y Benedicto XVI está en el Vaticano y nunca tendrá que responder a estas acusaciones.

Sé que es incómodo hablar de esto, pero es preciso hacerlo. Recibo muchos correos y tuits preguntándome sobre por qué insisto en hablar sobre este tema. Y creo que debo dar una explicación. Es, primero, una cuestión periodística: es nuestra obligación denunciar los abusos del poder. Donde sea. Pero, también, es una cuestión personal.

Cuando era niño, en la escuela del Centro Escolar del Lago (antes Colegio Tepeyac), en el Estado de México, había tres sacerdotes benedictinos que nos golpeaban, humillaban e intimidaban. Varios estudiantes sufrimos sus abusos de autoridad durante primaria, secundaria y preparatoria.

El padre Rafael, el padre Hildebrando y, sobre todo, el padre William, nos golpeaban brutalmente con suelas de zapatos —«neolaitazos» le llamaban—, nos jalaban de las patillas de la cabeza hasta levantarnos del piso y crearon un dañino clima de miedo y represión en la escuela. Con ellos mismos nos teníamos que confesar los viernes.

Supongo que mis compañeros y yo tuvimos suerte de no ser abusados sexualmente, como ocurrió en otras escuelas y parroquias. Pero el abuso físico y mental fue constante, abierto y hasta presumido por estos supuestos educadores religiosos. Nací católico, pero ahí, golpe a golpe y de amenaza en amenaza, dejé de serlo. Muy pronto aprendí que yo no quería ser parte del mismo grupo al que pertenecían esos tres sacerdotes. Muchos maestros y padres de familia sabían lo que estaba pasando en la escuela —las golpizas, los abusos físicos, las humillaciones públicas, las sádicas amenazas— pero nadie salió a defendernos. Nadie.

Por eso hoy, cuando nos enteramos de otros abusos por parte de religiosos católicos, no debemos quedarnos callados. Particularmente en América Latina, donde pocos se atreven a cuestionar a los sacerdotes. Ese silencio es cómplice y promueve más abusos. Hay demasiados sacerdotes que deberían estar en la cárcel. Pero las más altas jerarquías de la Iglesia católica han creado todo un sistema mundial de impunidad y protección a religiosos criminales.

La encarcelación de monseñor Lynn es bienvenida y necesaria, pero tardía e insuficiente. Los «monstruos en sotana» y sus cómplices no deben sentirse seguros en ningún lado. Aunque nos hablen del cielo tienen que saber que su próxima parada puede ser la cárcel.

MIS PRIMEROS 30 AÑOS EN USA
[31 de diciembre, 2012]

Hace 30 años llegué a vivir a Estados Unidos y todo lo que tenía lo podía cargar: una maleta, un portafolios, mi guitarra, la sensación de que México me agobiaba y la esperanza de que aquí todo se podía lograr. Vine por un año. Pero como la mayoría de los inmigrantes, me quedé.

Como decía el viajero francés Alexis de Tocqueville, «los felices y los poderosos no se van al exilio». Los que se van es porque algo los empuja a irse y algo los atrae de otro lugar. En mi caso, me fui de un México autoritario, que censuraba a la prensa, cuyo gobierno mataba a opositores y hacía fraude electoral cada seis años. Ese no era un México para jóvenes ni para soñadores.

En otras palabras, ese era un México priísta y eso explica, en parte, mi gran temor a que el regreso del PRI a la presidencia implique viejas prácticas de corrupción y nuevos abusos. Soy de los que dudan que los dinosaurios pueden cambiar de piel y volverse, mágicamente, demócratas.

Estados Unidos, rápidamente, se convirtió en mi trinchera. Lo que me atrajo de este país es esa maravillosa sensación de libertad. Nunca, nadie, me ha dicho qué decir o qué no decir. Y en mi profesión de periodista ese es el paraíso. Todos estamos protegidos por la primera enmienda de la Constitución que nos da casi absoluta libertad de expresión y de prensa. No se puede pedir más.

Critiqué, por ejemplo, a George W. Bush por ser uno de los peores presidentes que ha tenido este país —durante su gobierno pasaron los actos terroristas del 2001, se inventó una guerra salvaje en Irak y dejó la peor crisis económica desde la Gran Depresión— y no pasó nada. Solo me dejaron de invitar a las fiestas de Navidad en la Casa Blanca y no pude entrevistar más al presidente. Pero nadie se metió con mi trabajo.

No deja de sorprenderme ese propósito de equidad tan estadounidense. «Todos los hombres (y mujeres) somos creados iguales», dice su Declaración de Independencia. Y es aleccionador que un país que vivió décadas de esclavitud, seguidas por décadas de discriminación y racismo, haya escogido a su primer presidente afroamericano y luego lo haya reelegido. Aquí solo importan las decisiones y las ideas de Barack Obama, no su raza. Ese es un gran ejemplo para el mundo.

Estados Unidos, hacia dentro, es una sólida democracia. Son pocas las veces en que no funciona —como cuando gana un candidato sin la mayoría del voto popular, cuando la Corte Suprema de Justicia impone al ganador (sin recontar todos los votos de una elección) o cuando un grupo gasta millones de dólares apoyando un candidato. Pero, en general, aquí no se habla de fraude y los perdedores aceptan públicamente sus derrotas.

Hacia fuera, es otra historia, otra larga historia. Como ha dicho la secretaria de Estado, Hillary Clinton, y muchos otros, Estados Unidos es «la nación indispensable» y se nota. Los gobiernos norteamericanos se sienten distintos a los del resto del planeta. Su fuerza, su influencia y su dinero aseguran que sus ideas y hasta sus abusos —como las torturas a prisioneros de guerra, por mencionar solo un caso— prevalezcan sobre la voluntad de los demás. Democracia hacia dentro; superpotencia hacia fuera.

Contrario a lo que ocurre en otros países donde los que trabajan mucho pueden morir inmensamente pobres, aquí existe la creencia —corroborada millones de veces— de que el que trabaja mucho siempre sale adelante. Dicen que los inmigrantes somos más ingenuos y creemos más en el «sueño americano» —casa, trabajo, éxito, escuela para tus hijos, salud para todos...— que los propios norteamericanos. En mi caso, ha sido cierto.

Estados Unidos me dio las oportunidades que mi país de origen nunca me pudo dar y, por eso, voy a estar eternamente agradecido. Mis dos hijos —Paola y Nicolás— tienen una vida mejor y muchas más oportunidades de las que yo tuve a su edad. Solo por eso, ya valió todo la pena. Otros inmigrantes comparten este mismo credo.

Nunca he dejado de ser mexicano pero ahora, también, soy estadounidense. Tengo dos pasaportes, voto en los dos países, estoy profundamente orgulloso de esta privilegiada dualidad y de ser latino o hispano. Lo mejor de Estados Unidos es la manera que abraza la diversidad y a sus inmigrantes. Así me abrazó a mí.

Lo peor —lo saben muy bien en Arizona— es cuando resurge el racismo y la xenofobia. Ahora solo espero que Estados Unidos trate a todos los inmigrantes —particularmente a los 11 millones de indocumentados— con la misma generosidad que me trató a mí desde mi llegada.

Recuerdo perfectamente la tarde que llegué a Los Ángeles hace 30 años. Casi quebrado. Pero salir caminando del aeropuerto con todas mis posesiones y en un país nuevo me hizo sentir muy libre. Y sonreí. Hoy, como dice una buena amiga periodista, también inmigrante, solo puedo decir: *thank you, thank you, thank you.*

VIVIR CON ACENTO
[29 de abril, 2013]

El acento es una belleza y una brújula. Dice inmediatamente de dónde venimos, el tiempo que llevamos en Estados Unidos, con quién nos juntamos, qué hacemos y qué buscamos. Es, oralmente, como una huella digital. El acento se puede tratar de ocultar pero, como el césped que rompe el cemento, siempre sale con una palabra inesperada (OMG, ¿cómo diablos se pronuncia eso?).

Los hispanos, con una fuerza superior a los 52 millones, estamos cambiando la forma en que suena este país. En las calles de todas las grandes ciudades se escucha el español. Varios de los programas más vistos de la televisión en Los Ángeles, Houston, Miami, Chicago y Nueva York son en español. Hace poco Univision, que transmite en español, se convirtió en la cuarta cadena de Estados Unidos en los niveles de audiencia, pasando al quinto lugar a la cadena NBC.

Si tu lengua materna es el español, es muy probable que tengas un acento al hablar inglés. Uno de cada dos adultos hispanos nació en el extranjero y, por lo tanto, aprendió el español antes que el inglés. Eso se nota.

Hoy es *cool* el tener un acento al hablar inglés. Eso lo ha demostrado la actriz colombiana Sofía Vergara. Es más, a veces hasta da la impresión de que lo exagera. Hay la sospecha de que en la vida real tiene menos acento que el de su personaje, Gloria, en la divertidísima comedia de televisión *Modern Family*.

Todo comenzó con el músico y actor cubano Desi Arnaz en la serie de televisión *I Love Lucy*. De 1951 a 1957 los norteamericanos se acostumbraron a oírlo y a reírse, a pesar de su fuerte acento. El actor español Antonio Banderas, a principios de los noventa, memorizaba fonéticamente los guiones en inglés y fue aceptado como parte del clan de las estrellas. Más tarde Salma Hayek, Penélope Cruz, Javier Bardem, Demián Bichir, y muchos latinos más, tuvieron éxito en el cine y televisión norteamericanos, a pesar de su acento. Su talento supera cualquier preocupación fonética.

Hoy es normal en los medios de comunicación lo que antes era la excepción. Arnold Schwarzenegger y Henry Kissinger lograron que sus ideas, y no su acento, fueran lo importante.

Para el año 2050 seremos más de 150 millones de hispanos en Estados Unidos, según cálculos del Pew Research Center. Uno de cada tres habitantes será latino. Dentro de solo cuatro décadas, decidiremos desde presidentes hasta alcaldes y tendremos un impacto enorme en la forma de comer, consumir, trabajar, bailar y hablar en este país.

Y California está marcando el rumbo. Los hispanos están a punto de convertirse en el grupo étnico más grande de ese estado. Eso implica que nuestro inglés, cargado de palabras en español y de *espanglish*, ha dejado la marginalidad de los barrios latinos y ya no es mal visto (o, más bien, mal oído).

Lo importante, sin embargo, no es que se escuche nuestro acento sino que nuestras voces se oigan. El actual debate sobre la reforma migratoria es resultado de muchas voces con muchos acentos haciendo mucho ruido en las calles, en los lugares de votación, en los partidos políticos, en el Congreso y en la Casa Blanca. Hoy, aunque a veces les cueste trabajo entendernos, nos escuchan

173

porque saben que en el 2016 habrá 16 millones de votantes hispanos. Y esos son muchos acentos y muchos votos.

Estados Unidos por fin se ha dado cuenta de que es un país de muchos acentos y ha quedado atrás la época en que había que ocultarlos. Yo llegué a los 24 años a Estados Unidos y todavía hoy en día mis dos hijos frecuentemente me corrigen la pronunciación y la gramática en inglés. No importa cuántos años pasen, cuántos libros lea y cuántas clases tome, siempre se notará que aprendí el inglés tarde en mi vida.

Pero lo que sí he notado en mis tres décadas de vida en Estados Unidos es una creciente tolerancia a acentos que vienen de fuera del país. Recuerdo claramente a principios de los años ochenta cuando una estación local de televisión en Los Ángeles contrató a la primera reportera que tenía un acento en inglés. Parecía entonces un gesto verdaderamente revolucionario o, por lo menos, muy arriesgado. Hoy, en cambio, hay tantos apellidos hispanos en los noticieros de la televisión norteamericana que es imposible siquiera hacer una lista más o menos fidedigna. Es lo normal.

A pesar de los Joe Arpaios de Estados Unidos, de las leyes antiinmigrantes desde Alabama hasta Arizona y de los ataques cíclicos en contra de los extranjeros, en esta nación sigue prevaleciendo una enorme tolerancia a la diversidad y una sana apertura hacia los que vienen de fuera. Estados Unidos es el país de todos los acentos en un solo idioma.

SALVANDO A LOLA
[27 de mayo, 2013]

La pelea fue brutal. Las paredes de la escalera que lleva hasta la puerta de la casa estaban manchadas de sangre. Dos de los escalones tenían excremento y orina: cuando uno tiene mucho miedo pierde el control hasta de sus intestinos, igual en animales que en seres humanos. Había pedazos de piel esparcidos por todos lados y al acercarme levanté con mis zapatos dos pequeños torbellinos de pelos arrancados. Lola, sin embargo, no estaba muerta.

Me esperó, recostada, pero estoica, en la misma puerta de entrada de la casa, como demostrándome que, a pesar de la batalla, nunca se rindió. Defendió nuestra casa —su territorio— sin pensar, jamás, en huir. Un hilito de sangre le salía de la oreja derecha y lo dejaba correr a un lado de sus bigotes blancos hasta caer al piso. El pelo negro de su cuerpo estaba interrumpido por cráteres rojos que se abrieron violentamente sobre su piel. Respiraba con prisa.

Recorrí con la vista alrededor y no encontré a nadie. «Lolita», le dije, «¿qué te pasó?». Estoy seguro de que me entendió. Maulló algo que sonó entre dolor y pedido de ayuda. Abrí la puerta de la cocina, la cruzó lentamente, buscó el tapete blanco que hace de su cama y se echó, inmóvil, durante horas. Lola se estaba muriendo.

Lola lleva 16 años viviendo conmigo. Es una gata de la calle que se convirtió en la gata de mi vida. Nunca se ha dejado cargar.

Tiene, sin duda, un pasado traumático. Dice quien me la regaló que la salvaron de ahogarse en un drenaje. Desde entonces es arisca. Solo se deja acariciar por mí y por un selectísimo grupo que no pasa de cinco. Pero ella dicta cuándo y cómo. No tiene garras en las patas de adelante. Se las mandé quitar hace cinco años porque estaba destruyendo la sala nueva. Y ese fue un grave error del cual siempre me arrepentiré. Al quitarle las garras delanteras la dejé totalmente indefensa frente a otros animales. Por supuesto, jamás me imaginé que en la casa nueva iba a haber otro gato controlando el territorio. Como defensa, ya sin las garras, Lola aprendió a morder (como cualquier felino). Más de un atrevido ha salido herido de mi casa luego de decir ingenuamente: «Mírala qué bonita; no me hace nada».

Esta vez, sin embargo, la herida fue Lola. Nos acabamos de mudar de casa hace poco más de un mes y Lola apenas estaba reconociendo los alrededores. Un gato, rayado, ágil y joven, rondaba amenazante, seguramente celando el territorio que dominó sin competencia. Y esa tarde decidió atacar para recuperar lo que había perdido. Fue feroz. Prácticamente le arrancó la oreja derecha a Lola, perforándole el tímpano con una garra y dejando enterradas algunas de sus uñas sobre el pecho de mi gata.

Nos equivocamos al creer que, por estar rodeados de casas, calles, electricidad e internet, los gatos se civilizan como nosotros. Para ellos sigue siendo un mundo salvaje, aún rodeados de piscinas y autos, donde la territorialidad y los instintos rigen su conducta.

Llevé a Lola con la veterinaria y ella hizo lo que pudo. Pero la situación era muy grave. La sedó para limpiarla —acuérdense que Lola no se deja agarrar— pero las heridas eran muy profundas y rápidamente se infectaron, a pesar de los antibióticos. Y en la oficina, al día siguiente, recibí la llamada que no quería recibir. «La oreja está perdida, ha hecho necrosis», me dijo la doctora, «y solo tenemos dos opciones: la eutanasia o la operamos». No lo dudé. «La operamos», contesté. «No la quiero dejar ir».

Llegué a la sala de operaciones ya tarde. El cirujano, entrenado en Chile, Argentina y México, llevaba al menos dos horas tratando de salvarle la vida a Lola. Me sorprendió el enorme parecido con un quirófano para seres humanos (y el costo, cercano a los tres mil dólares). Lola estaba anestesiada, un monitor revisaba su presión sanguínea y había sido intubada para regular su respiración.

Con paciencia, y con movimientos de sus manos sobre el animal que solo puedo describir como amorosos, me explicó de qué se trataba el milagro: quitarle la oreja y todo el oído interno, evitar cercenarle los nervios de la cara, limpiar en lo posible la infección y luego, como en cirugía plástica, jalarle la piel del cuello para rellenar el lado derecho de su cráneo. «Este tipo de operaciones», me confió el maravilloso e inusual cirujano, «solo se hacen en Estados Unidos, Inglaterra y partes de Francia y Alemania; en otros lugares del mundo sencillamente dejan morir al animal». Es decir, Lola tuvo suerte de nacer en Miami.

Lola, me alegra reportar, sobrevivió a la operación. Pero ahora está sometida a un tratamiento especial en una cámara hiperbárica —la misma que usan los buzos que sufren accidentes submarinos— para acelerar su cicatrización y mejorar sus posibilidades de tener una vida más o menos normal.

Lola, me dijo graciosamente un amigo cubano, «será muenga», es decir, tendrá solo una oreja. Para quienes no tienen animales es difícil entender por qué los tratamos, prácticamente, como si fueran nuestros hijos. Pero, por ahora, basta decir que en los 16 años que he estado con ella, Lola me ha salvado la vida de maneras muy distintas. Ahora, simplemente, me ha tocado a mí tratar de salvar la de ella.

Lola nunca supo lo que era el sexo. Es tan difícil imaginármela teniendo relaciones sexuales con un gato como lo fue el pensar en mis padres haciendo el amor. Mi mamá decía que quería mucho a mi papá, pero que le caía mal. Eran incompatibles. Se casaron muy jóvenes, a esa edad en que todavía no te das cuenta de nada. Y cuando se dieron cuenta, el cariño, la convivencia y un México tradicional e intolerante los mantuvieron juntos. Sospecho que tener cinco hijos te hace pensarlo cinco veces antes de separarte. Pero en el caso de Lola estamos hablando de un ser que no dejaba que nadie la tocara. El sexo, cuando se tiene esa fobia al contacto, resulta un acto de barbarie.

Decir que Lola no se dejaba tocar es absolutamente cierto en el caso de extraños. Hay incontables historias de amigos que llegaban a casa y que, para congraciarse con nosotros o para demostrar su amor por los animales, se acercaban a Lola y la trataban de acariciar. Lola, enmascarada, no se inmutaba mientras sentía que alguien se acercaba; al contrario, se mantenía inamovible como si estuviera esperando amorosamente una caricia y cuando tenía cerca la ingenua mano: ¡ZAZ!, venía el zarpazo. No duraba ni un segundo. Apenas podía verse. Yo, generalmente, llegaba segundos después del ataque o aún gritando desde lejos: «No te acerques, Lola es mala». Muchas veces fue demasiado tarde.

Las garras delanteras de Lola eran largas, durísimas, infalibles, curveadas hacia dentro y de un color marfil grisáceo. Las escondía totalmente bajo sus dedos blancos, como cuchillos guardados dentro de guantes impecables. La sorpresa siempre era mayúscula. ¿Cómo podía venir semejante y cruel ataque de ese par de manitas de pelo blanco?

No era extraño ver gruesas gotas de sangre caer al piso tras uno de esos amigables esfuerzos por acariciar a Lola. Sus ingenuas víctimas no iban preparadas para semejante ataque terrorista. Se acercaban ingenua y alegremente, como niños a un helado de chocolate, y se alejaban en estado de shock, con el rostro desfigurado por el dolor, aún sin entender lo que había ocurrido en sus manos, en sus dedos, en sus antebrazos. Ese canal sanguinolento recién escarbado en su piel era la prueba del engaño. Un gato, un pinche gato, los había engatusado.

No hay nada más vergonzoso que haber perdido la batalla frente a una gata. Por eso, para ocultar la humillación pública, las inocentes víctimas de los feroces ataques de Lola invariablemente decían que la herida no les dolía y que ese pedazo de carne que les colgaba era solo un «rasguñito». Nunca, ninguno de nuestros invitados o gente que nos ayudaba en la casa culpó a Lola por el ataque. Increíblemente Lola les hacía creer que todo había sido su culpa, que la responsabilidad recaía en la víctima sangrante, no en el gato arisco e intocable que siempre se rehusó a aprender las más mínimas reglas de la etiqueta humana.

Podría ser visto como una grandísima irresponsabilidad, pero nunca vacuné a Lola. Por supuesto que me preocupaba que alguien saliera de mi casa con tétanos o cosas peores. Sin embargo, meter a Lola a una pequeña jaula para llevarla al veterinario era equivalente a librar una batalla con un luchador de sumo. Por eso solo lo hice en casos de suma emergencia.

La operación requería muchísima preparación. Cerraba la puerta del cuarto donde estuviera Lola, para que no tuviera escapatoria. Dejaba su jaula fuera del cuarto para no alertarla. Me ponía dos toallas, para proteger mis brazos, me acercaba sigilosamente y sin ningún titubeo la tenía que agarrar por el cuello, detrás de su cabeza, levantándola por la piel y, al mismo tiempo, cargar sus patas traseras. Sus gritos eran espeluznantes. Nunca supe si lo hacía por intimidarme o por un miedo real. Las garras de las cuatro patas se tensaban y en varias ocasiones traspasaron las toallas que protegían mis brazos y manos y terminaban enterradas en mi piel.

Meterla a la jaula era como regresar una soda con gas a su botella luego de abrirla. No dejaba de luchar mientras la introducía a su contenedor de plástico azul profiriéndome, estoy seguro, todo tipo de insultos incomprensibles para mí. Pedazos de sus uñas quedaban en el fondo de la jaula mientras ella, refunfuñando, reconocía que esa vez, solo esa vez, yo había sido más fuerte que ella. Una vez dentro de la jaula, vencida, dejaba de gastar energía y sabiamente se relajaba en su nuevo hábitat. Maullaba, como preguntando a dónde voy, pero más resignada que rebelde. Aún dominada era sabia. Sabía cuándo pelear, utilizando el máximo de su fuerza. Mas nunca gastó su energía en vano si las circunstancias le eran totalmente adversas. Ya habría otro momento, otra oportunidad, para demostrar quién era la más lista. Eso requería permanecer en alerta. Siempre. El enemigo, sin embargo, no tenía por qué enterarse.

SURFEAR A LOS 55
[2 de agosto, 2013]

Playa Tamarindo, Costa Rica. El instructor no sabía lo que yo estaba haciendo ahí. Había llevado a mis hijos a surfear, pero yo también quería aprender cómo pararse en una tabla y dejarse llevar por las olas. Todo es parte de un plan personal para no dejarme rebasar por el futuro. De lo que se trata es de no terminar como una cámara Polaroid: inservible y recordando que el pasado color sepia fue mejor.

Me dieron una tabla de casi el doble de mi estatura y me pusieron a practicar… en la arena. Playa Tamarindo es espectacular, con atardeceres para no cerrar nunca los ojos y un mar fogoso. Dejé los juegos en la arena y rápidamente me enteré de que el Pacífico no tiene nada de pacífico. Sobra decir que cuando te revientan en la espalda olas de dos y tres metros de alto, más que surfear lo mío era el buceo.

Al final les cuento cómo terminó mi aventura submarina. Pero mi lección costarricense fue que lo más peligroso en este mundo es dejar de moverse: física, intelectual y profesionalmente. El que no se mueve, literalmente, muere o desaparece.

Todos los días encuentro en la internet nuevos inventos y reglas. El común denominador es que nadie quiere esperar. El empleado recién contratado no está dispuesto a invertir 10 años en una empresa antes de aspirar al puesto del jefe. Lo quiere hoy. Si se te ocurre una nueva idea, la norma es ponerla en práctica lo antes posible y sin temor. Nuestra época está marcada por el fin del miedo. Se acabaron los tiempos de los temerosos y prudentes.

Apple, Microsoft y Amazon se han convertido en líderes del mercado por su compromiso a innovar y a nunca quedarse atrás. Más que defender lo que ya hicieron, están ocupados en adivinar y hasta dictar el futuro.

El columnista del diario *The New York Times*, Joe Nocera, nos recordaba hace poco cómo la empresa que produce los teléfonos BlackBerry tenía en el 2009 el 22 por ciento de mercado. Su teclado y su tecnología a prueba de robos convirtió a los Blackberry en casi una necesidad corporativa. Pero en lugar de evolucionar y comprender que los consumidores querían una pantalla interactiva y miles de aplicaciones a su disposición, se quedaron con el viejo modelo. El iPhone, que salió al mercado en el 2007, los desplazó y hoy BlackBerry apenas controla el 2.7 por ciento del mercado. Esto me recuerda las cámaras Polaroid.

Polaroid era una empresa extraordinaria. Inventó en 1948 la primera cámara que podía imprimir instantáneamente sus fotografías. En 1963 imprimía ya a colores y en 1976 se vendieron más de seis millones de cámaras. A pesar de su tamaño, que hoy nos parecería gigantesco e incómodo, tener una Polaroid era símbolo de modernidad, sofisticación y eficacia. Era casi magia: hacías clic y segundos después tenías una fotografía en tus manos.

Edwin Land, el creador de la primera Polaroid, estudió en Harvard pero no terminó su carrera. Prefirió concentrarse en sus inventos. (Décadas después Mark Zuckerberg, el creador de Facebook, también dejaría Harvard para vendernos la idea de que la mejor manera de tener amigos es no verlos en persona y comunicarse con ellos por la internet).

Land se retiró de la empresa en 1982 y algo terrible pasó en Polaroid. Dejaron que el futuro los rebasara. La tecnología de la fotografía digital, originalmente diseñada para usos médicos y militares, se extendió a todo el mundo y ya a principios de este siglo reemplazó los rollos de cámaras y las húmedas impresiones de las Polaroid. La empresa se fue a la quiebra en el 2001 y luego, otra vez, en el 2009 con muchos dueños de por medio.

Polaroid, en lugar de ser pionera de la nueva tecnología digital, prefirió defender su viejo modelo. Y perdió. Vivir de recuerdos es morir un poco. Tampoco pudieron imaginarse que hoy en día las cámaras fotográficas son redundantes e innecesarias en un planeta dominado por teléfonos inteligentes. Polaroid cometió un doble suicidio profesional: se perdió la revolución digital y también la de los celulares. Así es imposible sobrevivir. Polaroid se hizo un dinosaurio.

Mi abuelo Miguel, nacido en 1900, me contaba con asombro cuando le tocó ver una plaza alumbrada por primera vez. Sobra decir que, para él, subirse a un avión era casi ciencia ficción. En su época los cambios se daban lentamente, se medían en décadas. Hoy no.

Google y Wikipedia han reemplazado los 20 pesados tomos de la *Enciclopedia Británica* que con tanto esfuerzo compró mi papá a insistencia de mi mamá. Las cartas y el servicio de correo están siendo desplazados por Facebook, fundado en el 2004, y Twitter, que surgió en el 2006. Uno de cada siete habitantes del mundo tiene cuenta de Facebook. ¿Cuándo fue la última vez que escribiste una carta de amor, la pusiste en un sobre con estampilla y la enviaste por correo? Netflix entendió el futuro mejor que las tiendas de video Blockbuster y las librerías Borders. Y Fusion, una cadena de televisión creada por ABC y Univision sale al aire el 28 de octubre para la creciente y joven población latina que prefiere hablar inglés.

No podemos esperar a que el futuro nos alcance. Hay que estar adelante. Y la única manera de hacerlo es reinventándonos. Para eso es preciso estar dispuesto a aprender cosas nuevas. Por eso me puse a surfear por primera vez a los 55 años de edad. Tras un par de horas de intentos fallidos finalmente me levanté en la tabla y, tambaleando, recorrí unos 30 metros empujado por las olas. No hay mucho que presumir. Al final de la tarde, como trofeo, me quise tomar una foto con mis hijos en la playa, pero los celulares se habían quedado en el auto para no mojarlos. «Ojalá tuviéramos una Polaroid», pensé. Pero no me atreví a decirlo en voz alta. Mis hijos seguramente hubieran dicho: «¿Qué es eso, papá?».

LA ÚLTIMA ENTREVISTA
DE BARBARA WALTERS

[19 de mayo, 2014]

Nueva York. Es, quizás, la periodista más famosa del mundo. Y con razón. Lleva más de cinco décadas entrevistando a los personajes que hacen historia y a las celebridades que hacen noticia. Por eso es tan extraño escucharla decir que se retira del periodismo.

Pero, la verdad, un periodista nunca deja de serlo. «Ya no voy a regresar cada semana a hacer una entrevista», me dijo en una entrevista en las oficinas de *The View*, el programa que fundó en 1997. «Pero si el Papa me da una entrevista, seguro que regreso». Lo mismo haría si puede conversar con la reina Isabel II. Y posiblemente también si Monica Lewinsky decide hablar con ella una vez más.

La entrevista televisiva que le hizo Barbara Walters a Monica Lewinsky en marzo de 1999, sobre el *affair* que tuvo con el presidente Bill Clinton, fue vista por unas 50 millones de personas. Ninguna otra entrevista ha tenido más audiencia en la historia de la televisión en Estados Unidos. «Todavía estoy en contacto con Monica», me confió y luego, sin temor, me dio su opinión de esta mujer de 40 años: «Es una mujer inteligente y una mujer buena».

Barbara Walters no solo cubrió eventos históricos, sino que hizo historia. Fue la primera mujer conductora (*anchor*, en inglés) de un programa matutino a nivel nacional y la primera en presentar el noticiero nocturno. Así abrió el camino para otras mujeres, dentro y fuera de Estados Unidos. «Ese es mi legado», reflexionó, «todas estas mujeres jóvenes que hay en las noticias. Cuando yo comencé había muy pocas... El hecho de que pude abrir algunas puertas, inspirar, es un legado maravilloso».

Pero a sus 84 años Barbara no lo tiene todo. «No creo que las mujeres lo pueden tener todo», me dijo, refutando la teoría del libro *Lean In* de Sheryl Sandberg, la jefa de Facebook. «Ni los hombres lo pueden tener todo tampoco... Es muy difícil balancear tu vida profesional con tu vida privada, y cada vez más las mujeres tienen que enfrentar esto».

Ha entrevistado a todos los presidentes estadounidenses desde Richard Nixon, a líderes mundiales (como Vladimir Putin, Saddam Hussein y Fidel Castro), y a casi todos los actores del momento. Sus preguntas son cortas y maravillosamente claras, como cuchillo. No hay duda de lo que quiere saber. Su mantra: no hay pregunta prohibida.

¿Cuál es su secreto? «Hago mucha tarea», me dijo, como si apenas empezara su carrera. «Creo que es muy importante. Algunas veces yo sé más de la persona que lo que ellos mismos saben». Y se nota. Ha hecho llorar a muchos y temblar a más de uno.

Hay mil anécdotas. Pasó 10 días con Fidel Castro, pero «no me acerco mucho a nadie», me contó. Y hasta pudo haber sido «la señora de Clint Eastwood», confesó. «Me gustaba mucho (el actor) Clint Eastwood y, después de la entrevista, me invitó a cenar. Pero yo le dije "No, no, no"».

Terminé la entrevista con dos preguntas que ella, frecuentemente, les hace a sus entrevistados:

«¿Hay alguna idea falsa sobre usted?», pregunté. «La más importante idea falsa sobre mí es que soy muy seria y autoritaria por el tipo de entrevistas que hago».

«¿Cómo quiere ser recordada?». «Como una buena periodista, una buena madre y una buena persona».

Se acababa mi tiempo con ella y el honor de hacerle preguntas a la campeona de las preguntas. Era mediodía, pero aún tenía un montón de cosas pendientes. Barbara Walters no estaba dando ninguna muestra de que estaba a punto de retirarse.

«¿Qué va a hacer el día después de su retiro?», alcancé a soplar al final. «Dormir. Voy a dormir. Y el día siguiente también». Pero tengo la sospecha de que, cuando se despierte, Barbara Walters volverá a hacer preguntas. Muchas preguntas.

MI DESAYUNO CON GABO
[21 de abril, 2014]

La verdad nunca le llamé Gabo o Gabito. Hubiera querido. Pero nunca fui parte de ese privilegiado círculo de amigos y escritores que se reunían frecuentemente con el novelista más importante de nuestros tiempos. Es más, ni siquiera lo conocía en persona.

Crecí, como millones, con él. Leyéndolo, analizándolo, tratando de llegar hasta el hueso de cada una de sus frases perfectas. Su carpintería era única; siempre parecía encontrar la palabra exacta para decir lo que quería. Y eso requería mucho trabajo, mucho talento y muchas páginas en la basura. (Se nos olvida ya que la computadora es post-Aureliano Buendía y su descubrimiento del hielo).

En mi época universitaria García Márquez ya era García Márquez, el genio de *Cien años de soledad* y el mejor exponente del realismo mágico —esa manera tan nuestra del ver el mundo—. Macondo es América Latina. Y en este rincón del planeta donde todo es posible —dictadores que no mueren, niños con colas, mujeres que flotan, amores eternos y fantasmas más vivos que los vivos— García Márquez fue el primero en darle voz y legitimidad.

Así que cuando un colega periodista, Elías Freig, me invitó en el 2004 a un evento en Los Cabos, México, donde García Márquez iba a dar un discurso, acepté con una condición: preséntamelo.

Ese día me levanté emocionado, me encontré con Elías dispuesto, como siempre, a cumplir su promesa y, de pronto, ahí estaba el escritor; desayunando con su esposa Mercedes en la esquina del restaurante de un enorme hotel y saludando a tanta gente con la mano que parecía que espantaba moscas.

Me mordí la vergüenza de molestarlo y me acerqué mientras él le metía el tenedor, creo, a unos huevos estrellados. Me presenté y, para mi sorpresa, me dijo: «Ven, siéntate aquí, a ver si así dejan de molestar». Y me apartó una silla junto a él. Elías se sentó a mi lado y durante años guardó celosamente el contenido de esa conversación.

Lo que unos días antes hubiera sido absoluta ficción, estaba ocurriendo; desayunaba con García Márquez. Para Mercedes, sospecho, yo era una peste más y me lo hizo saber con su mirada de aguijón. Pero aguanté los picotazos y me quedé a conversar. Había que matar dos horas y tenía a García Márquez a mi lado. No lo iba a desaprovechar.

Pero el primero en preguntar fue él. Quería saberlo todo sobre Univision, la cadena de televisión donde trabajo, y sobre los cubanos en Miami. Le conté, pero yo lo que quería era oírlo a él. Busqué la pausa y le dije: «No entiendo su amistad y apoyo a Fidel Castro». Y ahí brincó Mercedes, como hablando por los dos.

«Lo conocemos hace mucho tiempo, es nuestro amigo y ya es muy tarde para cambiar», me dijo ella. Él asintió. Para él, la amistad y la lealtad iban antes que la política. «Los que hablan de política son Mercedes y Fidel», apuntó él. Pero no es ningún secreto que García Márquez intercedió con Fidel para liberar a algunos presos políticos cubanos y, quizá, algo más.

El escritor mexicano Carlos Fuentes me contó sobre una cena en septiembre de 1994 junto con García Márquez y el entonces presidente Bill Clinton en Martha's Vineyard. ¿Le pidió Clinton a

García Márquez que hablara con Fidel para buscar un acercamiento entre los dos líderes?

El propio Clinton, el año pasado, me dijo que nunca le pidió en esa cena a García Márquez que actuara como mediador con Fidel. Pero cualquier posibilidad posterior de un acercamiento entre Estados Unidos y Cuba a través del escritor colombiano quedó destruida tras el derribo por parte de la fuerza aérea cubana de dos avionetas del grupo Hermanos al Rescate en 1996.

Nuestro desayuno, sin embargo, lidió más con literatura y periodismo que con política. García Márquez, en ese momento, estaba concentrado en la creación de una nueva generación de reporteros a través de la Fundación Nuevo Periodismo. Pero, reconozco, había momentos en que García Márquez perdía el interés y se iba de la conversación, quién sabe a dónde.

Le pude decir, casi como confesión, que para mí su mejor novela era *El otoño del patriarca* y, como respuesta, su bigote espumoso subió como ola. Y no, él nunca había dicho que *Cien años de soledad* no podría haberse escrito en ese momento en que los lectores buscaban novelas más cortas.

El desayuno concluyó cuando nos llamaron al evento. Me tomó del brazo, caminamos juntos y luego lo perdí en un mar de alabanzas y seguidores. Nunca nos dijimos adiós. Así fue mejor.

Para mí, por mucho tiempo, ese fue el realismo mágico: sentarme a desayunar con Gabriel García Márquez. Imposible, impensable y sin embargo ahí estuvimos.

III

Ser periodista

SER PERIODISTA

Soy, antes que nada, el papá de Paola, de Nico y ahora de Carlota. Pero en las redes sociales me describo como inmigrante y periodista. Es lo más corto y lo más honesto.

Cuando escogí la carrera de comunicación, mi papá —que había estudiado arquitectura— me dijo: «¿Y qué vas a hacer con eso?». Para él, las únicas profesiones legítimas, además de la suya, eran ingeniería, medicina y leyes. En esa época los periodistas no eran muy bien vistos en México y supongo que mi papá quería un futuro más estable para mí. Le contesté que no sabía qué iba a hacer con «eso», pero que era lo que más me gustaba. Sería, sin duda, una vida muy distinta a la suya.

Pasaron muchos años, me fui a vivir a Estados Unidos y mi papá, luego de sufrir un par de ataques cardiacos, veía religiosamente mi noticiero desde México por un canal de cable. «Corbatita», me decía contento por teléfono cuando le llamaba después de salir de trabajar. Siempre le gustaron mucho las corbatas y sospecho que, más que el contenido del noticiero, se fijaba en cómo iba vestido. Pero, en el fondo, era una forma de acompañarme. Y de reconocer que había escogido la profesión correcta. Hicimos las paces antes de que muriera y, cuando desapareció esa típica tensión padre-hijo, por fin pudimos conectar.

Extraño tanto ese olor a cigarro y loción que despedía mi papá, junto a su bigote duro y severo. Cuando alguien fuma, me gusta acercarme e inhalar el humo. Me recuerda a él y me pone de buenas. Debo ser la única persona en el mundo que disfruta el humo de segunda mano.

Siempre he dicho que mi papá pudo haber sido un gran mago. Pero nunca se atrevió a seguir ese camino. Y yo aprendí de ese ejemplo. Sería lo que más quisiera ser, no lo que se esperaba de mí.

Mi amor y respeto por el periodismo llegaría más tarde.

No fue amor a primera vista.

Entré a la carrera de comunicación en la Universidad Iberoamericana y recuerdo que, muy pretensiosa y tontamente, decía que preferiría hacer noticias que cubrirlas. Para pagar mis estudios estuve trabajando un par de años en una agencia de viajes —Viajes Horizonte— hasta que me escogieron para trabajar con un pequeño grupo de jóvenes en una estación de radio; la XEW, cuyo lema era «La Voz de América Latina desde México». El trabajo en la estación de radio estaba mucho más cercano a mis intereses que el de la agencia de viajes.

Me pasaba las tardes ayudando a otros periodistas, cortando físicamente unos rollos de papel donde venían los cables informativos. El jefe de la estación nunca me dejó leer las noticias al aire porque, según él, «no tenía voz para la radio». A pesar de eso, recuerdo que era emocionante ese ritmo vertiginoso de 24 horas de noticias, sin parar.

Aprendí de ver y oír.

Luego ocurrió algo que cambiaría mi vida para siempre.

Cuando intentaron asesinar al presidente Ronald Reagan en Washington el 30 de marzo de 1981, yo era el único en la sala de redacción de la estación de radio que hablaba un poquito de inglés y que tenía el pasaporte listo. Y me fui a la capital estadounidense a reportar sobre esta noticia que estaba cambiando al mundo. Nunca había trabajado como reportero y apenas pude cumplir con la enorme tarea. Estaba muy verde.

Pero algo hizo clic dentro de mí. Ahí me di cuenta de que quería ser periodista por el resto de mi vida. Me gusta esta forma de vivir. Tiene una intensidad inigualable.

No hay nada como volar a los lugares donde cambia el mundo.

Hoy en día es lo más normal ver a niños en los aviones. Antes no. No me subí un avión hasta cumplir los 10 años o quizás un poco más tarde. Acompañé a mi papá en un turbulento vuelo de México a Guadalajara. Parecía una montaña rusa. Pero como muchos niños, me sentía inmortal. Y me enamoré de la idea de aparecer en otras partes del planeta luego de subirte a un tubo con dos alas metálicas. Era algo mágico.

El invento más maravilloso de nuestra existencia, para mí, es el avión. Reconozco que los celulares y las computadoras han revolucionado el planeta. Pero no hay nada como treparse a una máquina motorizada y llegar de un jalón al otro lado del mundo. Es como esos aparatos de ficción para viajar por el tiempo.

Reconozco que una de las cosas que más me atrajo de la profesión periodística era la posibilidad de viajar por todo el mundo… y que alguien más pagara por el boleto. Había viajado tan poco como niño y adolescente —nuestra familia de clase media, a veces, estaba reventada económicamente y viajar era impensable— que, de pronto, el periodismo me abría el mundo.

Pero, más que nada, ser periodista me ayudó a resolver mis conflictos internos. Uno de mis maestros de psicología —en la Universidad Iberoamericana estudié comunicación con una concentración en psicología— decía con mucha percepción que uno escoge la carrera que más necesita. Y yo tenía serios problemas con la autoridad: en mi casa, en la escuela y en el país donde vivía.

Ante el poder solo hay dos posibles respuestas: te sometes o lo confrontas. El periodismo me dio la oportunidad de cuestionar a la autoridad, particularmente cuando abusa de su poder. Cada vez que hacía una pregunta pertinente, obligando al entrevistado a una rendición de cuentas, sentía que estaba haciendo lo correcto… y resolviendo un conflicto interior. Y empecé a crecer en el rol de preguntón. «Ese Ramos es un preguntón», decía la tía de un amigo. El niño que fui ya no podía responder a los desplantes autoritarios de mi papá ni a los golpes que nos dieron los sacerdotes de mi escuela ni a las órdenes de silencio de los gobiernos priístas. Pero como adulto sí podría evitar que esos mismos patrones se repitieran.

Así desarrollé mi propia filosofía periodística.

Como periodista, sí, había que reportar la realidad tal y como es, no como quisiéramos que fuera. Pero nuestra principal responsabilidad social era cuestionar a los que tienen el poder.

Llegar a esta conclusión me llevó décadas. Cuando comencé como conductor del *Noticiero Univision* el 3 de noviembre de 1986 la televisión era el medio dominante, la gente acostumbraba a recibir sus noticias en los diarios, la radio y el televisor, y los periodistas eran figuras respetadas y creíbles. No había, como ahora, una disputa sobre datos y cifras. Ni constantes teorías de conspiración. Todos, de alguna manera, coincidíamos en los hechos y los debates eran sobre qué hacer al respecto.

Empecé como presentador de noticias en español con muy poca experiencia, con serios problemas leyendo el teleprompter —mi compañera Teresa Rodríguez me ayudaba a seguir el guion con sus impecables uñas rojas—, y en una época en que Peter Jennings, Dan Rather y Tom Brokaw eran los grandes informadores del país. Barbara Walters, Connie Chung, Dianne Sawyer, Ted Koppel y Katie Couric, entre algunos otros, formaban parte de ese exclusivo grupo de conductores que gozaban de una enorme credibilidad en la audiencia en inglés. Y yo quería ser como ellos (en español).

Todos los días, tras hacer el noticiero, revisaba las cintas para captar errores, mejorar mi pronunciación y desarrollar mi propio estilo. En un medio tan artificial como es la televisión, me decía un ingeniero del Canal 34 en Los Ángeles, lo más difícil es ser natural. Y tenía razón. Mi idea era poderle hablar a la televisión como lo haces con un amigo, explicando claramente, con pausas, sin palabras complicadas y con la intención de que se entendiera a la primera. En la televisión no puedes estar repitiendo una y otra vez.

Pero lo más importante era la credibilidad. Como periodista, si la gente no te cree, de nada sirve tu trabajo. Por eso trabajaba incansablemente en asegurarme de que lo que yo decía al aire fuera cierto. Aunque otros escribieran partes del noticiero, cuando tú lo lees al aire, ya es tuyo. No hay excusas. No podemos culpar a un escritor, a un productor o a un editor por algo que nosotros dijimos en un noticiero.

Me hice conductor de televisión y entrevistador en una época en donde la objetividad era el principio rector del periodismo. Se trataba de acercarse lo más posible a la realidad y a la verdad, siempre dando los dos puntos de vista y evitando las opiniones. Particularmente en los noticieros.

Por supuesto que hay otros espacios —libros, columnas, editoriales, conferencias, discursos…— en donde es posible exponer tu propio punto de vista, siempre y cuando sea claramente advertido. Los periodistas, como todos, tenemos prejuicios, debilidades, preferencias, creencias y actitudes muy personales. Pero estamos entrenados para dejar eso a un lado y reportar solo lo que vemos o sabemos con certeza. En eso radica nuestra credibilidad. No pretendemos ser ángeles o demonios. Solo testigos y contadores de lo que pasa.

Pero las cosas empezaron a cambiar poco a poco. Con la llegada de la internet, las redes sociales y los celulares, los medios de comunicación tradicionales —televisión, radio, periódicos— comenzaron a perder el control de la difusión de las noticias. Ya no era necesario esperar a las seis y treinta de la tarde para ver el noticiero, o recibir el diario en la mañana, para saber qué estaba pasando en el mundo.

No solo eso. La internet y las redes sociales convirtieron en improvisados medios de comunicación a miles de millones de individuos. La mayoría sin ningún entrenamiento sobre el uso de fuentes y verificación de datos. Como decía el senador Daniel Patrick Moynihan: «Todos tienen derechos a su propia opinión, pero no a sus propios hechos». Pero, de pronto, hasta los hechos se empezaron a inventar.

Donald Trump, por ejemplo, siempre ha insistido en que ganó las elecciones del 2020 y esa es considerada la «gran mentira». Aun así, las encuestas sugieren que la mayoría de los republicanos cree que Joe Biden ganó esa elección con un fraude. Y eso es totalmente falso.

En lugar de que todos compartamos los mismos datos y hechos, se han creado burbujas informativas. Estas burbujas, en realidad, son cuevas de las que informativamente es difícil salir. Mientras más noticias falsas lees, más recibes. Mientras más mensajes de odio te llegan, se reducen tus opciones a conocer otros puntos de vista. Y mientras más formes parte de grupos informativos con un lenguaje tóxico, racista, homofóbico y antiinmigrante, más seguirás recibiendo ese tipo de mensajes.

La forma en que funcionan los algoritmos de las redes sociales es dándote más de lo que consumes. Y si consumes basura y racismo, tus archivos y buzones digitales se van a llenar de lo mismo. Por eso el mundo está tan polarizado. Somos bombardeados con versiones muy prejuiciadas e incompletas de la realidad. Las fuentes de información se han pulverizado en millones y es muy difícil saber qué es cierto y qué es pura propaganda o mentira.

Así, paulatinamente, la televisión y los periódicos perdieron el control de la verdad, o de la mejor versión de la verdad. Los sitios digitales y de *streaming* han ido reemplazando a los canales de televisión abierta y de cable. Y esto ha puesto al periodismo en un momento crítico. No solo porque ha perdido la hegemonía de la tecnología y de la estructura para difundir noticias sino, también, por los constantes cuestionamientos éticos y morales a la profesión.

La credibilidad que gozábamos los periodistas hace unas décadas es ahora constantemente retada por comunicadores e *influencers* que, en lugar de reportar hechos y datos, promueven versiones partidistas, visiones ultrapersonales e infundadas teorías de conspiración. Ante este panorama, el papel del periodista ha ido cambiando. Ya no se trata, únicamente, de reportar la realidad tal y como es. No basta con informar sobre los dos puntos de vista. A veces, también, hay que tomar partido. Estamos obligados a reportar que mucha de la información que circula en la internet es falsa. No la podemos tratar como si proviniera de una fuente confiable y fidedigna.

La desinformación es la principal corrupción dentro del actual sistema de noticias. A veces pareciera que estamos viviendo en dos realidades, en dos mundos. El mismo hecho se reporta de maneras totalmente distintas, dependiendo de quién lo diga.

Por eso, en cuestiones de racismo, discriminación, corrupción, mentiras públicas, violación a los derechos humanos, dictaduras y la destrucción del medio ambiente, hay que tomar partido. Limitarnos a dar los dos lados en estas situaciones es desinformar. Estamos obligados a decir la verdad. Aunque duela o moleste a los sectores más radicales de la población.

La periodista Christiane Amanpour lo ha dicho mejor que nadie. El trabajo del periodista es «ser veraz, no neutral». (*Be truthful, not neutral*). No se trata de ser partidista sino de estar del lado de la democracia, la libertad y la igualdad. Esta filosofía periodística está perfectamente alineada con lo que enseñaba el profesor Jeff Jarvis en la escuela de periodismo de la City University en Nueva York (CUNY). «Si no tomas partido», escribió Jarvis en uno de sus libros, «no es periodismo». («*If it's not advocacy, it is not journalism*»).

Esta actitud de vigilancia periodística nos obliga a cuestionar y confrontar a quien miente, discrimina, viola los derechos humanos o se brinca los principios democráticos. Ese es nuestro trabajo. Y para hacerlo, es preciso tomar partido.

Mahatma Gandhi decía que «no cooperar con los malos es una obligación». Desde el punto de vista periodístico, no cooperar con los malos implica hacerles preguntas duras y exigir rendición de cuentas. Y desde el punto de vista ético, tampoco podemos tomar una actitud neutral ante los abusos del poder. «Debemos tomar partido», dijo el sobreviviente del Holocausto, Elie Wiesel, al aceptar el premio Nobel de la Paz. «La neutralidad ayuda al opresor, nunca a la víctima. El silencio motiva al que atormenta, no al atormentado».

El periodismo no es una profesión para silenciosos.

Nuestro trabajo es ser contrapoder.

Nuestro lugar en el mundo es siempre del otro lado del poder, no importa quién sea. Esto define nuestro papel y nos protege de acusaciones de partidismo. «Ser periodista», decía la periodista Oriana Fallaci, «significa ser desobediente. Y ser desobediente significa, entre otras cosas, estar en la oposición. Para estar en la oposición hay que decir la verdad. Y la verdad es siempre lo contrario de lo que se nos dice».

Ser periodista es, después de todo, una misión.

NO SEAS NEUTRAL

[1 de diciembre, 2014]

(Fragmento de mi discurso ante el
Comité para la Protección de los Periodistas)

Nueva York. Amo ser periodista. Es la única profesión en el mundo que tiene como descripción el ser rebelde e irreverente. Es decir, el periodismo te obliga a ser joven toda tu vida. El escritor colombiano Gabriel García Márquez tenía razón: es el mejor oficio del mundo. Pero podemos y debemos usar el periodismo como un arma para un mejor propósito: la justicia social.

Lo mejor del periodismo se da cuando nos atrevemos a tomar postura, cuando cuestionamos a los que están en el poder y evitamos que abusen de su autoridad, cuando denunciamos una injusticia. Lo mejor del periodismo ocurre cuando tomamos partido con las víctimas, con los más vulnerables, con los que no tienen derechos. Frente al abuso del poder, el periodismo tiene que ser contrapoder.

Creo en los principios básicos del periodismo. No tengo nada en contra de la objetividad y el balance. Eso tiene que ser como un reflejo: ser obsesivo con los datos y presentar todos los puntos de vista. Sin embargo, eso no es suficiente para contar toda la verdad.

Frente a los poderosos, debemos tomar partido. Si tenemos que escoger entre ser amigo o enemigo del presidente, del político, del general o del dictador, la decisión es muy sencilla: soy reportero, no quiero ser tu amigo.

Cuando me toca hacer una entrevista con alguien importante, siempre doy por hecho dos cosas: una, que si yo no le hago las preguntas duras e incómodas nadie más lo va a hacer; y dos, asumo que nunca más volveré a ver y a entrevistar a esa persona. Las peores entrevistas que me ha tocado ver son cuando el periodista trata de quedar bien y hace preguntas flojas para mantener su acceso a sus fuentes. Eso es autocensura.

Estoy a favor del periodismo con un punto de vista. Se vale tomar una posición antagónica antes de una entrevista o reportaje. Esa es una decisión moral. Es perfectamente válido el no ser neutral. Nuestro oficio no se da en un vacío. Tenemos opiniones y códigos de ética —por la democracia, por la libertad, por la pluralidad— y eso debe estar reflejado en nuestro trabajo.

Hay grandes ejemplos de valientes periodistas que decidieron no ser neutrales y enfrentaron al poder. Edward R. Murrow luchó contra el prejuiciado senador Joe McCarthy, Walter Cronkite contra la guerra de Vietnam, y los reporteros del *Washington Post* en contra del corrupto presidente Richard Nixon. Christiane Amanpour se peleó con el presidente Bill Clinton por su cambiante posición en la guerra en Bosnia y Anderson Cooper demostró la incapacidad del presidente Bush tras el paso del huracán *Katrina*. Gracias a estos periodistas, los poderosos no se salieron con la suya.

Ahora nos toca a nosotros denunciar la sanguinaria y casi eterna dictadura de los Castro en Cuba, y los asesinatos de estudiantes en México y Venezuela con complicidad de sus gobiernos. Igual nos tocó en su momento enfrentar al presidente Barack Obama por no cumplir su promesa migratoria y por deportar a más de dos millones de indocumentados, y al líder republicano, John Boehner por la hipocresía de decir que estaba a favor de una reforma migratoria y (al mismo tiempo) bloquear un voto en la Cámara de Representantes.

No creo en ser partidista. Soy fieramente independiente. Pero como periodistas, hay que tomar partido. Como lo dijo el sobreviviente del Holocausto y ganador del premio Nobel de la Paz, Elie Wiesel: «Debemos tomar partido. La neutralidad solo ayuda al opresor, nunca a la víctima».

Lo peor en nuestra profesión es cuando nos quedamos callados ante una injusticia o abuso de poder. Tristemente nos quedamos callados antes de la guerra de Irak y, por lo tanto, murieron innecesariamente miles de soldados norteamericanos y decenas de miles de civiles iraquíes.

No soy menos periodista por tomar una posición. Al contrario. Hay veces en que la única manera honesta de hacer periodismo es dejando de ser neutral y confrontando a los poderosos. El silencio es el peor pecado en el periodismo. No seas neutral.

BRINDIS: NO NOS VAMOS A CALLAR
[21 de abril, 2015]
(Discurso pronunciado en Nueva York en la cena de TIME100)

Es grandioso estar con ustedes esta noche. Gracias, Nicolás, por estar aquí conmigo. Mi hijo. Muchas personas estaban sorprendidas al ver a un inmigrante en la portada de la revista *Time*. Yo también me sorprendí. Me enteré por Twitter y pensé que era un meme.

Es muy difícil ser un inmigrante porque tienes que dejarlo todo: dejas tu casa, tu familia, tus amigos, tu cultura, tu idioma y algunas veces hasta tu alma. Hay alrededor de 230 millones de migrantes en el mundo. Imagínense dos tercios de la población de Estados Unidos yendo a otros países. Eso es lo que está pasando ahora.

Y algunas veces las cosas salen mal, terriblemente mal. Me siento impactado todavía con lo que pasó el fin de semana en el mar Mediterráneo. Cientos de migrantes huyendo de África a Europa murieron. Y lo peor es que ni siquiera sabemos sus nombres. Ni siquiera hemos visto sus caras.

Así es que esta noche debo reconocer que la revista *Time* está haciendo un esfuerzo para asegurarse de que en Estados Unidos todos los inmigrantes sean visibles. Hemos sido invisibles por tanto tiempo que es maravilloso ser visible, al menos por una noche.

Con esto dicho, permítanme ir al brindis. En una entrevista me preguntaron si todas las personas que integran la lista de los 100 de *Time* tienen algo en común. Por supuesto que me reí y dije que nada, que no tenemos nada en común. Pero si lo piensan bien creo que todos ustedes tienen algo en común. Todos ustedes son rebeldes. En serio. Se rebelaron contra un país, o un presidente, contra una tradición, una industria o una amenaza. O tal vez se rebelaron en contra de una idea estúpida y es por eso que están aquí.

Así que esta noche quiero hacer un brindis por tres grupos de rebeldes que no pudieron estar aquí. Será rápido, no se preocupen.

El primero está muy cercano a mi corazón. Es un grupo de periodistas mexicanos que han denunciado casos de corrupción en los niveles más altos del gobierno. Esto es lo que está pasando: el presidente de México, Enrique Peña Nieto; su esposa, Angélica Rivera; y al menos uno de sus secretarios compraron casas a contratistas del gobierno, y después de eso, esos contratistas obtuvieron millones de dólares en contratos del gobierno. En cualquier país con un poco de Estado de derecho el presidente hubiera sido forzado a renunciar. ¿Adivinen lo que pasó? El presidente de México no renunció y los periodistas que denunciaron la corrupción fueron despedidos. Eso no es estar salvando a México. Así que si no les importa voy a decir unas cuantas palabras en español para que puedan oírme allá: señor Peña Nieto, comprar casas de contratistas y luego darles millones de dólares en contratos, eso es corrupción. Por eso tanta gente quiere su renuncia y no nos vamos a callar. Creo que sí me están escuchando.

Así que el primer brindis es para esos periodistas en México y América Latina que están hablando con la verdad al poder.

El segundo brindis es para todos los presos políticos en Venezuela y específicamente por Leopoldo López. Él es un preso político, líder de la oposición en Venezuela, y su crimen fue denunciar el abuso de poder, la corrupción y la falta de democracia en el régimen de Nicolás Maduro. Así que, digámosle algo a Nicolás Maduro: Nicolás Maduro, libere a Leopoldo López y a todos los prisioneros políticos. Solo en las dictaduras hay prisioneros políticos.

No olviden este nombre: Leopoldo López ha estado preso por más de un año solo por lo que estaba pensando.

Y el último brindis es para mis héroes, mis verdaderos héroes: los *Dreamers*. Ellos son jóvenes estudiantes indocumentados que vinieron a este país cuando eran muy pequeños. Fueron traídos de niños o bebés a este país por sus padres, sin tener ninguna culpa. Y ya que el Congreso no ha hecho absolutamente nada en la última década en materia de migración —nada—, los *Dreamers* decidieron tomar el asunto en sus manos y ahora están cambiando la política migratoria de este país. Ustedes no quieren ser sus enemigos. Los atacarían de frente. Los *Dreamers* son ciudadanos americanos, pero no tienen un papel para probarlo. Y no solo eso; hay muchos políticos y muchos candidatos presidenciales que quieren deportarlos.

Así que voy a dar un tip, un consejo a todos los candidatos presidenciales: los latinos y los *millennials* decidirán la siguiente elección. Y los latinos no votarán por ningún candidato que quiera deportar a su padre, a su madre, a sus amigos, sus vecinos y a jóvenes estudiantes.

Este es un brindis por todos los periodistas en México que están combatiendo la corrupción, por todos los presos políticos en Venezuela, por los migrantes que creen que los derechos de los migrantes son derechos humanos, y por todos los rebeldes allá afuera que están cambiando el mundo sin violencia.

Salud.

CARTA A PAOLA
[25 de mayo, 2015]

Mi querida Paola:

Te debía esta carta hace mucho tiempo. Pero quería dártela en un momento importante y ese momento ya llegó. Te estás graduando de tu maestría y no puedo estar más orgulloso de ti.

Hay hijos que superan en mucho a sus padres y tú estás en esa maravillosa categoría. Suena a imposible que la hija de unos inmigrantes (de Cuba y México) haya terminado estudiando en Harvard. Pero, la verdad, ya nos has acostumbrado a los imposibles. (Y Estados Unidos también. Solo espero que los inmigrantes que llegaron después de nosotros sean tratados con la misma generosidad —y con las mismas oportunidades— que recibimos).

Eres mucho más que lista. En algún momento de tu viajera juventud —saltando de casas entre Miami y Madrid— aprendiste a sacarle jugo a la vida. Adoro las fotos que nos mandas —brincando en cualquier lugar del planeta, casi volando, como si estuvieras suspendida en el aire— y una sonrisa que dice inequívoca: *I love this life*. (No sabes en cuántas ocasiones he pensado que yo siempre quise ser como tú).

Una de las lecciones más difíciles de la vida es ser uno mismo. A ti, aparentemente, no te costó tanto trabajo. No copias. Solo eres.

Y hasta has desarrollado un estilo de vestirte que podría describir como el «Paola look». Cómodo, *cool*, un poco desafiante y único. Una amiga de la familia me dijo una vez: «Paola te va a salvar». Acababas de nacer —me salió mi primera cana— y no entendí en ese momento lo que me quería decir. Pero poco después me quedó muy claro que lo más importante en mi vida serías tú y tu hermano Nicolás. Efectivamente me has salvado: cuando tengo dudas sobre qué hacer, ya sé a dónde voltear. Al corazón, a la sangre. Eso no falla. Ustedes siempre serán mi prioridad.

Con la posibilidad de tener tres pasaportes y varios idiomas en tu lengua eres el mejor ejemplo que conozco de inclusión y diversidad en el mundo. Me encanta tu generación. Están hartos de las etiquetas, de creencias estúpidas y de valores impuestos. Es la primera generación en que hombres y mujeres son feministas y, por principio, aborrecen la discriminación. Intuyeron desde muy chicos que no hay nada permanente en la vida y por eso no les gusta esperar. Retan a la autoridad y a las tradiciones como un ejercicio diario. Eso va a crear mejores países; se trata de dejar este planeta un poquito mejor que como lo recibimos.

Podrás ser presidenta o podrás, si quieres, enfrentarte a una presidenta. O escribir. O todo. Aprendiste que puedes hacerlo todo y que no hay que limitarse. Eso lo decidirás tú y solo tú. Tomaste el control de tu vida, de tu destino, y eso es invaluable. No, la felicidad no viene en una app —hay cosas que no cambian con un celular—, pero sabes que ser feliz es algo que se trabaja, no un regalo caído del cielo.

A tus amigos les asombra que hablamos por teléfono casi todos los días. Discutimos de política, filosofamos de amores —el amor requiere siempre de dos, te dije la última vez; uno no es suficiente— y cuando nos vemos compartimos libros, viajes, papitas con chile, queso manchego, un juego de básquetbol y ese pavor a los aviones en turbulencia. Cierro los párpados y recuerdo la canción que les cantaba a tus preciosos ojos verdes y el saludo especial que teníamos. («Para, Papá. Para, no sigas», debes estar pensando).

Miami, que surgió del mar y los pantanos —hogar de tantos exilios—, nos ha acobijado con mucho cariño, paciencia, tolerancia y trabajo. Hace tiempo que no vives en casa, pero nada me ilusiona más que tus visitas. Nos faltaron tantos abrazos cuando vivíamos en dos continentes que siempre tengo la sensación de que tenemos muchos más pendientes. Por eso, no importa tu edad, siempre tendrás tu cuarto en casa. Es para ti y para mí. Quiero siempre creer que estás por llegar.

Esta carta tan pública, inevitablemente, caerá en ese lugar de lo cursi que tanto tememos tú y yo. Pero quería regalarte algo de mis propias manos. Además, no se vale pasarse la vida escribiendo para otros y no para quienes más quieres.

El mundo es tuyo. Ve por él y empieza a jugar.

Te quiero tanto, Paoli, creo totalmente en ti y tienes un papá que se rompe de feliz.

EL PLACER DE TIRAR COSAS
[15 de junio, 2015]

Primero lo obvio. Estamos rodeados de cosas y, por lo tanto, tenemos dos opciones que nos definen como persona: acumular cosas inútiles o tirarlas.

Yo siempre he preferido esta segunda opción.

The New York Times reportó alguna vez que hasta el 5 por ciento de la población es *hoarder*, o sea, sufre de una recién diagnosticada enfermedad clínica que los lleva a acumular cosas sin poder tirarlas. Yo debo sufrir exactamente de lo opuesto.

Cuando camino por mi casa soy una especie de aspiradora andante. Todo lo que sobra, estorba o no se ha usado en más de un año se va derechito al basurero. Los miércoles es el día de la felicidad; es cuando pasa el camión de la basura y se lleva todas las cosas grandes que no caben en una bolsa plástica. A veces, lo confieso, me escondo detrás una pared o veo a través de las ventanas el momento —liberador— en que todas las cosas que no quiero caen en la panza del camión y son trituradas sin misericordia.

Estados Unidos es un país que vive fundamentalmente de su consumo interno, es decir, de las cosas que compran y venden sus ciudadanos. Y eso significa que casi toda la sociedad está estructurada en torno a la frenética actividad del consumo. Consumir implica, antes que nada, adquirir y desechar. En promedio, cada estadounidense tira a la basura más de cuatro libras por día (según la agencia EPA). Pero, sin duda, tendemos a guardar más cosas que las que tiramos.

Tirar cosas es un arte. Primero hay que identificar el objeto a tirar, luego evaluar si sirve para algo o tiene un significado emocional y, acto seguido, hacer el esfuerzo de deshacerse de él. Guardamos muchas cosas porque es más fácil regresarlas al mismo lugar que tirarlas.

Quisiera tirar más cosas, pero no siempre me atrevo. En mi más reciente mudanza me encontré con un par de grabadoras de audio cuyos casetes ya ni siquiera se fabrican. Tengo montones de CD's con mis reportajes en formatos que ya no existen. Y recuerdos —tarjetas, fotos, regalos, reliquias, máscaras africanas, pedazos del muro de Berlín y hasta unos títeres chiapanecos— que hace tiempo dejaron de significar algo. Eso es lo más difícil de tirar: objetos que en un momento dado tuvieron un valor afectivo y que el tiempo ha convertido en simples pedazos de papel o de madera. ¿En qué momento algo valioso deja de serlo?

La escritora japonesa Marie Kondo, en su *bestseller La magia del orden*, propone limpiar tu casa completa en un solo día, desechar por categorías (no por cuartos) y solo guardar lo que te alegra. «¿Te genera gozo? Si lo hace, guárdalo», escribe, «si no, tíralo». Su filosofía limpiadora es simple: limpiar tu casa te limpiará la mente y te liberará. Pero no es fácil.

Hace cinco años que mi contadora me envía por correo electrónico mi declaración de impuestos y cada uno de esos documentos está debidamente guardado y copiado. Pero ante el justificado temor que todo habitante de Estados Unidos debe tener al IRS, tengo cajas y cajas de recibos, gastos y comprobantes desde 1983. ¿Qué hago con esos malditos papeles? ¿Los tiro?

La velocidad con la que avanza la tecnología ha acelerado el ritmo con el que guardamos cosas inútiles. De entrada, casi todo lo que tiene un cable es obsoleto o está a punto de serlo, desde computadoras y teléfonos para la casa hasta televisores.

También hay basura cibernética. Todas las noches me voy de la oficina luego de borrar mis correos electrónicos. Borro todos. Solo dejo los que hay que contestar al día siguiente. Pero tengo compañeros de trabajo que viven inundados con miles de correos que no se atreven a borrar «por si alguna vez los necesito». (No menciono sus nombres para evitar humillaciones públicas). Tienen años acumulándolos y no se atreven a apretar el salvador botón de *delete*.

Mi peor pesadilla es la Pink House. Así le llamábamos a la casa de estudiantes donde vivía a principios de los años ochenta, cerca de la universidad de UCLA, cuyo dueño se pasó décadas guardándolo todo, desde periódicos hasta huesos de aguacate. Tenía, supongo, una enfermedad que le impedía deshacerse de las cosas. Murió en medio de montañas de basura, pero, eso sí, protegido por el mundo oscuro y oloroso que pedazo a pedazo erigió.

Lo opuesto fueron esos monjes que vi recientemente en el aeropuerto de Varanasi en la India que se subieron al avión sin zapatos. Sus largas túnicas era su única posesión. Y me atrevo a decir que se veían felices y libres. Pero dudo que el principio budista de no desear más (para no sufrir) difícilmente puede aplicarse a nuestra sociedad occidental.

Al final, nos advierten los psicólogos, es cuestión de balance. Ni muy muy, ni tan tan. Pero nuestro problema es nuevo en la historia: producimos y tenemos tantas cosas que si no las tiramos razonablemente rápido moriremos enterrados en ellas.

Posdata. Por favor, tira esta columna. No la guardes.

CENANDO CON EXTRAÑOS
[6 de julio, 2015]

Tel Aviv, Israel. Si el propósito de viajar es conocer algo nuevo, no tenía mucho sentido ir a Israel y cenar con la misma gente con la que trabajo. Estábamos haciendo un reportaje para la televisión sobre lo que separa —y une— a israelíes y árabes, y decidimos convertir dos cenas en parte de nuestra investigación periodística. Bueno, nunca antes había tenido una investigación tan rica.

Como casi todo en esta vida moderna, los arreglos comenzaron con una aplicación en un celular. El extraordinario sitio EatWith.com —inventado en Israel— te permite ir a cenar a casas particulares en varias ciudades del mundo, incluyendo Tel Aviv, Nueva York, San Francisco y Barcelona. Por menos de lo que cuesta un restaurante, el anfitrión te cocina una comida completa. Pocas veces sabes quién más irá a cenar. Es decir, la idea es cenar con extraños.

Lo único que pedimos fue cenar en Tel Aviv en casa de unos israelíes y en la antigua ciudad de Jaffa con una familia árabe. El resultado fue mágico, interesante y muy apetitoso.

Una pareja gay, Keren y Yael, nos recibieron en su casa blanca de un piso. Dos perros bien portados nos olfatearon y, pronto, nos dejaron en paz. Keren era la chef y Yael hizo el pan y servía. La cocina estaba convertida en un laboratorio. Nos prepararon siete platos con vino y vodka y remataron con un indescriptible y adictivo postre de chocolate que llamaron *chunky monkey*.

Tres parejas israelíes nos acompañaron y la conversación inevitablemente se metió en la política. Nacidos después de la creación del Estado de Israel en 1948, ninguno de ellos sabía lo que era vivir en un país en paz. «Se va a poner peor antes de mejorar», me dijo uno de los invitados. «¿Qué se necesita para la paz?», les pregunté. Hubo un breve silencio y luego cayó la respuesta: «Solo depende de un líder valiente», me dijo otro de los comensales. «La historia demuestra que las decisiones valientes las toman líderes valientes».

La noche siguiente nos fuimos a cenar a la ciudad portuaria de Jaffa con una familia árabe. La comida fue extraordinaria. La mesa completa se llenó de platillos cocinados por Alia, quien utilizó recetas que han pasado verbalmente de generación en generación. Parte del encanto de la noche era el intercambio de platos e ideas.

Veinte por ciento de los ciudadanos de Israel son árabes. Gozan de todos los derechos. Sin embargo, aún hay casos de discriminación. Sama me contó cómo en cinco ocasiones no pudo hacer reservaciones en restaurantes únicamente por ser árabe.

¿Qué hizo? En una ocasión se cambió de nombre para ir a cenar, pero en otra, ya cansada del rechazo, demandó al restaurante.

Sama, que tan bien sabe defender sus derechos de ciudadana de Israel, tiene una vida familiar muy tradicional. «Aquí no salimos en *dates*. Solo nos comprometemos para casarnos», me dijo. Luego me explicó que ella escogió a su novio —el primero y único que tuvo—, pero que antes tuvo que pasar la aprobación de su padre.

Laila, de 17 años, también nos acompañaba en la cena. Llevaba un suéter con la bandera de Estados Unidos y el pelo suelto. Las palabras de Sama le calaban duro y sus inquietos ojos, detrás de sus lentes, se rebelaban con furia. Ella no quería seguir el mismo camino de Sama. Pero la tradición de su familia árabe parecía imponerse: no le dejaban tener novio y tampoco había tenido una cita, sola, con ningún chico. Me quedé con la duda de qué sería de su vida dentro de 10 años. ¿Se rebelaría o seguiría el camino de Sama?

Ambas cenas, sobra decirlo, fueron unas maravillosas lecciones culinarias y de cultura. No hubiera comido tan rico ni aprendido tanto en dos restaurantes con mis propios amigos. Y todo por unos 60 dólares.

A través de una aplicación en mi teléfono celular pude entrar a la sala, a la mesa y echarle un vistazo al corazón de dos familias en Israel. Hay, cierto, muchas maneras de conocer un país. Los *tours* me dan urticaria y después de tantos años de periodista he aprendido a desconfiar de las recomendaciones para turistas. Por eso sigo recordando, casi con nostalgia, esas dos cenas.

Cenar con extraños fue, simplemente, delicioso.

PUEBLA YORK
[10 de agosto, 2015]

«Visto desde fuera, (México) se ve como muy dramático, como la guerra».

Antonio Banderas, actor

Nueva York. Los veo por todos lados. En los hoteles, en los restaurantes, en las construcciones y en cualquier lugar donde haya que hacer un trabajo difícil. Son inmigrantes mexicanos que vienen del central estado de Puebla y que ayudan a que Nueva York sea la capital del mundo.

Han llegado durante años en cadenita. Uno trajo al cuñado y a sus hijos, otro a la prima y una más a los hermanos. En la ciudad de Nueva York viven, más o menos, medio millón de mexicanos y el grupo más grande viene de Puebla. Dejaron un clima templado y mil broncas económicas para adaptarse a un invierno imposible y trabajos en dólares. Dólares para enviar a México, para que sus hijos vivan mejor que ellos, para soñar que todo aquí sí se puede lograr.

Cuando voy a un restaurante en Nueva York muchas veces termino en la cocina. Hay siempre historias increíbles, salpicadas de risas, entre platillos que van y vienen. Acabo de ir a uno francés y a un italiano y la mayoría de sus empleados eran poblanos. Aquí se reinventaron de chef, de mesero, de lavador de platos, de lo que sea para sobrevivir.

Están rotos. «Allá dejamos a la familia», me contó Ramón, en una calle oscurita, saliendo de una cocina. «Pero la chamba está acá». No todos tienen papeles. Cuando oyen a Donald Trump acusarlos de ser criminales y violadores —según dijo al lanzar su candidatura presidencial— saben que «el güero» está totalmente equivocado: ellos construyeron sus edificios, ellos cosechan la comida que come, ellos cuidan sus hoteles.

Están aquí, pero pensando en allá. México les duele, sobre todo porque no pueden regresar. Cruzar a Estados Unidos les costó mucho trabajo y dinero. La frontera entre ambos países está más vigilada que nunca. Ir a Puebla de visita, en el verano o en navidades, es un riesgo que no pueden correr.

La nostalgia empieza en la lengua y con el mole. El más rico es el que les llega en pasta desde Puebla, en bolsitas de plástico, y solo le tienen que añadir caldo de pollo. «Ese sí sabe al pueblo», me dijo uno de Atlixco. Las noticias, en cambio, les llegan por celular; llegan muy tarde a casa como para enterarse por la televisión.

Pasé la última semana en Nueva York y platiqué con varios poblanos sobre México. Eso nos pasa a los que nos fuimos; no podemos dejar de hablar del lugar que dejamos. Pero es un lenguaje codificado, difícil de seguir para quien no es mexicano. Hablamos del Piojo y del Chapo. Traducción: de cómo corrieron al entrenador de la selección mexicana de futbol por sus errores, y de cómo dejaron en sus puestos al secretario y a los funcionarios a los que se les escapó de la prisión el principal narco del mundo. Nos reímos, por absurdo, porque ya nada de eso nos sorprende.

A mí me había tocado mucho el asesinato del periodista veracruzano Rubén Espinosa, y lo comenté en una plática. Más de 80 periodistas han sido asesinados en México en la última década, según Reporteros Sin Fronteras. Casi todos esos crímenes están impunes. «Está dura la cosa en México, ¿verdad?», me dijo resignado un mesero poblano, entre la pasta y el postre. Y lo peor es saber que Rubén no será el último.

Con la devaluación del peso mexicano rinden mucho más los dólares que envían. En Tenango de las Flores o en Cholula —me cuenta— es fácil saber quién recibe dólares; la casa está bien pintadita y, a veces, hasta tiene un segundo piso.

Antes las mujeres y sus hijos esperaban a los hombres. Ahora ya nadie espera. Los que se van de Puebla —lo sabemos todos— ya no regresan. Más bien, se traen a los que dejaron atrás. Con lo difícil y peligroso que está cruzar la frontera, los únicos que vuelven, y por un ratito, son los deportados.

Y poco a poco voy notando el cambio. Los poblanos que llevan más tiempo en esta ciudad de las prisas hablan menos del futbol y de la política mexicana. En cambio, están siguiendo más lo que dice «el tal Trump» e investigando qué candidato presidencial pudiera legalizarlos. Muchos de sus hijos ya nacieron aquí y por lo tanto son estadounidenses. Y si sale todo mal, me dicen, están dispuestos a ser la generación del sacrificio, la que se la jugó por los que vienen detrás.

Nueva York tiene una enorme deuda con Puebla. Funciona, y funciona bien, por miles de estos seres semiinvisibles que hacen lo que nadie más quiere hacer.

Sí, Nueva York es una gran ciudad. Pero Puebla York es la que mejor me recibe a mí.

EL CANDIDATO Y EL PERIODISTA
[31 de agosto, 2015]

Soy un periodista y mi trabajo es hacer preguntas. Donald Trump es un candidato a la presidencia de Estados Unidos y su trabajo es explicar qué haría si llega a la Casa Blanca. Su trabajo y el mío chocan.

Todo comenzó cuando Trump lanzó su candidatura en junio y dijo: «Cuando México envía a su gente, no envía a los mejores. No envía a gente como ustedes. Están enviando a gente con muchos problemas y traen esos problemas con ellos. Traen drogas. Traen crimen. Son violadores. Y algunos, supongo, son buenos».

La realidad es otra. La gran mayoría de los indocumentados no son criminales. Y todos los estudios —como el del Immigration Policy Center— concluyen que la tasa de criminalidad entre los inmigrantes es inferior a la de los nacidos en Estados Unidos. Tampoco había ninguna evidencia —¡ninguna!— de una conspiración del gobierno de México para enviar delincuentes al norte.

Lo que decía Trump no era cierto. Había que enfrentarlo y desmentirlo. Así que le envié una carta de mi puño y letra, con mi teléfono celular, solicitando una entrevista. Nunca me contestó. Pero publicó mi carta en la internet. (Exacto, tuve que cambiar mi celular).

Desde entonces estuve buscando la manera de hacerle estas preguntas:

1) ¿Cómo piensa deportar a 11 millones de indocumentados? ¿Con el ejército? ¿Detendría a miles en estadios? El plan migratorio de Trump incluiría una de las mayores deportaciones en masa de la historia moderna.

2) Si lograra cambiar la Constitución para quitarles la ciudadanía a hijos de indocumentados, ¿a dónde deportaría los bebés que no tienen patria ni pasaporte?

3) ¿Para qué construir el muro más grande del mundo entre dos países —de 1954 millas de largo— si casi 40 por ciento de los indocumentados vienen en avión con visa temporal y luego se quedan? Sería un desperdicio de tiempo y dinero.

Con estas preguntas me fui a Dubuque, Iowa, donde Trump iba a dar un discurso y una conferencia de prensa. Me acredité, llegué casi dos horas antes a la sala de prensa, entró Trump, dos reporteros hicieron sus preguntas, luego dije que tenía una pregunta sobre inmigración. Nadie se opuso, me levanté, comencé a plantear mi pregunta y, de pronto, el candidato (visiblemente molesto con lo que oía) trató de quitarme la palabra y me mandó a sentar.

El resto está en las redes sociales.

No me senté y no me callé. Dije que como periodista, inmigrante y ciudadano estadounidense tenía el derecho a hacer una pregunta, pero Trump le ordenó a uno de sus guardaespaldas que me sacara. Nunca, en mis más de 30 años como periodista, me habían expulsado de una conferencia de prensa. Para mí, eso solo podía pasar en dictaduras, no en Estados Unidos.

Luego de 10 minutos —y la presión de los periodistas Tom Llamas de ABC News y Kaise Hunt de MSNBC— Trump tuvo que rectificar y me permitió regresar a la sala de prensa. Pero lo hice con una condición: que me dejaran hacer mis preguntas. Y las hice.

(Trump, como siempre, no quiso ser específico en sus respuestas, y esa es su principal debilidad).

Me han acusado de ser un activista. Pero soy, sencillamente, un periodista que hace preguntas. Lo que pasa es que, como periodista, es necesario tomar partido y asumir un punto de vista cuando se trata de racismo, discriminación, corrupción, mentiras públicas, dictaduras y derechos humanos. Y lo que está proponiendo Trump podría generar múltiples y muy graves violaciones civiles contra millones de personas.

Los mejores ejemplos de periodismo que conozco —Edward R. Murrow contra el senador Joe McCarthy, Walter Cronkite denunciando la guerra de Vietnam o el diario *The Washington Post* obligando a renunciar a Nixon, entre muchos otros— han ocurrido cuando los periodistas toman una postura y se enfrentan a los poderosos. «Debemos tomar partido», decía el premio Nobel de la Paz Elie Wiesel. «La neutralidad ayuda al opresor, nunca a la víctima».

Es muy peligroso cuando un candidato presidencial habla con tanto odio contra una minoría y contra los más vulnerables en un país. Eso permite que otros sigan su ejemplo y actúen con violencia, como el hombre que me encontré fuera de la sala de prensa y me dijo: «¡Lárgate de mi país, lárgate!». «También es el mío», le contesté.

Al final del intenso intercambio en Iowa, Trump me dijo que hablaríamos. Eso espero. Aún tiene muchas preguntas que contestar.

Mientras tanto, seguiremos chocando.

EL PAÍS DE LAS TERTULIAS
[11 de diciembre, 2015]

Solo los viernes se puede subir al segundo piso, detrás del altar, a tocar el Cristo de larga cabellera en la Basílica de Jesús de Medinaceli en Madrid. Hay largas colas para entrar. Pero la espera sirve para discutir, entre amigos y desconocidos, desde el último partido de futbol hasta las elecciones para escoger presidente del gobierno el próximo 20 de diciembre. Una hora de fila fue, para mí, una lección en el arte de discutir.

Al entrar a la iglesia lo primero que ven los feligreses es un puesto de lotería para el premio gordo de Navidad. Ahí continúa la discusión. Si no se cumplen las plegarias al cielo siempre hay —con un poquito de suerte y un billete de lotería— una segunda oportunidad. Iglesia y Estado en plena complicidad para engañar a los ingenuos.

Pero más que de santos, lo que me interesa es hablar del poder salvador de la conversación. España es el país de las tertulias y, gracias a eso, mantiene su carácter democrático. El mejor antídoto para los autoritarismos —y para los adictos al celular— es la conversación viéndose a los ojos.

Los españoles discuten y discuten y no pasa nada. Eso es buenísimo. No se matan ni se caen a golpes, solo discuten. A veces coinciden, otras no. Pero desde niños han aprendido la importancia de argumentar y de ser tolerantes. Está en su forma de ser.

En los últimos dos meses —viajando entre Madrid, Barcelona, Sevilla y Granada— he escuchado tertulias de todo tipo en la radio y la televisión; desde cotilleos de la prensa rosa hasta la mejor manera de prevenir ataques terroristas de ISIS en Europa. No hay tema prohibido. Bueno, quizás los reyes y esos pactos no escritos de algunos medios de comunicación con el poder. Pero en general las discusiones que escuché fueron bastante libres y espontáneas.

Hasta el casi imposible asunto de la independencia de Cataluña es discutible. No hay tanques en las Ramblas, pero sí mucha política. Y está bien. Para eso sirven los políticos: para encontrar soluciones a problemas que no parecen tener solución. ¿Hay acaso un problema más difícil que cuando alguien se quiere ir de casa?

En España la tertulia se ha convertido, también, en la manera preferencial para escoger a sus líderes políticos. Por eso llama la atención la negativa del presidente del gobierno español de participar en los debates televisivos. Mariano Rajoy se rajó de los debates. ¿Por qué? Por miedo a verse mal ante los tres candidatos opositores —Pedro Sánchez del PSOE, Albert Rivera de Ciudadanos y Pablo Iglesias de Podemos—. Los tres son más jóvenes que Rajoy y mucho más diestros en la esgrima verbal.

En cualquier otro país sería prácticamente descalificado de la contienda el candidato que se negara a participar en un debate. Pero en el peculiar caso de Rajoy, a quien nadie le recuerda un buen discurso o entrevista, quizás su estrategia antitertuliana funcione. Ya veremos el 20D.

Hay muchas cosas buenas que puedo decir de la marca España: se come maravillosamente bien (como en México, Perú, Italia, Singapur y China) y se toman muy en serio la hora de la comida; adoro su jamón serrano, su aceite de oliva, sus carabineros, el arroz de Casa Benigna y las alcachofas de Lago de Sanabria; aquí juegan los mejores equipos de futbol del mundo (Barça y Real Madrid);

un país de 46 millones de habitantes con 60 millones de turistas extranjeros al año debe tener muchos imanes; su estilo de vida ha permitido a los españoles celebrar muchos cumpleaños —más de 82 en promedio— y ser de los más longevos del planeta; hay pocos sitios como España donde los jóvenes pueden salir con seguridad (pregúntenle a mi hija Paola, quien pasó en Madrid su infancia y adolescencia); a pesar del desempleo, inseguridad laboral y corrupción, hay un consenso en mantener las redes de protección social; y ejemplarizante para mí —y el tema de esta columna— es esa maravillosa disposición a platicar.

Los españoles han aprendido bien de su historia. En cada tertulia parecen reafirmar esa decisión plural de rechazar los abusos del franquismo y de cualquier imposición. Pocos pueblos han pasado en solo unas generaciones de una férrea dictadura a una democracia tan saludable. Y mi teoría es que lo hicieron discutiendo. Todo.

Hay, desde luego, muchas cosas que no funcionan en España. Sin embargo, están perfeccionando el método para encontrar soluciones colectivas. Muchos españoles, desde luego, no estarán de acuerdo conmigo. Pero eso es precisamente lo que espero de ellos (incluso en la fila entrando a la iglesia).

MIGUEL NO QUERÍA MORIR ASÍ
[8 de julio, 2016]

Miguel Carrasquillo no murió como quería. Murió con mucho dolor. Sufriendo. Tras meses de una verdadera agonía.

Miguel, de 35 años, quería que los doctores lo ayudaran a morir. Pero ninguno lo hizo. Estaba en Puerto Rico y las leyes ahí no permiten la llamada «muerte asistida». Y tampoco tenía el dinero para viajar a uno los cuatro estados —Oregon, Washington, Montana y Vermont— que sí lo permitían. (A partir del 9 de junio, California se ha sumado también a esos estados).

En el proceso de «muerte asistida» los doctores dan los medicamentos e información necesaria para que sea el mismo paciente quien se quite la vida. Es distinto a la eutanasia en que el médico participa activamente quitándole la vida al paciente (como lo hizo en varias ocasiones el doctor Jack Kevorkian).

Hablé con Miguel, vía satélite, un par de semanas antes de su muerte. Estaba muy cansado. Su voz era lenta y apenas audible, pero se entendía si le ponía mucha atención. Así me explicó la terrible noticia que recibió en marzo del 2012.

«Me dio un dolor de cabeza muy fuerte y me dio una parálisis completa del lado derecho», me dijo. Le hicieron exámenes, tomografías y biopsias. La conclusión fue devastadora: un tumor cerebral incurable. «Ese tumor ya se había regado por todo mi cuerpo y yo no lo sabía».

Miguel, quien vivía en Chicago y era un chef, se quedó sin opciones. Fue entonces que decidió pasar sus últimos días en Puerto Rico, junto a su mamá.

Pero cada día era una angustiosa rutina: despertar, dolor, medicamentos, dormir y luego volver a despertar por el dolor. «La gente dice que esto (de la muerte asistida) es un tabú», me dijo. «Para mí no es un tabú. ¿Tú te imaginas lo que es para una persona estar en una silla de ruedas o encamado sufriendo dolores? ¿Por qué no tomar la decisión como ser humano de quitarte la vida, si la vida es tuya?».

Esa era su filosofía: «La vida es tuya y tú la vives como la quieras vivir… Esto no es nada malo. La vida es tuya. ¿Por qué no hacerlo?». Pero era una filosofía que no compartía la mayoría de los políticos en Puerto Rico ni la Iglesia católica.

«Yo hago una pregunta», me dijo Nilsa Centeno, la mamá de Miguel. «La Iglesia católica me dice a mí que tenga fe. El morir dignamente para ellos es un pecado. Pero si para el ser humano ya no hay alternativa, ¿por qué no podemos tener (la muerte asistida) como una consideración?… La muerte es lo más seguro que tenemos todos y debemos decidir cómo morir».

Nilsa, al final de cuentas, tuvo que hacer lo más difícil que puede pedírsele a una madre: acompañar a su hijo a morir. «Sí, es fuerte, es fuerte. Porque yo fui la que lo traje al mundo. Pero esta decisión de morir dignamente él la quiere. Y si él la quiere, yo la voy a apoyar. Realmente el dolor que él siente, nadie se lo imagina».

«¿Estás preparado para morir?», le pregunté a Miguel, cuidando cada una de mis palabras.

«Oh sí», me dijo. «Yo estoy listo hace ya un par de meses». Pero se había quedado sin dinero —para mudarse a un estado que le permitiera morir con ayuda médica— y sin más alternativa que esperar el final. «Opciones, no tengo ninguna, ninguna», me dijo. «He logrado lo que tenía que lograr. Es algo bien fuerte. Llevo la vida sentado (y tomando medicamentos). Apenas te dan ganas de comer. Y es bien triste, bien triste».

Y entonces, Miguel cerró los ojos. No podía más. Estaba tan cansado que apenas podía subir los párpados. Había que terminar la entrevista, la última que dio antes de morir. «¿Por qué hablas conmigo?», le pregunté antes de irme. «Porque este es un tema del que hay que hablar abiertamente», me dijo.

Cada noche Miguel y Nilsa se despedían «con un beso y un abrazo», según me dijo él. Ella, a su vez, le aseguraba que siempre estaría a su lado. Cuando me lo dijo, madre e hijo estaban agarrados de la mano. Pero, en realidad, Nilsa esperaba que una noche Miguel no despertara más: «La opción es que Miguel se acueste a dormir y no despierte. Todas las noches nos despedimos, porque él se me puede ir en un sueño profundo».

Eso precisamente ocurrió. Una mañana de domingo, Miguel no despertó más. Y solo así dejó de sufrir.

LAS CASAS DE SANDRA CISNEROS
[19 de agosto, 2016]

Llegué a la entrevista con una pregunta. ¿Qué hace que una de las escritoras más reconocidas de Estados Unidos —una verdadera leyenda de la llamada literatura chicana— decida dejarlo todo e irse a vivir a México? Bueno, eso es exactamente lo que hizo Sandra Cisneros.

A los 57 años de edad, Sandra recogió sus cosas, cruzó la frontera —de norte a sur— y se fue a vivir a San Miguel de Allende, Guanajuato. «Me sentí más en mi casa, más feliz y más conectada a mi comunidad», me contó. «Me siento muy segura ahí. Los vecinos te están vigilando. En Estados Unidos mi temor era morir y que mis perritos me fueran a comer; que nadie me iba a encontrar hasta después de tres días. En México eso es imposible. Todos tocan la puerta. ¿Gas? ¿Agua? ¿Doñita?».

Las casas y las mudanzas han marcado la vida y los libros de Sandra. Nació en Chicago, estudió en Iowa y luego se fue a dar clases a San Antonio. Pero en «Estados Unidos», me dijo, «siempre me siento como una extranjera». Eso, irónicamente, le ayudó a convertirse en la escritora que es.

«Encontré mi voz en el momento en que me di cuenta de que era distinta», escribió en su último libro *A House of My Own*. «No quería sonar como mis compañeros de clase; no quería imitar a los escritores que estaba leyendo. Esas voces estaban bien para ellos, pero no para mí». De ese descubrimiento nació Esperanza, la protagonista de su famosa novela *La casa de Mango Street*.

Esta es una lección esencial para cualquier joven escritor: «Empecé a dedicarme a esos temas de los que nadie más podía escribir».

Y escribió de ella. «Yo soy la única hija en una familia con seis hermanos. Eso lo explica todo». Pero luego, como toda buena escritora, fue profundizando. Era la única hija en una familia mexicana. O, más bien, la única hija de un padre mexicano y de una madre mexicoamericana. México estaba en su destino.

Así que Sandra se llevó su escritura a México. Y sus experiencias también. «He tenido la experiencia de los espíritus, de lo paranormal, que yo no sé cómo explicar», me dijo, casi en confesión. «Así que yo no tengo fe; tengo experiencias de algo después de la muerte. No me asusta la muerte porque yo sé que hay algo más allá».

Y luego me habló de su padre. «El amor existe mucho más allá de la muerte. Es muy bonito saber eso. Yo lo sé porque lo siento. Siento el amor de mi padre, que sigue amándome aún más allá. Quizá mi religión es el amor».

Cuando Sandra era niña visitaba frecuentemente la casa de su abuelo paterno en la colonia Tepeyac de la Ciudad de México. Fue tantas veces ahí que hasta llegó a pensar que ese era su verdadero hogar. Pero en sus libros —y, sobre todo, conversando con ella— me he quedado con la impresión de que Sandra sigue buscando su casa. Por eso se fue a vivir a México.

Al final de cuentas, Sandra sabe que cambiarse de casa no va a resolver nada. Su verdadera casa no está en ningún lugar particular sino en lo que escribe. «Encontré mi voz y mi hogar en la escritura. Y la escritura me la puedo llevar a cualquier país».

Sandra, sospecho, tiene todavía algunas mudanzas y libros en su vida. Lo único que quisiera pedirle es que nos invite a su próxima casa (donde quiera que esté).

30 AÑOS DE TV
[3 de noviembre, 2016]

Treinta años —lo siento, Gardel— son muchos, particularmente cuando se pasan cubriendo noticias para la televisión. Acabo de cumplir tres décadas como conductor del *Noticiero Univision* en Estados Unidos y mi primer pensamiento es de agradecimiento. El único sentido que tiene trabajar como periodista en la televisión es que la gente crea lo que dices y que vea lo que haces. Sin esos dos requisitos, ninguna carrera aguanta.

Cuando me escogieron como *anchor* del noticiero el 3 de noviembre de 1986, tenía apenas 28 años de edad. Y me trepé, literalmente, a la ola latina. En esos años había solo 15 millones de latinos. Hoy somos más de 55 millones. Antes, casi nadie nos hacía caso. En estos días nadie puede ganar una elección sin nuestros votos. La televisión en español en Estados Unidos pasó de ser una curiosidad mediática a convertirse en líder de audiencia en ciudades como Los Ángeles, Miami, Chicago y Nueva York, entre muchas otras. Eso se llama surfear con la historia.

Me hubiera gustado quedarme a trabajar en el país donde nací. Pero no pude. El México de los años ochenta estaba lleno de censura y represión y calculé, correctamente, que tardaría mucho en llegar un cambio democrático. Eso me hizo un inmigrante. Llegué primero a Los Ángeles y luego me asenté en Miami, donde nacieron mis hijos Nicolás y Paola. Ellos me enseñaron lo verdaderamente importante y la alegría de *con-jugar*, siempre en presente.

Uno no escoge ser inmigrante; las circunstancias te obligan. Y dejarlo todo —casa, familia, amigos— te marca para siempre. Temo, por ejemplo, volver a perderlo todo de un momento a otro. Aprendí a convivir con la nostalgia, extrañando olores y sabores, y me he pasado media vida buscando mi casa. Al final, Estados Unidos me dio generosamente las oportunidades que México no pudo. Hoy vivo con los brazos estirados agarrando a mis dos países, saltando continuamente la frontera con dos pasaportes y votando en dos lugares.

Este maravilloso oficio del periodismo ha sido mi boleto al mundo. Ser reportero me salvó de los nacionalismos. El planeta es nuestra sala de redacción. Una aerolínea dice que he volado más de dos millones de millas con ellos —y sospecho que millones más con otras— y tengo una regla al empacar: nunca checo equipaje, solo llevo lo que va conmigo. Así me he ido de guerras y de turista. A pesar de todo, tengo una confesión: todavía me da miedo volar.

Me siento más a gusto pisando tierra. Mis mejores lecciones periodísticas las aprendí haciendo calle. Así aprendí a contar las historias de los invisibles, de los que no tienen voz, y a hacerles preguntas incómodas a quienes tienen el poder. No puedo decir que ha sido fácil. Pero duermo en paz todas las noches.

En la cadena Univision encontré a mi familia adoptiva. ¿Quién tiene la suerte de trabajar felizmente durante más de tres décadas en el mismo lugar? Mis compañeros de Univision, Fusion y yo sabemos que esta no es una ocupación para gente normal. Me he perdido muchos cumpleaños, aniversarios y fiestas. Pero a cambio he tenido muestras extraordinarias e irremplazables de cariño y solidaridad.

En estos 30 años he compartido el escritorio del *Noticiero Univision* con Teresa Rodríguez, Andrea Kutyas y María Elena

Salinas. Es toda una vida. Lo sé. Pero solo quiero que sepan que les agradezco su infinita paciencia. Gracias, de verdad, por aguantarme.

La televisión es el medio más artificial que existe. Por eso los que más éxito tienen en la TV son aquellos que pueden actuar con naturalidad frente a las cámaras. Sin embargo, quienes trabajamos en este medio a veces nos equivocamos y creemos que la televisión es lo más importante. No lo es. La vida real —esa que duele y se disfruta— no ocurre frente a una cámara. Y cuando eso se me olvida, repito mi mantra: *It's only television*.

Escogí bien. Mi papá quería que fuera abogado, doctor, ingeniero o arquitecto, como él. Cuando le conté que quería estudiar comunicación en la universidad, me dijo: «¿Y qué vas a hacer con eso?». «No sé», le contesté. Pero no me quería pasar la vida haciendo algo que no me gustaba. Y así me lancé a esta aventura, admirando el trabajo de Elena Poniatowska y Oriana Fallaci.

Los actores pueden vivir muchas vidas a través de sus personajes. Los periodistas no. Solo tenemos una, pero llena de intensidad. Hoy estoy seguro de que no podría haber escogido una mejor manera de vivir estos últimos 30 años.

10 SEGUNDOS CON EL PAPA
[9 de diciembre, 2016]

Ciudad del Vaticano. Todo comenzó con una pregunta. Si solo tuviera 10 segundos con el Papa Francisco, ¿qué le diría?

Los editores de las revistas *Fortune* y *Time* me invitaron a participar en el Foro Global en Roma junto con un centenar de empresarios, filántropos, académicos, sindicalistas, religiosos y periodistas de todo el mundo. El objetivo era proponer soluciones concretas a problemas muy graves —pobreza, medio ambiente, salud, migración…— y luego presentárselas en persona al Papa. Eso lo hacía irresistible.

Una entrevista con el Papa es, sin duda, una de las ambiciones de cualquier periodista. Pero, la verdad, es casi imposible. Muy pocos lo logran. Además, mis fuertes críticas públicas a los abusos sexuales de sacerdotes contra niños y a la complicidad de la jerarquía clerical en esos crímenes, prácticamente me descalificaron hace años para sentarme en una entrevista con cualquier Papa. Y si a eso le sumamos mi condición de excatólico y agnóstico, las posibilidades se reducen a casi cero.

Por eso brinqué ante la oportunidad de conocer al Papa, aunque fuera solo por unos segundos.

Todo, por supuesto, comenzó en el infierno. Antes de ver al Papa visitamos la Capilla Sixtina y ahí pasamos por una puerta debajo del infierno que pintó el artista Miguel Ángel hace más de 450 años. Es terrorífico. El sufrimiento eterno que sugiere asusta hasta al más escéptico.

Tras una larga caminata por pasillos cargados de lujo, excesos e historia, llegamos a la maravillosa sala Clementina, donde tendríamos una reunión íntima con el sumo pontífice. Íntima, en la definición del Vaticano, implica por supuesto 400 personas.

Nunca he visto a gente tan poderosa esperar tanto tiempo por alguien. Pero cuando entró el Papa argentino al salón, vestido de blanco y sonriendo, hubo un *ahhhh* colectivo. El impacto fue tal que nadie se atrevió, ni siquiera, a aplaudir. Silencio absoluto.

El Papa de casi 80 años no se siente a gusto hablando inglés, el idioma del poder. Así que en italiano nos pidió lo siguiente: «Rezo para que involucren en sus esfuerzos a quienes quieren ayudar; denles una voz, escuchen sus historias, aprendan de sus experiencias y comprendan sus necesidades. Vean en ellos a un hermano o hermana, a un hijo o hija, a una madre o un padre. En medio de los retos de nuestros días, vean las caras humanas en aquellos que tanto quieren ayudar». Esto se entiende en cualquier lenguaje.

Luego llegó el momento que todos estábamos esperando. El encuentro —y la foto— con el Papa. Pero nada es fácil en el Vaticano. Todo requiere de un protocolo, de uniformes y de reglas centenarias.

El Papa Francisco se paró de su enorme silla blanca, dio una decena de pasos y acompañado de un ayudante personal, un encargado de protocolo y otro de seguridad, un monseñor, un fotógrafo, un camarógrafo y un guardia suizo a lo lejos, comenzó a tomarse fotos con todos y cada uno de sus invitados.

No sé cómo, pero en el tedioso ejercicio fotográfico que duró unos 20 minutos, el Papa nunca perdió la sonrisa ni dejó de saludar de mano y establecer contacto visual con cada persona. El efecto fue inmediato. Gente emocionada, llorando; otros paralizados; los más agresivos convertidos, de pronto, en tímidos y silenciosos. «Es lo más cerca que he estado de Dios», me dijo una conmovida invitada.

Hice la fila y llegó mi turno. El Papa todavía sonreía, sin aparente esfuerzo. Di un paso adelante y él tendió su mano. La sentí firme, pero acogedora. Suave. Casi pequeña. Busqué sus ojos, aunque estuve tarde. Él ya tenía los suyos sobre mí. Respiré a la mitad y solté lo memorizado: «Papa Francisco, no olvide a los inmigrantes que Trump quiere deportar».

Jorge Mario Bergoglio subió levemente la cabeza, abrió sus ojos un poco más y estoy seguro de que oyó bien lo que le dije. Pero no dijo absolutamente nada, ante la mirada vigilante de sus asistentes. Este, supongo, no era el momento de crear un nuevo conflicto trasatlántico. Lo que sale del Vaticano siempre está pensado y repensado. La espontaneidad en la diplomacia es pecado. Escuché cinco o seis clics del fotógrafo, con sus respectivos flashazos. Luego el Papa soltó mi mano y dirigió su mirada al siguiente de la fila. Eso fue todo.

Así fueron mis 10 segundos con el Papa.

Hay días que sabes que no se podrán repetir ni superar. Este fue uno de ellos.

COOL-TURA
[23 de diciembre, 2016]

Ser *cool* es, hoy en día, el principal halago o señal de admiración. Mejor que ser listo, guapo, bueno, estudioso, amado, respetado, armonioso o poderoso. Hay gente *cool* y gente que, por más que trate, nunca será *cool*. Es, más que nada, una actitud frente a la vida.

Llevo meses preguntándole a gente *cool* qué es ser *cool* y este artículo —altamente cuestionable y nada científico— es mi muy tentativo acercamiento a la nueva *cool*-tura.

¿Qué es ser *cool*? Por principio, el que es genuino, transparente, que es como lo ves, que no tiene duplicidades, que dice lo que piensa y actúa con congruencia. Autenticidad: esta es la principal característica del que es *cool*. Por eso hay tantos artistas y escritores que nos parecen *cool*. Decidieron vivir sin muchos filtros y se nota. Pero eso no basta.

Otra característica esencial de ser *cool* es cierto grado de rebeldía. Toda persona *cool* es transgresora. Alguien *cool* no se adapta totalmente a las reglas sociales. Al contrario, las cuestiona, las reta, las lleva al límite y, muchas veces, las viola e impone nuevos comportamientos.

El o la *cool* no vive solo para dentro. Su vida tiene sentido si impacta positivamente a otros —cuidando el medio ambiente, defendiendo a los que tienen menos y cuestionando el *statu quo*. Hay

236

muchas celebridades que se creen *cool*, pero que viven solo para ellos. Aclaremos: ser famoso no es ser *cool*.

Ser *cool* requiere de una buena dosis de habilidades sociales. Eso diferencia al *cool* del *nerd* o del *geek*. Estar al día en las nuevas tecnologías es casi obligatorio para estar conectado al resto del planeta. Pero hay un creciente movimiento muy *cool* que promueve un menor uso del celular, de Twitter, Facebook y cualquier aparato que nos separe de los que están junto a nosotros.

Así lo definió el chef y escritor Anthony Bourdain: «La esencia de ser *cool* es, después de todo, que no te importe lo que piensen de ti». El *cool* sabe reírse de sí mismo, vive con humor y suele diferenciar lo importante de los superficial. El *cool* es lo opuesto del arrogante y creído. Las divas y las personas con un *entourage* no son *cool*.

Nadie puede ser *cool* si no es tolerante. Aceptar y hasta abrazar nuestras diferencias está entre lo mejor de ser *cool*. Además, el *cool* sospecha de reinas y príncipes, herederos e hijos de papi y, en general, de cualquiera que se defina por lo que ha hecho otra persona. Por eso los mirreyes mexicanos no son *cool*. Reflejan, sin duda, lo peor del país.

Para mí estos personajes tienen algo de *cool*: los *Dreamers*, la jueza Sonia Sotomayor, el expresidente uruguayo José Mujica, el disidente chino Ai Weiwei, el artista francés J. R. y el músico Lin-Manuel Miranda, el Dalai Lama, el poeta Richard Blanco, las escritoras Elena Poniatowska e Isabel Allende, y Nelson Mandela en cualquiera de sus días. Pero Bob Dylan se pasó de *cool* cuando dijo que no podía asistir a la ceremonia de su premio Nobel de Literatura porque tenía «compromisos previos». ¿En serio?

Los *cool* —digámoslo también— tienen su ego. Claro; el *cool* muchas veces prefiere una *selfie* a que le tomen una foto. Otras veces, sin embargo, puede dejar el teléfono en paz por más de una hora. O dos.

¿Cómo se viste alguien *cool*? Hay algo de descuido en su aspecto personal (que se nota en barbas y pelos despeinados, en la ropa interior no tan interior y en combinaciones que pocos se atreverían a probar). Hay, también, algo zen o minimalista en toda persona *cool*. Aquí hay dos reglas infalibles: una, el *cool* no copia ni sigue la moda y, dos, el *cool* se inventa su propio estilo. Antes que agradar a otros, el *cool* prefiere ir a gusto, a su manera. Ser *cool* requiere una reinvención constante.

Cool viene de la palabra en inglés que denota frío. En realidad, se refiere al autocontrol, a ser dueño de tu propio destino. Ante un mundo caótico y lleno de amenazas, se trata de sobrevivir sin muchas heridas. Pero el peligro de ser demasiado *cool* es perder la capacidad de reaccionar emocionalmente a lo que nos rodea.

Tratar de ser *cool* es, invariablemente, señal de que no eres *cool*. Esforzarse demasiado por actuar o vestirse *cool* suele llevar a vergonzosos resultados. Al final de cuentas, los verdaderamente *cool* nunca pretendieron serlo. Y eso sí es *cool*.

JAPÓN, EL ANTÍDOTO
[30 de diciembre, 2016]

Tokio, Japón. Después de tantos gritos e insultos en la campaña por la presidencia de Estados Unidos, necesitaba un antídoto. Así que decidí pasarme 10 días en uno de los países más corteses y con mejores modales del mundo: Japón.

Tokio, su capital, es una urbe de 13 millones de habitantes (o 30 si sumamos las zonas aledañas) pero hay momentos en que, si cierras los ojos, te la puedes imaginar casi vacía. El silencio es una forma de respeto de los japoneses. Los vagones de su cronométrico metro, generalmente repletos, no van cargados de música ni de conversaciones en voz alta.

Pasé mis vacaciones sin oír un claxon en las calles de Tokio. La explicación de una guía japonesa fue totalmente zen: «Siempre pensamos en lo que el otro está sintiendo». No puedo imaginarme a los taxistas y conductores en Nueva York, en la Ciudad de México o en Buenos Aires con la misma actitud. Quizá es algo que comen aquí.

Empecemos por las porciones. Mínimas, en comparación a nuestras costumbres occidentales. La obesidad que nos obsesiona en México y Estados Unidos es prácticamente inexistente aquí. Rodeados de mar, su dieta está basada en pescado y, si me permiten la observación, en un ritmo mucho más natural y lento para comer.

Dicen los expertos que hay que darle tiempo al cerebro para que sepa que el estómago está lleno y aquí se lo dan.

Los saludos y despedidas son largos y elaborados, con caravanas a distintos ángulos y multitud de expresiones de disculpa y agradecimiento. Sus filas son impecables; a nadie se le ocurriría saltarse una. El honor es más importante que perder la paciencia. Las reglas se cumplen. Vi calles vacías con cientos de peatones esperando en las banquetas la señal de caminar.

En un cartel de la tradicional y fascinante ciudad de Kyoto, se resumían así sus estrictas prácticas de conducta en público: no comer mientras caminas, no fumar, no sentarse en el piso, no tomarse *selfies*, no tocar a las *geishas* (en serio) y no tirar basura.

En un centro comercial me costó trabajo encontrar un basurero. Esto tiene dos explicaciones. Una, de seguridad. Sin basureros es más difícil esconder bombas en lugares públicos. Y dos, la idea de que tu basura es tuya y es tu responsabilidad llevártela a casa o cargarla hasta encontrar el sitio apropiado para desecharla.

Los niños japoneses pasan 15 o 20 minutos al final del día limpiando sus salones de clases y escuelas. Esa misma costumbre se extiende al resto de la sociedad. Vi a un empleado limpiar con esmero una mancha de chicle en la calle y al chef de sushi lavarse varias veces las manos antes de cortar milimétricamente su sashimi.

La convivencia en Japón parece basarse en orden, tradición y limpieza. Muchos hogares japoneses tienen *toilets* automáticos, igual que los que vi en restaurantes, aviones, trenes y hoteles. Cada vez que entraba al baño me recibía el *toilet* con entusiasmo, levantando su tapa y ofreciéndome un menú de opciones en cada sentada. Imagínense un *carwash* pero para el trasero, desde lavado, secado, spray aromatizante, masaje y todo en la comodidad de un semicírculo a la temperatura deseada.

Es un verdadero trono moderno que, también, tiene su explicación. Ante la falta de espacio en los apartamentos japoneses, donde las separaciones de madera y papel no dan privacidad, había que reinventar y hacer más placentero ese efímero momento de privacidad en el baño.

En sus calles, Japón tiene uno de los niveles de criminalidad más bajos del mundo. Sentí palpitaciones cuando dos mujeres dejaban sus bolsas colgadas en la silla de un restaurante para ir al baño. Al regresar, las bolsas seguían ahí, intactas. Jamás se les ocurrió pensar que alguien se las robaría en un lugar público. A mí sí.

Claro, Japón también tiene sus problemas. La economía está casi estancada y hay una grave crisis de suicidios. Pero para los que visitamos por solo unos días, es un verdadero oasis ante los excesos y groserías de la vida moderna en otros países.

Japón está 14 horas adelante del horario de mi casa en Miami y me he pasado una buena de parte del viaje como en la película *Lost In Translation*: peleando con el *jetlag*, despertando en la madrugada y bostezando de día, pero, sobre todo, sorprendiéndome de las maravillas que provoca la cortesía japonesa. Algo mágico ocurre cuando las cosas funcionan y el respeto impera.

Es, sin duda, el antídoto que necesitaba. A ver cuánto me dura.

CONAN EN MÉXICO
[24 de febrero, 2017]

Ciudad de México. El comediante estadounidense, Conan O'Brien, se burla de las celebridades que tratan de salvar al mundo. «No me gustan», me dijo en una entrevista, «lo veo muy sospechoso». Pero irónicamente, en esta época de Trump, Conan se ha convertido (sin quererlo) en el mejor embajador de Estados Unidos en México.

Los mexicanos tienen una pésima imagen de Donald Trump. El 86 por ciento de los mexicanos tiene una opinión «desfavorable» del actual presidente estadounidense, de acuerdo con una encuesta realizada en enero por el diario *Reforma*. Y se nota.

Hay piñatas con la forma de Trump (listas para ser golpeadas), memes con pelo de elote en las redes sociales y las pláticas de los mexicanos están salpicadas con ingeniosos juegos de palabras que incluyen trompadas, trompetazos y trompudos.

El portavoz de la Casa Blanca, Sean Spicer, dijo que la relación entre Estados Unidos y México es «fenomenal». Pero eso es falso. Además del rechazo generalizado de los mexicanos a Trump en las encuestas, el gobierno del presidente Enrique Peña Nieto se opone al muro en la frontera (y a pagar por él), a la deportación masiva de mexicanos y a la terminación del Tratado de Libre Comercio.

No hay nada fenomenal en esto. Es el peor momento de la relación entre ambos países desde la invasión estadounidense a Veracruz en 1914. También reaviva los resentimientos creados por la guerra de 1846-48 en que México perdió la mitad de su territorio. ¿Y qué debe hacer un buen comediante ante un evento de esta magnitud? Tirarse un clavado en el tema. No evitarlo.

Por eso Conan se fue a México a grabar un programa especial para la cadena TBS. Antes ya había viajado a Cuba —cuando se abrieron las relaciones diplomáticas con Estados Unidos— y también estuvo en Corea del Sur, Qatar y Armenia. Me lo encontré frente al Ángel de la Independencia, comimos papitas con salsa Valentina y luego nos echamos unos tacos al pastor con un par de chelas. Conan insistió en ponerle la salsa más picosa (de chile habanero) a los tacos… y yo lo dejé.

Pero, más que de tacos, había que hablar de Trump. «Lo más triste que he encontrado aquí», me dijo con los ojos llorosos, la boca encendida por la salsa picante y un tupido copete pelirrojo, «es que los mexicanos creen que las palabras de Trump reflejan el sentimiento de los estadounidenses hacia México y eso no es cierto».

Trump dijo el 16 de junio del 2015, cuando lanzó su campaña presidencial, que los inmigrantes mexicanos eran criminales, narcotraficantes y violadores. Pero Trump no habla por todos los 324 millones de estadounidenses.

«Este concepto de que los estadounidenses tienen una opinión negativa de los mexicanos, no es cierto», me aclaró Conan. «Yo vivo en Los Ángeles y los mexicanos son parte de nuestra vida. Trabajan increíblemente duro, son chistosos, son magníficos y aportan muchísimo a nuestra cultura. Ellos son la cultura de California».

Dejé a Conan en la Ciudad de México y me fui a la hermosísima población de San Miguel de Allende para participar en un evento de la organización PEN (dedicada a la defensa de la libertad de expresión). Durante el invierno, San Miguel está repleto de expatriados estadounidenses y canadienses, y el *espanglish* se cuela por todos los rincones de la bien llamada Plaza de la Conspiración, en el centro del pueblo. Y el evento —sobre periodismo en la era de Trump— demostró una extraordinaria solidaridad e integración entre los asistentes mexicanos y estadounidenses. Trump separa, pero la gente une.

Mi conclusión, después de entrevistar a Conan y de pasar tres maravillosos días en San Miguel de Allende, es que Trump afortunadamente no refleja a todo Estados Unidos. Sus ofensas, sus amenazas y sus maniobras del *bully* pueden tener graves consecuencias en la relación bilateral, sobre todo separando familias. Nos esperan cuatro años muy difíciles. Pero por cada grosería presidencial hay varios gestos de resistencia.

Dudo que Trump se vaya a reír con el programa de TV de Conan desde México. Lo más preocupante de la personalidad de Trump es su incapacidad para reírse. Nunca le he escuchado una carcajada. Por eso, en esta época de sombras y peleas, siempre es bienvenido un chiste de Conan. Para los mexicanos, él es el anti-Trump.

«¡ESTA NO ES LA ENTREVISTA QUE AUTORIZAMOS!»
[2017]

«Nada es tan peligroso como dejar permanecer
largo tiempo en un mismo ciudadano el poder.
El pueblo se acostumbra a obedecerle y él se acostumbra a mandarlo;
de donde se origina la usurpación y la tiranía».
Simón Bolívar en el discurso al congreso de Angostura (1819)

«¡Esta no es la entrevista que autorizamos!», gritó el ministro de Comunicaciones, Jorge Rodríguez, levantando la mano frente a una de nuestras cámaras de televisión y ordenándole al equipo de seguridad del Palacio de Miraflores en Caracas que confiscara las tarjetas donde se había grabado la entrevista con el dictador. El grito del ministro —un hábil y tenebroso psiquiatra que había autorizado la entrevista y que permitió nuestra entrada al país— tenía, también, el propósito de que lo escuchara Nicolás Maduro, quien se apartaba ya del lugar de la entrevista en el patio interior del palacio de gobierno junto a la comitiva oficial que había ido a escucharlo.

«La entrevista se terminó», dijo Maduro. «¿Por qué no contesta mis preguntas?», le insistí. Y luego, antes de que se fuera, alcancé a decirle: «Esto que usted está haciendo no lo hacen los demócratas; esto es lo que hacen los dictadores».

245

No respondió nada. Mientras tanto, el ministro Rodríguez seguía gritando, fuera de sí: «¡Quítenselo todo! ¡De aquí no sale nada!».

Así lo recuerda la productora Claudia Rondón: «Ya cuando Maduro se levanta, cuando ya yo vi que él se quitó el micrófono, es que no había un punto de retroceso. En ese momento estábamos todos muy nerviosos. Yo estoy viendo a los guardias bloqueándonos y empiezan a apagar las cámaras. "¡Apaguen! ¡Apaguen! ¡Apaguen!". Es un bloqueo total... Y a nosotros automáticamente nos quitan los teléfonos».

Tareck El Aissami, el ministro de Petróleos de Venezuela (PDVSA) y uno de los miembros de la comitiva de Maduro, le quitó el celular a uno de nuestros camarógrafos. Así, parte del gabinete de Maduro se transformó en un instante en una banda de ladrones.

Una docena de técnicos y agentes del equipo de seguridad estaba tomando las tarjetas de video de las tres cámaras en que habíamos grabado la entrevista y exigiendo que les diéramos nuestros celulares. Yo me negué a entregarles el mío.

La vicepresidenta Delcy Rodríguez —quien también había venido a ver la entrevista— se acercó a mí y, levantando la mano, gritó: «¡Respeten! ¡Respeten!» y «¡Ustedes odian a la revolución!». Durante la entrevista ella había estado dando vueltas, nerviosa, detrás de las cámaras mientras yo cuestionaba a Maduro. Estaba tan inquieta durante la entrevista, incluso distrayendo a Maduro, que en un momento llegué a pensar que se iba a meter a detener la conversación.

De pronto, y antes de que Maduro saliera rodeado de su esposa Cilia Flores y de sus incondicionales del patio central, escuché otro grito de alguien de su comitiva: «¡Saquen del palacio a ese maricón!». No pude identificar quién lo dijo. Inmediatamente después dos agentes se me acercaron, me apartaron de los otros seis miembros del equipo de Univision y me llevaron hacia la puerta principal del jardín interior.

Salimos del palacio, pasamos la zona del estacionamiento y dejamos atrás la sala de prensa donde habíamos estado esperando horas para la entrevista. Caminé con los dos agentes bien pegados cada uno a mis hombros. Lo hicimos en absoluto silencio. Nadie dijo nada. Fueron un par de tensos minutos. Vi la reja de la entrada y creí que me sacarían a la calle.

Pero a pocos metros de la puerta del complejo presidencial, antes de salir, llegó corriendo otro agente y evitó que saliera. El ministro Rodríguez, según recuerda Claudia, había dicho: «¡Mándelo a parar! Él no puede salir de aquí». Me metieron en la caseta de seguridad donde habíamos pasado el detector de metales antes de la entrevista.

La vicepresidenta y directora de asignaciones de Univision, María Martínez, sin que yo me diera cuenta, había salido detrás de mí y, al mismo tiempo, otros dos agentes la estaban siguiendo a ella. Me sorprendí cuando la vi entrar al cuartito. Su instinto, como siempre, era el correcto. No me quería dejar solo. «¿Estás bien J. R.?», me preguntó. «Sí», le contesté, no muy convencido. Todavía estaba en *shock* por lo que acababa de ocurrir. No podía creer que nos habían robado la entrevista. En mi carrera había tenido varias entrevistas conflictivas, pero nunca me la decomisaron ni me quitaron el equipo de televisión con que se filmó.

María es una guerrera que no parece tenerle miedo a nada. Llevamos décadas trabajando juntos. Fue la directora de *Al Punto*, el programa dominical de entrevistas, que se transmite desde el 2008. Siempre dice lo que piensa. Se ha ganado el afecto y la solidaridad de la sala de redacción por defender a los miembros más jóvenes del equipo y por impulsar las carreras de mujeres. Por eso, en parte, fue designada vicepresidenta ejecutiva del departamento de noticias de Univision. María, una cubanoamericana que suele cuestionar y poner en aprietos a los que expresan sin argumentos posiciones muy liberales, me ha acompañado en algunas de las coberturas más importantes de mi carrera. Por eso, cuando se enteró de que Maduro nos había dado la entrevista, me dijo: «Yo voy contigo». Nadie se atrevió a decirle que no.

Y fue la decisión correcta. Ahí estaba María, junto a mí, en un cuartito del Palacio de Miraflores, preguntándoles a los agentes en voz alta por qué no nos dejaban ir. Nadie tenía una respuesta y nadie, me quedaba claro, se quería pelear con ella. Pero no nos dejaban salir. «¿Estamos detenidos?», le pregunté a uno de los agentes. «No, no están detenidos», me dijo con una sonrisa burlona.

Sabíamos que nos querían quitar los celulares —supongo que para asegurarse de que la entrevista o parte de ella no hubiera sido grabada en ellos—, pero María también se había resistido a darles el suyo. Así que ahí estábamos, detenidos y a punto de que nos despojaran de los teléfonos.

De pronto, tomamos una decisión que nos salvaría. Yo no quería sacar mi móvil de la bolsa delantera de mi pantalón por temor a que me lo arrancara uno de los agentes que nos custodiaban. «Llámale a Daniel», le dije a María. Con los ojos nos entendimos. María empezó a marcarle a Miami a Daniel Coronell, el presidente de noticias de Univision. «¡No pueden hablar por teléfono!». gritó uno de los agentes. Pero María no le hizo caso. «Yo le llamo a quien yo quiera, tú no me vas a decir qué hacer», le respondió. Y continuó con la llamada.

«Oye, estamos aquí en Miraflores, nos han quitado nuestros equipos y estamos retenidos», le dijo María a Daniel por teléfono.

Los agentes —todos vestidos de civiles— nos miraban incrédulos, escuchando cada una de nuestras palabras. Pero por una extraña razón no le arrebataron el celular a María. Ella es una leona. Supongo que les dio miedo enfrentarse a ella. Uno de los agentes se volvió a acercar a María y, en un tono amenazante, le dijo que tenía que colgar.

Colgó. Pero esa llamada lo cambió todo.

«Me entró una llamada de María», recuerda Daniel, y me dijo: "Estamos detenidos. Por favor avisa que estamos detenidos". Y le dije: "¿Y Jorge?". Me lo pasaron y le dije: "Jorge, ¿qué es lo que está pasando?" Y él me dice: "Sí, evidentemente nos detuvieron". Acto seguido me dijo: "Me están arrebatando el teléfono". Y después de eso ya no me pude volver a comunicar con ellos».

Daniel llamó al embajador de Estados Unidos en Colombia, a quien se le informó que había varios ciudadanos estadounidenses detenidos en Venezuela y prometió ayudar. «No se preocupe, ya lo activo», le dijo a Daniel. El embajador, por coincidencia, estaba reunido en ese momento con el vicepresidente de Estados Unidos, Mike Pence, quien participaba en Bogotá en la reunión de ministros de relaciones exteriores del Grupo de Lima. La información se difundió rápidamente dentro del gobierno de Estados Unidos y pronto empezarían a tuitear al respecto.

Además, Daniel se comunicó con un representante del gobierno mexicano. Eso era importante ya que México era uno de los pocos países latinoamericanos que mantenía relaciones diplomáticas con el gobierno de Maduro.

Esa llamada a Miami, eventualmente, les haría saber a varios medios de comunicación y diplomáticos extranjeros la situación en que nos tenían. Los otros cinco miembros del equipo de Univision —la productora Claudia Rondón (quien había conseguido la entrevista y tomado detalladas notas durante el encuentro), los valientes Francisco Urreiztieta y Edgar Trujillo, corresponsal y camarógrafo de nuestra oficina en Caracas, y los camarógrafos veteranos de muchas batallas, Martín Guzmán de México y Juan Carlos Guzmán de Colombia— fueron llevados, sin su equipo de grabación, a la sala de prensa del Palacio de Miraflores.

A ellos ya les habían quitado las tarjetas de grabación, todos sus celulares y no los dejaban irse. «No hubo opción de que uno pudiera quitar la tarjeta y guardarla o esconderla», recuerda Juan Carlos, en un reportaje del programa *Aquí y Ahora*. «Martín trató de hacerlo y lo vieron; el miedo que me dio fue que de pronto nos fuera a agredir por un hecho como ese».

«Estaban muy agresivos», coincide Martín en el mismo reportaje. «Las expresiones eran: "¡Quítales todo!" uno gritaba y el otro: "¡Te voy a quitar las tarjetas!"».

«Estaban realmente furiosos», se acuerda Claudia en un programa especial de Univision, «no nos dejaban ir a ningún lado. Tomaron nuestros teléfonos. Tomaron todo. Fue un momento muy tenso para nosotros». Claudia y María, las dos nacidas en Cuba, aseguran que había varios cubanos en el equipo de seguridad de Maduro. Hay acentos que no se pueden ocultar.

Mientras tanto, Daniel Coronell estaba desatando una verdadera tormenta digital de tuits. Daniel habló con el equipo digital de Univision en Miami y rápidamente subieron la información en el portal de la cadena: «Un equipo de periodistas de Univision Noticias, encabezado por @jorgeramosnews, se encuentra retenido en el Palacio de Miraflores desde la tarde de este lunes por órdenes de Nicolás Maduro».

Y poco después salió otro tuit más: «#ULTIMAHORA: A Nicolás Maduro le disgustaron las preguntas de una entrevista y ordenó detener la grabación, decomisar los equipos y retener a los seis periodistas de @Univision en el Palacio Miraflores en Caracas #Venezuela».

El mismo Daniel en su cuenta personal en Twitter @DCoronell explicó lo que estaba ocurriendo con mucho más detalle. «Agentes del @SEBINoficial siguen vigilando a los miembros del equipo periodístico de @Univision. Hacemos responsable a @NicolasMaduro de la seguridad de nuestros periodistas, que fueron arbitrariamente detenidos en Caracas», escribió. Él sabía que era fundamental que nos liberaran lo antes posible. Si pasábamos la noche detenidos, cualquier cosa podría pasar. Los agentes del servicio de inteligencia del gobierno (SEBIN) eran particularmente brutales con sus detenidos. Yo había hecho bien mi tarea y sabía lo que nos esperaba si no nos liberaban rápidamente.

Estaba empezando a anochecer cuando uno de sus agentes, aparentemente de mayor rango por la deferencia hacia él de sus compañeros, se nos acercó a María y a mí. Nos pidió que nos sentáramos. Trató, por las buenas, de que le entregáramos los celulares y, una vez más, le dijimos que no. «¿Estamos detenidos?», le pregunté y nos dijo que no. «¿Entonces nos podemos ir?», insistí y solo volteó la cara y no dijo nada.

«Ustedes nos robaron la entrevista», le dije y él, para mi sorpresa, se ofendió. Me dijo que ellos no eran unos ladrones y que solo estaban haciendo su trabajo. Intentó por varios minutos establecer una relación más cordial con nosotros y volvió a pedir los celulares y las claves. De nuevo, le dijimos que no. Se levantó y se fue.

A los pocos minutos entraron varios agentes más. Apenas cabíamos en la pequeña sala de seguridad a la entrada del palacio. Uno de ellos apagó la luz del cuartito, ya había anochecido, y en la oscuridad dos agentes se me acercaron, me inmovilizaron, me quitaron el celular que tenía en la bolsa derecha del pantalón, y mi *backpack*.

A María le ocurrió lo mismo. Así lo recuerda: «Yo diría que había entre 15 o 16 hombres allá dentro y yo era la única mujer... Llaman a una mujer para que esa mujer me pueda chequear. Yo no tenía nada en ninguna parte mía personal. La señora me toca los senos, me mete las manos adentro de los pantalones. Yo estaba en una furia total. Te digo que miedo no fue lo que sentí; sentí furia».

Ahí, en la oscuridad, uno de los agentes, con tono amenazante, nos volvió a pedir las claves de los celulares. María les dijo que el de ella ya estaba abierto. Yo le pedí que me acercara el mío y, mientras él lo detenía, puso su celular detrás del mío. Le dije que lo quitara para que no pudiera grabar mi código secreto, lo hizo y luego pulsé mi clave sin que él la viera. Yo sabía que después de unos segundos sin actividad mi celular se iba a volver a bloquear. En mi celular yo no había grabado nada de la entrevista. Pero ellos no lo sabían. Lo que más me preocupaba es que tuvieran acceso a todos mis contactos y a las claves secretas de documentos personales.

Efectivamente, tal y como lo suponía, mi celular se volvió a bloquear luego de un tiempo sin actividad. El agente me volvió a pedir la clave y ya no se la quise dar. No trató más. Igual, se llevó los celulares de ahí.

Por fin, después de una hora de detención, nos dejaron salir del cuartito de seguridad. Frente a nosotros pasó, aún dentro de palacio, un autobús pequeño y nos ordenaron que nos subiéramos a él. Dentro iban nuestros cuatro compañeros de Univision. María y yo nos negamos a subirnos. Lo peor que nos podría pasar era que nos llevaran a un centro de detención o a una cárcel clandestina y que ya luego nadie supiera nada de nosotros por días. No eran elucubraciones abstractas. En mi investigación antes de la entrevista, y basado en reportes de organizaciones de derechos humanos, detenidos hablaban de esa forma de operar de los agentes del SEBIN.

Temíamos, por supuesto, que nos subieran por la fuerza al camión. Pero insistimos en que nos dejaran regresar al hotel en nuestra propia camioneta. Nos dijeron que no. Querían que nos subiéramos al autobús. Ya.

Uno de los agentes regresó y nos dijo que habían revisado nuestras tarjetas de video y que había unas imágenes preocupantes. Aparentemente uno de nuestros camarógrafos había filmado el estacionamiento del Palacio de Miraflores mientras esperábamos entrar a la entrevista y parte de una conversación que habíamos tenido con el ministro Jorge Rodríguez en la sala de prensa. Los buenos camarógrafos —y me ha tocado trabajar con los mejores— graban todo, todo el tiempo. Y esta vez no era la excepción. Pero seguramente querían usar esa excusa para acusarnos de espionaje o de cualquier otra cosa. Estábamos en sus manos.

Y ahí, mientras discutíamos, me encontré con uno de los agentes que parecía estar a cargo de nuestra detención, y le dije: «Revisa Twitter. Todo el mundo se va a enterar de lo que nos están haciendo». Se fue sin decir una palabra. Y unos 20 metros más adelante vio su celular y se paró. Luego siguió caminando y lo perdí.

La noticia ya se había esparcido a los más altos niveles del gobierno de Estados Unidos. Michael Kozak, el subsecretario interino para asuntos del hemisferio occidental, puso un tuit diciendo que «el Departamento de Estado ha recibido información que @jorgeramosnews y su equipo están retenidos contra su voluntad en el Palacio de Miraflores por Nicolás Maduro. Insistimos en su inmediata liberación; el mundo está viendo».

No sé con quien habló el agente venezolano encargado de custodiarnos pero, cuando regresó, dio la orden de que dejaran bajar del camión a mis compañeros y que nos permitieran a todos regresar en nuestra camioneta al hotel. No teníamos la entrevista, ni las cámaras y celulares. Pero estábamos libres. O por lo menos eso creíamos.

«Estaba furiosa», recuerda María. «Yo quería irme con los equipos. Robaron el trabajo de Jorge. Robaron el trabajo de los camarógrafos. Yo no me quería ir sin eso».

Habían pasado alrededor de dos horas desde el momento en que nos detuvieron. La tormenta de tuits que lanzó Daniel Coronell desde Miami había funcionado. Siempre se lo voy a agradecer. Él sabía lo importantes que eran las primeras horas y que no nos llevaran detenidos a una cárcel. De ahí nunca saldríamos bien.

LA MEJOR PLÁTICA DE TU VIDA
[29 de mayo, 2017]

Vancouver, Canadá. Cuando me invitaron a dar una plática en la conferencia anual de TED y rápidamente acepté, no sabía en realidad en lo que me estaba metiendo. Sabía que era una gran oportunidad de difundir un mensaje a nivel mundial. Pero no sabía de la enorme preparación, trabajo y tensión que implicaba. Y que sería una de las mejores experiencias profesionales de mi vida.

TED —cuyas siglas significan tecnología, entretenimiento y diseño— es una organización sin fines de lucro, fundada en 1984, y que se ha dado a conocer en el planeta por las extraordinarias, interesantes e inusuales pláticas que difunde. Pero su bien ganada reputación tiene una explicación: las pláticas siempre son cortas, con un solo tema muy relevante y se preparan, incansablemente, hasta el último detalle.

Por principio, nadie en TED le llama discurso. Es una plática. La diferencia es importante. En el discurso nos dirigimos a una audiencia lejana. Pero en la plática hablamos con alguien, como si lo pudieras tocar. La conexión y el tono es el secreto.

La misma persona que me invitó a las charlas se convirtió en mi guía y asesor. Gerry Garbulsky, un científico argentino a quien cariñosamente llamaba mi chamán, me llevó con inagotable paciencia y contagioso optimismo en un complicado, tortuoso y fascinante proceso. Por primera vez en la historia, TED incluyó el español en su conferencia anual y tuve el honor de compartir el escenario con el músico Jorge Drexler, la activista por la paz Ingrid Betancourt, la física Gabriela González, la primatóloga Isabel Behncke y el artista Tomás Saraceno.

En mi caso, el proceso de tres meses incluyó escoger un tema —uno solo—, escribir nueve borradores, memorizar el contenido y, por fin, dar la plática sobre un círculo rojo, frente a cientos de personas en un auditorio (y una audiencia potencial y digital de millones).

No fue fácil. Por mi trabajo como periodista me toca dar un par de discursos al mes. La incomodidad de hablar en público o frente a cámaras de televisión es una parte intrínseca de mi profesión. Pero los nervios y las expectativas en un evento TED se multiplican exponencialmente.

Con mucha generosidad, a través de los varios ensayos por video y en persona, me dieron invaluables consejos sobre cómo dar una plática exitosa y ahora los comparto con ustedes:

—Todo se puede decir en 12 minutos o menos. Después de ese tiempo, la gente se distrae o se empieza a aburrir. Esto significa que no debes usar más de 1 800 palabras en tu plática. (Ojalá todos los políticos aprendieran esta regla).

—Sé tú mismo. Usa palabras y ropa con las que te sientas a gusto. Si tú estás relajado, la audiencia lo estará también. Respira desde el fondo del estómago. (Esto es mucho más difícil de lo que parece). No grites, habla; el micrófono está para eso.

—Evita ser monótono. Varía tu volumen, velocidad e intensidad. Sé imprevisible. Disfruta el momento y reconoce el privilegio de enviar tu mensaje a muchos.

—Busca conexión con la gente. Velos a los ojos. Háblales a ellos. Muévete en el escenario, pero con una razón. A la gente le gusta ver las manos: muéstralas. Pero no seas repetitivo en tus movimientos ni juegues a ser un conductor de orquesta. Si algo ocurre durante la plática —estornudas, se cae un vaso, alguien grita, te interrumpen o se te olvida lo que vas a decir— reconócelo. Es peor pretender que no ocurrió.

—Practica. Practica. Practica. Hazlo frente a un espejo. Hazlo frente a gente de confianza.

Yo repetí mi plática decenas de veces. Dos semanas antes de tu cita, debes tener una clara idea de qué vas a decir. Una semana antes, ya debes poder decirlo sin ayuda de un papel. Pero si prefieres tener unas notas contigo, se vale. Toma agua y limpia y calienta tu garganta antes de empezar. No es necesario memorizar cada palabra. Pero sí hay que memorizar el primero y el último minuto. Y no se te olvide decir «gracias» al final.

Lo que diferencia una buena plática de una clase académica o de un discurso político es que solo la puedas dar tú y nadie más. Todos tenemos al menos una experiencia de vida que es única, irrepetible e intransferible. Esa es la que hay que escoger para cuando te toque dar la mejor plática de tu vida.

SE VA NICOLÁS
[4 de agosto, 2017]

Se va Nicolás y no sé qué voy a hacer. Después de pasar más de 19 años con este niño/adolescente/hombre, ha llegado el momento de que se vaya a la universidad y lo único que sé es que lo voy a extrañar. Mucho.

Él está listo para irse y siempre supo que sería lejos de Miami. Yo me quedé en casa de mis papás en México hasta los 24 años. Eran otros tiempos y en Estados Unidos eso casi no ocurre.

Además de estudiar, será uno de los pateadores del equipo de futbol americano de la universidad. Él se lo ganó a pulso. Buscó un camino muy distinto al de los otros miembros de la familia y, con una impresionante determinación y fuerza de voluntad, lo encontró.

Aún recuerdo cuando lo llevaba todos los sábados por la mañana a mi partido de futbol *soccer*. Esperaba con ansias el medio tiempo para meterse a la cancha y patear con mis amigos. Le pegaba durísimo a la pelota. Pero una vez en *high school* mezcló su herencia latina con su mundo americano y cambió el esférico por una pelota ovalada y puntiaguda.

Nicolás y yo saltamos de idioma sin mucho esfuerzo. Le hablo en español y me contesta en inglés. Pero puede sostener perfectamente una conversación en español con sus abuelos gracias a las lecciones de la doctora María del Carmen Naranjo, quien lo introdujo a las maravillas de la literatura latinoamericana.

Yo crecí leyendo en papel, igual novelas que periódicos, y Nico leyendo en su celular. Tiene una muy bien desarrollada curiosidad por la historia y un educado olfato para las buenas comidas. Les tiene respeto a los jugadores de futbol americano y a los chefs. Es decir, a los que muestran lo que hacen, no a los que hablan.

Mi papá casi nunca jugó conmigo. Eran otras épocas. Pero aprendí. Así que he jugado con Nicolás hasta más no poder. La mitad de ser papá es estar presente. La otra mitad es vivir experiencias con tus hijos que les sirvan para el futuro. Por eso he viajado tanto con él y con su hermana Paola.

Nicolás es un gran compañero de viaje y desde niño me lo llevaba a mis coberturas periodísticas, desde Brasil y Bangkok hasta Roma y Johannesburgo. No le molesta despertar en un país, comer en otro e ir a dormir a un tercero. Mi intención era enseñarle a viajar con los ojos bien abiertos, a lugares extraños y «ligero de equipaje», como dice la canción de Serrat. No checamos maletas. La regla es sencilla. Si no cabe en la maleta no va.

Nicolás tiene esa personalidad tan Ramos —muy independiente, a veces callado, siempre observando— y una buena dosis de rebeldía, que le va a servir bien en la vida. Y por supuesto que hemos tenido nuestras diferencias, como todo padre e hijo. Es una forma de crecer. Una vez se lo comenté a mi mamá y lo puso en perspectiva con un poquito de humor: «¿Y a ti ya se te olvidó cómo eras tú cuando tenías la misma edad?». Me reí y la abracé, como pidiendo perdón.

Una vez a la semana, más o menos, Nicolás me llama o me textea al celular para invitarme a cenar. Solos, él y yo. Creo que nunca le he dicho que no. Es un ritual. Solemos ir a un restaurante mexicano, pedimos queso fundido con chorizo y tortillas de harina para compartir, y luego se echa unos riquísimos tacos con guacamole. Aguanta la salsa picante mucho más que yo. A mí me gusta pedir cualquier cosa que me recuerde mi infancia y limonada con cilantro.

En mi oficina tengo una foto de Nicolás con una de mis camisetas. Le queda enorme. Él se nota feliz y a mí me lleva a un buen momento en mi vida. Pero el mejor regalo que me han hecho es una pequeña foto de Nicolás con una grabación de su risa. Cada vez que aprietas un botoncito escucho a ese niño, de apenas unos meses, riéndose alegremente. Lo aprieto varias veces al mes. Me mueve algo por dentro. Pero vivo con un miedo constante de que el viejo regalo deje de funcionar y me quede sin la risa de Nico.

Siento el mismo temor ahora que se acerca el día de su partida. Yo sé que él va a estar bien. Pero estoy seguro de que me voy a sentir fuera de lugar (porque siempre pensé que mi lugar era estar junto a él o muy cerca para poderlo ver). No sé qué va a pensar cuando lea esto. Quizás le parezca cursi o inapropiado. Pero de lo único que se trata es que sepa que lo quiero mucho, que estoy muy orgulloso de él… y que ya lo estoy extrañando.

DESOBEDEZCAN

[1 de octubre, 2017]

(Discurso de aceptación del Premio Gabriel García Márquez)

Hoy vengo aquí a pedirles —no, más bien a rogarles— que no sigan las instrucciones de sus gobiernos, que se rehúsen a creer muchas de las cosas que aprendieron en las escuelas de periodismo, que no siempre les hagan caso a sus padres y maestros, y que no sigan al pie de la letra los preceptos de lo que se supone debe ser un reportero respetable.

Hoy vengo a pedirles que desobedezcan.

A todos.

Desobedecer, al final de cuentas, es una transgresión. El buen periodismo siempre rompe algo; nunca deja las cosas como están. Por eso me gusta pensar en el periodismo como contrapoder. Hay que estar siempre del otro lado de los que tienen el poder y, particularmente, cuando esos poderosos abusan de su autoridad.

Por eso hay que desobedecer al *bully* antinmigrante que hay en la Casa Blanca.

Por eso hay que desobedecer a los dictadores de Cuba y Venezuela.

Por eso hay que desobedecer al presidente de México, donde nos han matado tantos periodistas, y donde la mayoría de los crímenes queda en total impunidad.

Por eso hay que desobedecer a cualquiera que pida lealtad y paciencia.

Entiendo el periodismo como un servicio público. ¿Y para qué servimos? Servimos para hacer preguntas.

Aquí en Colombia tienen una hermosa palabra que dicen cuando uno asume toda la responsabilidad sobre algo y no hay más remedio: toca.

Bueno, nos toca precisamente a los periodistas hacer las preguntas incómodas, exigir rendición de cuentas y poner contra la pared a los presidentes y gobernadores, a los sacerdotes, empresarios y a cualquiera que acumule un poquito de autoridad. Toca.

Cuando voy a hacer una entrevista con alguien importante o influyente —sobre todo si ocurre en un momento históricamente relevante— siempre pienso dos cosas. La primera es que si yo no hago las preguntas difíciles —esas que te hacen sudar las manos antes de soltarlas— nadie más lo va a hacer.

Y lo otro que pienso es que nunca volveré a ver al entrevistado. Es mejor así. Al final del encuentro no estoy esperando palabras amables ni más acceso en el futuro. A veces pasa que ese entrevistado al que fusilé, regresa para otra entrevista. Claro, hay casos de masoquismo. Pero suele ocurrir que los que regresan, de verdad, no tienen nada que esconder.

Estoy convencido de que la principal función social del periodismo es cuestionar a los que tienen el poder. En casos de racismo, discriminación, corrupción, mentiras públicas, dictaduras y violaciones a los derechos humanos tenemos la obligación de romper el silencio y cuestionar. Para eso sirve el periodismo.

El periodismo y la paternidad son muy parecidos. En ambos casos la mitad del trabajo es estar presente. Los buenos papás y los buenos periodistas son los que están donde tienen que estar; los padres con sus hijos y el reportero donde está la noticia.

Es de una enorme importancia el ser testigo. Cuando algún periodista que comienza se va por primera vez a una asignación especial y me pide consejo, casi siempre le digo esto: quiero que tú seas mis ojos. Llévame a donde estás.

En nuestra querida, apasionada y convulsionada América Latina —donde la democracia y la justicia se pelean con puños y con teclas— nos urgen periodistas que estén donde tienen que estar y que, ya ahí, desobedezcan.

El periodismo, más que una profesión, es una misión.

Nunca deja de sorprenderme la valentía de mis colegas; esos que reportan sobre los narcos en un pueblito, o los que se echan a cuestas la tarea de encontrar a desaparecidos —desde Ayotzinapa hasta Argentina—, o los que denuncian a mandatarios y políticos por sus casas blancas y sus cuentas negras.

Me pregunto muy seguido qué hubiera ocurrido si en lugar de irme a vivir a Miami —la trinchera desde donde preparo mis batallas— me hubiera quedado en México. Me fui de México, donde nací, para no ser censurado. Hoy, casi a los 60, creo que calculé bien. He podido decir lo que se me pega la gana. Pero otros se quedaron.

Nos han matado —y lo digo así porque en esto somos una familia— a más de 109 periodistas en México desde el año 2000, según la organización Artículo 19. Y ya van 36 muertos en el sexenio de Enrique Peña Nieto.

Esta noche, este premio va por los que se quedaron, por los que no huyeron, por los 780 hermanos periodistas que de acuerdo con Reporteros Sin Fronteras han sido asesinados del 2006 al 2016 debido a su profesión en todo el mundo. Este premio va por los que desobedecieron y los mataron por eso.

Lo que no saben sus asesinos —y los gobernantes que los protegen— es que por cada reportero que matan, habrá dos, o tres, o mil que retomarán sus causas, sus reportajes y sus palabras. Esta es nuestra promesa a los que se fueron.

No estamos en el negocio de quedarnos callados.

El silencio es cómplice.

Por eso, por favor, desobedezcan.

SAFARI
[29 de diciembre, 2017]

Parque Nacional del Serengueti, Tanzania. Les advierto que esta columna va a terminar muy mal: con el asesinato de más de 100 elefantes.

Como casi todas las cosas importantes en la vida, lo primero es llegar. Así que volamos la mitad del planeta para aterrizar en un aeropuerto cerca del monte Kilimanjaro, descansamos unas horas a las afueras de la población de Arusha y luego nos treparon en una camioneta que, sin saberlo, se convertiría en nuestra segunda casa por cinco días.

Hablo en plural porque sometí a toda la familia a acompañarme a un safari en África. Pero olvídense de la imagen romántica de un explorador con botas y ropa de camuflaje. Los safaris de hoy en día son largas horas metidos en un vehículo del que nunca sales (porque si lo haces terminas de cena de gatos mal portados). Hay que ir preparados para tortuosos caminos de polvo y piedras. Safari es un eufemismo que significa ver los animales más sorprendentes del mundo desde tu asiento.

Al final, todo vale la pena.

La primera parada fue el cráter de Ngorongoro. Una erupción hace más de dos millones de años creó un hermosísimo valle dentro del volcán donde rondan, despreocupados, elefantes, cebras,

263

ñúes, jirafas e hipopótamos. Me recordó, abusando del cliché cinematográfico, la escena en que los niños entran por primera vez a Jurassic Park. Ese es el tipo de asombro que causa Ngorongoro.

Pero, para mi gusto, nada como el valle del Serengueti. Es tan extenso como Irlanda del Norte y millones de animales migran sin visa a través de la invisible frontera entre Kenia y Tanzania. Para nosotros, animales urbanos, esas planicies sin fin son un misterio. Detrás de cada colina hay más planicies, hasta romper tu imaginación y quedar borracho de espacio.

Desde el aire esta parte de África es un *screenshot*; iba a decir una postal, pero esas son reliquias del siglo pasado. Una de las cosas que hacen los turistas (buscando la aventura que no encuentran sentados en una camioneta) es subirse a un globo aerostático. Con falsa docilidad aflojé la tarjeta de crédito por el dudoso placer de subirme a una canasta de madera, que vuela a más de 300 metros de altura y que va colgada de unos hilitos a un globo que se infla con llamaradas de gas.

Pero ya sea desde el aire o en la tierra, el premio son los animales.

Nunca he visto tantas rayas de cebra. Cada una —aprendí— con un diseño único e irrepetible. Las jirafas, en pasarela, cruzaron frente a mí como si no existiera. Son el símbolo nacional. Y nuestro guía, con un olfato digno del rey de la selva, encontró leopardos dormidos en ramas de árboles y hasta un chita escondido en unos arbustos.

Frente a mi cuarto de hotel presencié un triángulo amoroso donde dos elefantes machos peleaban, a colmillo partido, por la atención de una hembra. Y en uno de los trayectos de madrugada, el chofer tuvo que frenar de golpe al descubrir a un pequeño elefante que seguía, sin prisa, a su madre. Esas pausadas, pesadas y pensadas pisadas me marcaron.

Por eso mi horror cuando, al fin del safari, abrí el periódico *The Guardian* en la sala de espera del aeropuerto y encontré un artículo en que un funcionario gubernamental (del Tanzania Wildlife Management Authority) explicaba por qué permitieron la cacería legal de más de 100 elefantes en el 2017. «Así como ocurre con el turismo fotográfico», dijo, «también se generan ingresos a través de la cacería».

El gobierno de Tanzania recibe miles de dólares por permisos para cazar cada año, aclara el artículo. Las zonas de caza están restringidas, no se permite disparar a elefantes hembras ni a sus crías, y solo pueden matar elefantes machos cuyos colmillos sobrepasen un metro con 70 centímetros o pesen más de 17 kilos.

Pero no hay nada más brutal —y fácil— que asesinar a un elefante. Están acostumbrados a las camionetas de los turistas y se acercan sin preocupación, en manada, a tomar agua. Son un blanco enorme y casi estático.

No sé si me indigna más que se den permisos para matar elefantes por un poco de dinero o que haya cazadores que creen que multiplican su testosterona asesinando a animales indefensos. Qué estúpidos somos, en ocasiones, los seres humanos. Esta parte del mundo a veces parece el paraíso. Pero en el paraíso también se mata.

LOLA SE ESTÁ MURIENDO
[2017]

Lola se está muriendo y no sé qué hacer. Respira con dificultad, como si tuviera un viejo catarro que no se le cura. Estornuda. Dos, tres veces. «Salud, Lola», le digo. «Salud». No me voltea a ver. Bajo su nariz hay una pequeña costra. Puede ser sangre. No me atrevo a quitársela. Lola puede estar enferma, pero sigue siendo brava.

No la reconozco. Prácticamente ha dejado de comer. Su saludable apetito (que la llevó casi a la obesidad) se ha transformado en un par de mordidas desinteresadas. No importa con qué la seduzca —pollo al horno, langosta, camarones, las latitas de comida molida que tanto le gustaban—, nada la hace comer.

A veces se levanta de su camita, camina de memoria hasta el lugar donde está su vasija con agua —esa que en el fondo tiene la imagen de un perro y de la que tanto se burlaron mis hijos Paola y Nicolás—, le da dos lengüetazos al líquido y se regresa para echarse de nuevo en la cama. Pero no llega de un tirón.

Camina literalmente arrastrando el esqueleto. Sus patas traseras están fuera de sincronización con las de adelante y da la impresión de que en cualquier momento se puede ir de lado. De hecho, se va de lado y ahí se queda, sin pelear el cansancio, recuperando la respiración y esperando que le llegue ese mínimo de energía que necesita para continuar su penoso recorrido del agua a la cama.

Sé que se va a morir. Y creo que ella lo sabe también. Más bien, tengo esa extrañísima certidumbre de que estoy presenciando un lento suicidio. Lola ha decidido que no quiere vivir más. Algo en ella no está bien. No sé qué es. Pero se nota. Como si fuera la doctora más intuitiva, Lola se ha autodiagnosticado y su conclusión es inapelable: tiene los días contados.

Soy yo el que se resiste a que se muera. He vivido con ella casi 20 años, más que con cualquier persona, y si se me muere sé que me va a dejar un hueco, doloroso, imposible de ocultar ni de reemplazar. Soy yo el que está haciendo todo lo posible para que Lola siga viva. Ella, sin embargo, ya no quiere vivir.

Le hablo a María, su veterinaria, y no encuentro apoyo a mi urgente deseo de alargarle la vida a Lola. «Los animales no le temen a la muerte como nosotros», me dice. «Dejan de comer y de beber, buscan una matita, se echan y se mueren». María me dice que si la veo muy mal la lleve a la clínica y ella me ayuda. Ayudar es un eufemismo. De hecho, menciona la palabra «eutanasia» y de inmediato le digo que no. No, no puedo. No puedo matar a Lola, pienso. Pero yo solo le digo que mejor vamos a esperarnos a ver cómo pasa los próximos días y que yo le aviso. «Está bien», me dice María con sabiduría. Ese «Está bien» lo pronuncia en un tono de absoluta comprensión —sabe lo que estoy pasando—, pero noto que en esas dos palabras ella esconde el futuro, sé que me está diciendo que Lola se va a morir y que el problema lo tengo yo, no ella.

Me voy a trabajar, pero solo puedo pensar en ella.

«Lola, Lola, ¿dónde estás?», le grito cuando regreso a casa en la noche. No la encuentro. Ni un maullido. Vuelvo a entrar a la casa, tomo una linterna y salgo de nuevo a buscarla al jardín. Pasan varios angustiosos minutos y, de pronto, brillando como dos pequeños faros ante el reflejo de la linterna, encuentro a Lola sobre el césped, en una esquina del patio trasero. Me ve y la veo. Abre su boca, simulando un maullido pero no oigo ningún sonido. Sin embargo, no parece angustiada. Está echada sobre su panza y respira pausadamente. La reviso de prisa y no noto ninguna herida. No, no se ha peleado con nadie. Pero algo no cuadra.

Es de noche, alrededor de las ocho, la luna está perdida y apenas se pueden distinguir las formas en negro sobre negro. Hace frío. Un frente ha trastornado las tibias noches miamenses y no hay manera de soportar las bajas temperaturas sin un suéter. El césped húmedo y la brisa del canal han convertido el verde y recién cortado jardín en un incómodo congelador. Y sin embargo ahí está Lola inmóvil. Lola, la que adora el sol, la que tiene un agudo termómetro para detectar los más mínimos cambios de temperatura y se esconde en cualquier esquinita para estar más caliente, está en medio del jardín en una noche de invierno.

«Ven, Lola», le digo y ella se mueve. Torpemente estira las patas delanteras, luego las de atrás, da un paso, se mueve hacia delante y antes de dar el segundo paso cae en el césped. Ya no hay otro intento. Se queda ahí, quieta, como si hubiera decidido no moverse nunca más. El frío arrecia, pero ella parece inmune. Es una pose. Lo sé. Ha enflacado mucho y su desgastada pelambre no la puede mantener con suficiente calor. No me atrevo a cargarla por su bien ganada reputación de violenta. Aun en un momento así, estoy seguro, me puede clavar todos sus dientes en el brazo.

Hay que moverse de ahí. No soporto más el frío ni verla, desafiante, frente a una linterna que va y viene. Sus ojos brillan. Son un espejo profundísimo. No tienen fondo. Lo negro de sus ojos lo abarca todo y se confunde con la noche y con esa horrible sensación que traigo desde hace horas en el pecho. Estoy en camisa, me muevo rápidamente, voy a la oficina, levanto su cama gris —un cuadrado acolchonado que alberga un amasijo de pelos y orines—, doy media vuelta y me presento frente a ella. Pongo la camita sobre el césped y le digo, suavemente: «Súbete aquí Lolita». Me ve, pasan tres, cuatro segundos, y con toda la fuerza que le queda se levanta y, aprovechando la inercia, da dos pasos y se deja caer sobre la cama.

Esos fueron los últimos pasos de su vida.

Llevo a Lola con cuidado, arriba de su cama, hasta el rincón de mi oficina que ha hecho propio. Cierro la puerta para que no se cuele el frío. Lola está echada sobre su lado derecho. Su cuello erguido se dobla y posa su cabeza al ras del suelo. La acaricio. Lola solo se deja tocar la cabeza y la espalda antes del comienzo de la cola. El resto es territorio prohibido. Quienes se han atrevido a explorar otros lugares tienen heridas para probarlo. Pero le toco la cabeza, ahí donde hace un año perdió su oreja derecha tras una pelea con otro gato. No se queja. Agradece el calor de mi mano y la dejo sobre su cráneo. La vida se le escapa a Lola y de pronto me preparo, temblando y con los ojos llenos de lágrimas, para ser testigo de ese mágico-trágico momento en que lo que es deja de serlo.

Esa noche, sin embargo, Lola la iba a sobrevivir.

Me desperté temprano y lo primero que hice fue ir a ver a Lola. Seguía viva, pero ya casi no abría los ojos. Apenas respiraba. Le acerqué el agua y la comida, pero ni siquiera reaccionó. No sabía si sufría o no. Imposible saberlo. Lo que era evidente es que la vida se escapaba frente a mí en un cuerpo gris y esquelético que ya no daba más.

Le llamé a María, la veterinaria, y le pregunté si podía llevar a Lola. No había que explicar más. Esta vez no fue necesario poner a Lola dentro de su caja. La cargué en su colchón que usaba como cama y la puse suavemente en el asiento de pasajeros de mi auto. Cuando llegamos al consultorio, Lola seguía respirando con dificultad y ni se movió ante todos los animales que estaban en la entrada. Esa no era la Lola fiera que yo conocí durante dos décadas.

Entramos a un cuartito, la revisó María y, con absoluta tristeza en su cara, me preguntó si me quería despedir de Lola. Le dije que sí y nos quedamos solos. Le hablé como si fuera una persona y mientras pasaba mi mano por última vez sobre su cuerpecito. Le dije que la quería mucho y que jamás olvidaría que la mayoría de mis libros los escribí en su presencia. Que, de verdad, fuimos compañeros. Y luego lloré un ratito. Lola ya no abría los ojos pero sé que sintió mi presencia.

Cuando me calmé, salí a la puerta y le dije a María que estábamos listos. Entró con un asistente y, con absoluto cuidado y respeto, me explicó lo que iba a pasar. Mientras yo acariciaba su espalda, María le puso una inyección. Lola ni se movió. Pasaron unos segundos y, casi sin notarlo, dejó de respirar. «Ya se fue», me dijo la veterinaria que, en realidad, se convirtió en una filósofa y una amiga.

Vi a Lola por última vez y no podía creer que ese ser tan lleno de energía, que dejó su marca en tantos, era un cuerpo inmóvil, ausente de la chispa de la vida.

Lo que siguió fueron puros trámites. Lola sería incinerada y podría recoger sus cenizas una semana más tarde. Regresé a casa solo. Por primera vez en 20 años me tendría que sentar a escribir sin Lola. Mientras manejaba lentamente, el vacío —ese hoyo en el mismo centro del pecho— lo dominaba todo.

Lola era como yo. O, más bien, yo soy un poco como ella era. Medio solitario, a veces casi antisocial, meditabundo, tranquilo y en paz observando al mundo. No necesito mucho. De ella aprendí que el cariño y las caricias no se piden, y mucho menos se exigen. Se dan espontánea, libre y alegremente o el asunto no funciona. La regla es igual con animales que con personas.

La extraño enormemente.

Si hay cielo, espero encontrármela allá arriba. Pero con Lola me ha ocurrido algo extraño. Por supuesto que no creo en los fantasmas. Aun así, hay días en que siento su presencia, caminando por los mismos lugares que recorría en vida. Casi la veo. Ahí está. Me mira y luego evita mi mirada, igual que siempre, haciéndome saber que ella es la jefa.

Sin Lola no me hallo.

Cuando llegaron sus cenizas, las tuve en una cajita frente a mi escritorio durante casi un año. Me faltaban fuerzas para despedirme de ella.

Finalmente, un día en que estábamos todos en casa, los llamé y les pedí que me acompañaran para esparcir las cenizas de Lola en el mismo jardín que ella dominó en vida. Le dimos las gracias, nos reímos un poco de lo mala que era y solté las cenizas al viento.

Sus garras rápidamente se perdieron en el aire.

EL PRIVILEGIO DE CUMPLIR 60
[19 de marzo, 2018]

Estoy cumpliendo 60 años y se me ocurren dos ideas: la primera, que se me está acabando el tiempo; la segunda, que he sido muy afortunado en llegar —bien y saludable— hasta aquí.

Hoy la expectativa de vida para un hombre como yo es de 76 años. Pero espero que pesen más los genes de mi mamá morelense —que está casi olímpica a los 84 años— que los de mi papá capitalino y fumador, quien murió de un ataque al corazón mucho más joven.

Me van a permitir un poquito de introspección porque es mi vida la que se va. Por más bien que me vaya tengo que admitir que me queda una o (a lo mucho) dos reinvenciones. Pero todavía le quiero añadir algunos capítulos interesantes a mi vida.

No he llegado a la época de las despedidas. Tengo la fortuna de trabajar en lo que más me gusta —el periodismo— hace casi cuatro décadas y me satisface saber que sigo siendo útil para algo. Aún juego futbol los sábados por la mañana, corro, hago yoga y les gano en el tenis, de vez en cuando, a amigos más jóvenes que yo. (Les juro que no se dejan ganar). O sea, el esqueleto y la mente me responden. Y hay, les aseguro, un gran gozo cuando las cosas más básicas funcionan.

Con canas prematuras desde los 29 años de edad, hace mucho que nadie se refiere a mí en la misma frase que incluya la palabra «juventud». Pero trabajo con tantos *millennials* que algo, espero, se me habrá pegado. Mi mamá dice que desde chiquito era rebelde —abandoné pronto la religión católica y una escuela donde los sacerdotes nos pegaban—. Pero últimamente estoy viviendo una especie de rebeldía tardía.

La edad y la experiencia, creo, me han dado una claridad mental y moral que no siempre tuve. Hoy me parece de lo más obvio que haya que resistirse y luchar contra dictadores, racistas, corruptos y fanfarrones. Ojalá hubiera entendido antes que la neutralidad, lejos de ser una buena cualidad periodística, suele ser una excusa para no actuar y te convierte en cómplice de los poderosos.

Ser periodista e inmigrante resultó ser una magnífica combinación en esta edad. Viajo y vivo muy ligero, me adapto rápido a los cambios, no me aferro a lugares o cosas, soy minimalista, no compro ni como mucho, me visto igual cada día, toda la vida me he puesto Converse y no pretendo ser lo que no soy. Tratar de vestirse como joven es la forma más segura de verse viejo, dice una famosa diseñadora con suma razón. Confieso que he tenido una vida muy intensa. Pero, la verdad, nunca me pude imaginar otra.

En un viejo cuaderno de adolescente —es decir, de la época de la angustia existencial— escribí las palabras «ser» (uno mismo) y «amar». Era mi manera de buscarle sentido a la vida. Cursi, seguro, pero me ha servido bien para el resto del trayecto.

No soy de fiestas. Pero sí soy más feliz ahora que a los 20. Es más fácil ser feliz cuando has hecho lo que quieres, vives de eso y te rodeas de los que te quieren, incluyendo a mis hermanos Alejandro, Eduardo, Gerardo y Lourdes. Tengo pocos amigos, pero son leales e infalibles.

Con mi pareja, Chiqui, como dice el verso de Benedetti, «somos mucho más que dos»; ha sido una multiplicación alegre e inesperada. Y mi mayor satisfacción es saber que mis hijos, Paola y Nicolás —tan distintos a mí— son parte integral de mi vida y yo de la de ellos. Nunca nos olvidaremos. En los últimos años me he descubierto haciendo cosas solo para que se acuerden cuando ya no esté. Hasta ahí llega mi concepto de la vida después de la muerte. En el resto, soy sencillamente un agnóstico.

La sensación de que el tiempo se va cada vez más rápido no es un cliché. Sí, el tiempo es relativo. El mismo año que a mí me vuela es una eternidad para un niño de cinco. Sé que a partir de ahora la vida se echa a correr. Por eso no dejo cosas pendientes, ni pierdo el tiempo, ni aguanto o espero mucho y me organizo obsesivamente con listas para, luego, disfrutar de esos momentos en que no hay nada que hacer.

«Envejecer es, de hecho, una bendición», dice Anne Karpf en su magnífico libro *How To Age*. «La idea de que envejecer es un privilegio parece radical en una cultura donde envejecer es visto como una carga.»

Es un privilegio llegar así a los 60. Tengo tanto que agradecer… y es mucho mejor que la alternativa de no llegar.

LOS ANIMALES SON PERSONAS
[20 de julio, 2018]

Los vi morir, ahí, frente a mis ojos. Los cuatro langostinos se retorcían sobre la plancha hirviente. Uno también brincaba, tratando de escapar de su inminente muerte. El ruido de su piel achicharrada sobre el metal se confundía con lo que parecían indescifrables gritos de angustia. No cabía la menor duda de que estaban sufriendo. Los ojos profundamente negros de los langostinos me veían, como pidiendo ayuda. Y yo, cobarde, no hice nada.

El chef del *teppanyaki* en la divertida zona de Roppongi, en Tokio, nos preguntó si queríamos ver cómo cocinaba los langostinos vivos e, ingenuamente, le dijimos que sí. Fuimos testigos y cómplices de su tortura y asesinato. Y luego —¡peor!— nos los comimos con una sensación de asco y culpa.

La desagradable experiencia me recordó el magistral libro del escritor Franz-Olivier Giesbert, *Un animal es una persona*. Su argumento es sencillo y provocador: no hay grandes diferencias entre los animales y los seres humanos. Todos sentimos, pensamos, nos comunicamos y nos reproducimos. Además, sus cinco sentidos —vista, olfato, oído, tacto y gusto— son muy superiores a los nuestros. «Nuestro antepasado común era un tubo digestivo que reptaba por los océanos, con una boca para alimentarse y un año para defecar», escribe Giesbert. «Nada más. Y de esa forma llegamos a ser lo que somos: humanos, aves, reptiles e insectos. Todos semejantes, aunque no nos parezcamos».

Quienes hemos crecido con mascotas sabemos lo inteligentes que son y cómo se convierten en parte de la familia. Mi gata Lola vivió conmigo casi 20 años. Me acompañó en innumerables mudanzas y estuvo a mis pies durante 12 libros que he escrito. Murió hace poco y no exagero al decir que su ausencia es tan dolorosa como si hubiera perdido a un gran amigo. Mi oficina todavía está llena de sus recuerdos y olores.

Sunset fue una perra estupenda. Mi padre nunca nos dejó tener un perro en la casa en México —bastaban cuatro hijos y una hija— pero ya en Estados Unidos adoptamos a una sensacional mezcla de Labrador y Beagle. Salía a correr y a andar en bicicleta con Sunset, y nunca en mi vida he recibido bienvenidas más calurosas y ensalivadas que las que ella me daba. Murió hace años, pero mis hijos la extrañan tanto como yo.

Con Sunset y Lola nos comunicábamos maravillosamente bien. Su intelecto y emotividad eran mucho más agudos y sofisticados que el de algunas personas que conozco. Para mí no eran, de ninguna manera, seres inferiores.

El libro de Giesbert está cargado de anécdotas que demuestran la paridad, solidaridad y hasta superioridad de los animales respecto a los humanos. Cuenta, por ejemplo, cómo en Sudáfrica «un grupo de elefantes decidió una noche liberar (es la palabra exacta) a un rebaño de antílopes en un vallado para trasladarlo a otro lugar».

Describe con horror los mataderos de cerdos y vacas en Europa. También, denuncia la hipocresía de quienes se oponen a las corridas de toros, pero aceptan el «sacrificio ritual» de una buena cena de atún o pechuga de pollo.

Si aceptamos que los animales son personas como nosotros, entonces, ¿cómo podemos justificar su muerte para nuestra alimentación?

Giesbert asegura que estamos acostumbrados a matar para vivir y que convertirse en vegetariano es una solución a medias. «Vivir ya es matar», dice. «El vegetarianismo absoluto es una lucha imposible. Contra uno mismo, contra la familia, contra la sociedad. Hay que reñirla a diario y con mucha frecuencia se pierde». El escritor mismo reconoce su debilidad ante «un pescadito a la plancha».

Como muchos humanos, yo había hecho una arbitraria división entre perros, gatos, elefantes y delfines —por mencionar solo algunos— con el resto de los animales. Nunca se me hubiera ocurrido, por ejemplo, comerme a mi gata Lola o a mi perra Sunset, ni tampoco meterle una mordida a un pedazo de ballena u orangután. Pero mientras más pienso en los langostinos que vi morir en Japón, más difícil es decidir qué animales puedo comer y con cuáles puedo entablar amistad.

Por ahora, me empiezo a acostumbrar a la idea de que esas absurdas diferencias que hemos puesto entre los animales y los humanos no tienen ninguna base científica. Los animales son personas. ¿Qué pensarán ellos de nosotros?

ROMA: LA INFANCIA RECUPERADA
[26 de noviembre, 2018]

Terminé de ver la película *Roma* y no me quería ir. De hecho, salí del cine y no reconocí el lugar. Es esa desorientación que ocurre cuando un *film* se impone de manera abrumadora sobre tu realidad.

Paré y tuve que reconocer que deseaba con toda mi alma regresar al teatro y meterme, de nuevo, en la película.

Tengo que agradecerle al director Alfonso Cuarón que haya recuperado una infancia que yo creía perdida para siempre. Ahí estaban en la pantalla el Choco Milk que yo tomaba de niño, los Gansitos congelados en el refrigerador, la Scalextric con que jugaba, el auto Valiant blanco que tenía mi papá y el Galaxy negro que manejaba la mamá de mi amigo Benjamín, los discos de acetato y las competencias en la estación de radio La Pantera entre los Beatles y el grupo del momento, el programa cómico del Loco Valdés, la alegría de las granizadas… la ciudad donde crecí.

La película está llena de hermosos detalles. Me imagino la pesadilla de la gente de utilería y del *set* para encontrar el televisor exacto —y la radio, los libreros, los pósters, la ropa, los autos, la cartelera…— que exigía la prodigiosa memoria del director. Leí en una entrevista que el 90 por ciento de la película fue una investigación interior de Cuarón… y se lo creo.

La película —en blanco y negro y filmada por el propio Cuarón en 65 milímetros, para mayor resolución— es lo más cercano a esos sueños que tengo donde recorro la casa de mi infancia. Son sueños sin prisa, donde hay tiempo para ver cómo se va el agua por la alcantarilla luego de que lavan el patio de la casa, igual que en la primera escena de la película («el Chivo» Lubezki iba a ser el director de fotografía, pero tuvo que dejar el proyecto justo antes de empezar a rodar).

Cuarón encuadra la película en 1970 y 1971. El primer año es cuando se juega el Mundial de Futbol en México y el segundo, ya con un nuevo presidente, cuando se realiza la llamada masacre del jueves de Corpus. Más de 100 jóvenes fueron asesinados por los Halcones, un grupo paramilitar entrenado por el gobierno de Luis Echeverría Álvarez.

A mis 12 y 13 años yo estaba más preocupado por el futbol que por cualquier otra cosa. Pero la película refleja el autoritarismo y la sanguinaria represión del Partido Revolucionario Institucional. (Solo para que no se nos olvide por qué tantos mexicanos votaron por el cambio, y en contra del PRI, décadas después).

Quizá lo más sorprendente y rebelde de la película es que, aún en la clasista, racista y machista sociedad mexicana, la protagonista es una mujer indígena: Cleo. Ella es la empleada de servicio que, junto a una compañera, trabaja para una familia de clase media en la colonia Roma de la capital mexicana. (Por eso el nombre de la película). Pero Cleo es la conexión, emocional y esencial, que une a la familia, cuida a los niños y permite que la casa funcione. La escena, en tiempo real, del parto de Cleo es tan realista que no hay manera de evitar que te suden las manos.

Esta es una película que celebra a las mujeres. La madre de los niños —luego de una noche de copas y de reconocer que su esposo ya no iba a regresar— le dice a Cleo, en su momento más feminista, una verdad fulminante: recuerda que las mujeres siempre vamos a estar solas. (Esa es una sentencia brutal para los hombres).

Estoy seguro de que Alfonso está bien repartido entre los personajes de la película. Pero mi gran descubrimiento fue personal. A pesar de ser un simple espectador, yo también estaba ahí: era el primogénito que trataba de imponerse a sus hermanos o el adolescente que estaba a punto de ahogarse en la playa porque quería demostrar su recién despertada hombría. Tuve una extrañísima experiencia en que las imágenes de la cinta se mezclaron con mis propias memorias.

Cuando la película se transmita por Netflix, a mediados de diciembre, y la pueda ver solo en mi casa otra vez, temo torrentes de lágrimas y risas.

Durante años había tratado de rescatar, con minuciosos detalles, mi infancia en México. (Eso nos pasa a los que nos vamos). Muchas veces había escrito al respecto. Pero nunca había podido visualizar esos recuerdos. Y de pronto vi *Roma* y supe que yo era de ahí.

¿Quién dice que no se puede recuperar el tiempo perdido?

EL CIELO Y LOS SUPERHUMANOS
[31 de diciembre, 2018]

Si solo hubiera podido leer dos libros en el año que pasó, escogería *Breves respuestas a las grandes preguntas* del recientemente fallecido cosmólogo Stephen Hawking y *Sapiens: una breve historia de la humanidad* del historiador Yuval Noah. Ambos enfrentan con lucidez el asunto de qué ocurre cuando nos morimos y las historias que nos inventamos.

Me temo que no les tengo muy buenas noticias.

«¿Tengo fe?», se pregunta Hawking, quien vivió con una discapacidad causada por una progresiva degeneración de los nervios y solo se podía comunicar con sus músculos faciales. «Todos somos libres de creer en lo que queramos, pero desde mi punto de vista la explicación más sencilla es que Dios no existe. Nadie creó el universo y nadie dirige nuestro destino. Esto me lleva a una profunda conclusión: probablemente no hay un cielo, ni vida después de la muerte».

Hawking argumenta que «el universo fue creado espontáneamente de la nada, de acuerdo con las leyes de la ciencia» en «un evento que ahora llamamos el Big Bang» o una gran explosión y que, por lo tanto, no hay en esto ninguna explicación divina.

Millones de años después, cuando la tierra generó las condiciones necesarias para tener vida inteligente, los humanos empezamos a buscar explicaciones. Y ahí es donde entra Yuval Noah, con su maravillosa historia de la humanidad.

Nos hemos inventado muchos mitos y leyendas para tratar de explicar lo que nos pasa. Pero esto es precisamente lo que nos define y diferencia de otros animales. «Esta capacidad de hablar sobre ficciones es la característica más singular del lenguaje de los *sapiens*», escribe Noah. «Es relativamente fácil ponerse de acuerdo en que solo el *Homo Sapiens* puede hablar sobre cosas que no existen realmente, y creerse seis cosas imposibles antes del desayuno. En cambio, nunca convenceremos a un mono para que nos dé un plátano con la promesa de que después de morir tendrá un número ilimitado de bananas a su disposición en el cielo de los monos».

Noah asegura que esta capacidad de imaginarnos cosas colectivamente, de tener «mitos comunes» y de cooperar entre extraños «es la razón por la que los *sapiens* dominan el mundo». Eso nos separa de abejas, hormigas y chimpancés.

Quien se imagina un futuro muy distinto, con «superhumanos», es Hawking. Él asegura que la humanidad está entrando a una nueva etapa de «evolución autodiseñada» que nos permitiría modificar y mejorar nuestra carga genética para hacernos más inteligentes, menos agresivos y evitar las enfermedades que nos matan.

Esto, de entrada, no les sonaría nada mal a muchos. Sin cáncer, diabetes, esclerosis y enfermedades del corazón podríamos vivir muchos años más y mejorar considerablemente nuestra calidad de vida. Pero esta ingeniería genética, reparando nuestro ADN, podría generar una grave división en la humanidad.

«Una vez que estos superhumanos aparezcan», escribe Hawking, «van a existir muchos problemas políticos con los humanos que no se han podido mejorar (genéticamente) y que no pueden competir. Ellos podrían morir o perder importancia. Y, en cambio, habría una raza de seres autodiseñados que se mejorarían con gran rapidez».

Con una mayor expectativa de vida, asegura Hawking, se podrían colonizar otros planetas. Pero esto, por ahora, suena a preocupante y delirante ciencia ficción. El mismo científico advirtió que, seguramente, se implementarán en el futuro leyes en contra de la ingeniería genética en humanos. Aunque la tentación, dice, es muy grande.

Tanto Noah como Hawking son extraordinarios ejemplos de científicos que preguntan incansablemente sin temer a las respuestas. Hawking, quien murió en el 2018 a los 76 años de edad, reflexionó con humildad sobre el propósito de su vida. «No tengo ninguna pelea con Dios», escribió. «No quiero dar la idea de que mi trabajo es probar o negar la existencia de Dios. Mi trabajo es encontrar un marco racional para entender el universo que nos rodea. Por siglos se creía que gente con discapacidad como yo sufríamos una maldición enviada por Dios. Bueno, es posible que yo haya molestado a alguien allá arriba, pero prefiero pensar que todo se puede explicar de otra manera…»

Estos dos libros son, sin lugar a duda, otra manera de preguntar.

NO HAY PREGUNTAS ESTÚPIDAS
[4 de enero, 2019]

¿Qué les puedo decir a futuros periodistas? Hace poco me invitaron a darles un discurso a los estudiantes que se graduaban de la maestría en periodismo de CUNY (The City University of New York). De ahí salen, sin duda, algunos de los mejores reporteros digitales de Estados Unidos. Y lo primero que les dije es que no hay preguntas estúpidas.

La gente con poder —presidentes, reyes, dictadores, militares, políticos, empresarios, celebridades y demás— odia que la cuestionen. Les encanta tener la última palabra. Pero nuestro trabajo es precisamente incomodarlos y hacerles preguntas difíciles.

Eso es lo que nos toca hacer. Los médicos salvan vidas. Los políticos gobiernan. Ingenieros y arquitectos hacen estructuras funcionales. Los artistas crean belleza. Y nosotros les hacemos preguntas a quienes no las quieren contestar.

Si no te quieres meter en problemas, les dije a los estudiantes, esta no es una profesión para ti. Los poderosos harán cualquier cosa para evadir tus preguntas. El periodismo es, desafortunadamente, una de las profesiones más peligrosas en muchos países. En México, por ejemplo, nos han asesinado a decenas de periodistas en los últimos dos sexenios. Y donde no te matan, te insultan.

A finales del 2018 el presidente Donald Trump le dijo a Abby Phillip, corresponsal de CNN en la Casa Blanca, que hacía «muchas preguntas estúpidas». Abby le había preguntado al presidente sobre la investigación rusa que podría llevarlo a su destitución. La pregunta fue al corazón y, por eso, Trump reaccionó atacándola.

Para poder hacer preguntas duras es preciso tener una voz fuerte. Y para eso no tenemos que trabajar en una cadena de televisión o en un diario de gran reputación. Las redes sociales nos permiten vivir en muchas plataformas con miles (y hasta millones) de vistas. Eso es nuevo.

Ya no es preciso esperar años para poder hablarles a muchos. Con un teléfono celular basta. Los periodistas de esta generación son, tecnológicamente, mucho más diestros que nosotros. Pero asegúrense de no entregarle el micrófono a nadie.

Eso es lo que la Casa Blanca trató de hacer con el corresponsal Jim Acosta durante la última conferencia de prensa con Trump. Una asistente presidencial le trató de arrebatar el micrófono a Acosta —para que no siguiera haciendo preguntas sobre una invasión de inmigrantes que Trump se había inventado— y el periodista no se dejó. El incidente le costó al reportero su credencial de prensa y acceso a la Casa Blanca por unos días. Pero nunca entregó el micrófono y siguió preguntando.

No le den su micrófono a nadie. En su voz está su fuerza. Cuídala y respétala. Las palabras importan. De nada sirve nuestro trabajo si la gente no cree lo que dices. En esta profesión no nos dan medallas por credibilidad ni existe un sistema de deducción de puntos cuando nos equivocamos o no decimos la verdad. Las audiencias, tus seguidores y los telespectadores te van a creer hasta que dejen de hacerlo. Y una vez que has perdido su confianza es casi imposible recuperarla. Cuida tus palabras en todo momento, igual en una entrevista que en un tuit o en una conversación que tú creas que es privada. (Advertencia: nada es privado, todo se sabe).

El periodismo es una maravillosa profesión —el mejor oficio del mundo, según Gabriel García Márquez— que te permite cambiar las cosas, reportar lo invisible e influir en la dirección del planeta. La gran corresponsal de guerra, Marie Colvin, a quien perdimos en un ataque en Siria en 2012, solía decir que los periodistas «creemos que podemos hacer una diferencia». (*We believe we do make a difference*). Tenía razón. Sus valientes reportajes desde zonas de conflicto, denunciando horrores, torturas y tragedias, seguramente salvaron muchas vidas. ¿Y cómo lo logró? Nunca se quedó callada.

Esta no es una profesión silenciosa. Cuando los reporteros se quedan callados —como muchos lo hicieron antes de la guerra en Irak en el 2003 o como ocurre en sistemas autoritarios— muchas vidas se pierden.

Lo mejor de todo es que el periodismo es bueno para la salud. Te mantendrá joven y rebelde por el resto de tus días. Siempre y cuando te atrevas a hacer las preguntas que te hacen sudar las palmas de las manos y que te echan a correr el corazón. Ya lo sabes: no hay preguntas estúpidas.

NYEPI: EL DÍA DEL SILENCIO
[15 de marzo, 2019]

Bali, Indonesia. Todo se detiene. Todo. No hay vuelos. El aeropuerto se cierra. No hay nadie en las calles. Nadie puede salir de su casa. Ni ver televisión o escuchar la radio. Las luces se apagan y no se deben usar aparatos electrónicos o celulares. Y quien se atreva a romper las reglas, es regresado a su casa o detenido. Así es el Nyepi, un día al año que los balineses dedican al silencio y a la reflexión.

Es difícil de creer que una isla de más de cuatro millones de habitantes se pare por completo. Pero así es. Incluso los turistas y los que no son seguidores del tipo muy particular de hinduismo que se practica en Bali —donde las ceremonias religiosas marcan el ritmo de la vida diaria— están obligados a seguir esta vieja tradición. Solo por un día.

Para eso vine. Estoy cumpliendo años y quería hacerlo de una forma totalmente opuesta a la fiesta. Siempre me ha parecido un poco absurdo y cursi que la gente te felicite y te regale cuando se suman los años a tu fecha de nacimiento. Hay cosas que nos merecemos. Pero el día que naces, simplemente, nos tocó por casualidad. Así que me trepé a cuatro aviones, les puse pausa a los pendientes, dejé por un rato el mundo de las noticias, volé casi dos días y aterricé en una Bali más verde, amable y caótica de lo que recordaba.

El día previo al Nyepi es el más divertido. En todos los pueblos de la isla sus habitantes construyen unas enormes y coloridas figuras de cartón y papel maché, de dos a cinco metros de altura, que llaman Ogoh-Ogoh. Son en realidad monstruos o demonios —pesadillas hechas a mano, con cuerpos de animales y múltiples extremidades, con caras de horror, ojos salientes, lenguas largas y panzas infladas— que simbolizan los malos espíritus. Al atardecer, grupos de 10 a 30 balineses cargan sus Ogoh-Ogoh en una procesión por la calle principal del pueblo y los llevan al cementerio donde, horas después, son quemados. Así es como los balineses exorcizan la maldad.

El problema es que esos malos espíritus son muy tercos y, aún hechos humo, no se quieren ir. Por eso, al día siguiente, todos los habitantes de Bali se tienen que quedar callados para hacerles creer a los malos espíritus que la isla está vacía y se vayan a otro lado. Ese es el mito del Nyepi.

En la práctica tuve que desaprender muchas cosas. Durante el Nyepi los empleados del hotel donde me quedé hablaban con voces apenas audibles, como si no quisieran despertar a los demonios. Nos prohibieron salir a la playa o meternos al mar. Y fue imposible aventurarse a calles totalmente vacías. No hubo ruidos ni música. La cena fue con velas. La oscuridad y el silencio dominaron todo Bali.

Muchos adultos ayunan durante el Nyepi. Y los mismos niños que gritaban tras el paso de los Ogoh-Ogoh se ven forzados a aprender los rituales de la introspección, el autocontrol y la tolerancia. No conozco ningún otro lugar del mundo que colectivamente les enseñe a sus niños las virtudes del silencio.

La única trampa permitida, para algunos extranjeros, fue el uso de wifi en sus celulares. Pero la inercia digital fue, poco a poco, cediendo ante una nueva orden: no hagas nada.

Tras 24 horas de silencio algo pasa en nuestras mentes. Es más fácil separar lo importante de lo superfluo. No es que milagrosamente te conviertas en una mejor persona; hasta los dioses balineses tienen sus límites. Pero sospecho que reaccionas con menos virulencia ante los retos típicos de la vida. Y es precisamente esa paciencia y generosidad en el trato lo que tantos admiramos de los habitantes de Bali. Es imposible no doblarse ante su sonrisa.

Luego del Nyepi —el año nuevo para los hindúes de Bali— aún quedan 364 días por vivir. Rápidamente las calles se fueron llenando con miles de motocicletas que, en la práctica, son el verdadero transporte colectivo de la isla. Es frecuente ver a familias de cuatro —niño frente al manubrio, papá manejando, niño-sandwich a sus espaldas y luego la mamá— rodando sin cascos. Y se necesitan a todos sus dioses para librar de accidentes a algunos de los más osados y hábiles motociclistas del planeta.

El rugir del avión despegando terminó con cualquier pretensión de tranquilidad. Pero el silencio de esas 24 horas ha sido, sin duda, mi mejor regalo.

CUANDO FUI A «LA MAÑANERA»
[19 de abril, 2019]

¿Cómo cuestionas al presidente? En México, de frente.

Si algo ha cambiado el presidente Andrés Manuel López Obrador en el país es que da la cara. AMLO, como lo conocen, es el único presidente del mundo que realiza una conferencia de prensa diaria. Y ahí, por más de una hora, responde preguntas de periodistas —sin ningún tipo de censura o restricción— e impone su agenda en el ciclo noticioso del día.

Por eso fui a «la mañanera». Para mí es difícil de entender cómo otros periodistas en México, particularmente los que critican a AMLO, no aprovechan esa oportunidad. Esto hubiera sido impensable con cualquier otro presidente mexicano. Solo basta ir.

Creo que el problema más grave de México es que siguen asesinando a muchísima gente. Más de 128 mil personas murieron en el gobierno de Enrique Peña Nieto y 104 mil en el de Felipe Calderón. Así que hice mi tarea. Busqué los datos oficiales —del propio gobierno de AMLO— y me di cuenta de que el 2019 podría convertirse en el año más violento en la historia moderna de México. Y con esos datos —8 524 mexicanos asesinados en diciembre, enero y febrero— me fui a la conferencia de prensa.

Nunca deja de impresionar la majestuosidad del Palacio Nacional y, en esa mañana, el acceso de decenas de periodistas y camarógrafos al presidente. Es algo verdaderamente inusual. Levanté la mano, llegó mi turno y pregunté. ¿Qué va a hacer a corto plazo para detener los asesinatos?

«Hemos controlado la situación, según nuestros datos», me dijo el presidente. «Los datos que yo tengo dicen otra cosa», le contesté. «No están controlando. Al contrario, siguen muriendo muchos mexicanos». Este es el verdadero debate. El presidente y su secretario de Seguridad, Alfonso Durazo, aseguran que los homicidios dolosos van a la baja. Ojalá. Las cifras —sus cifras— pintan un año sangriento.

Aclaración: no podemos culpar a AMLO de la terrible situación de criminalidad que le dejaron los dos gobiernos anteriores. Pero tampoco podemos aceptar la versión oficial de que ya hay resultados y que las cosas están mejorando. ¿O habrá que esperar años a que entre en funcionamiento la Guardia Nacional?

Ese es el problema de fondo. El más importante. Por eso me tomó por sorpresa que el debate político y en redes sociales se centrara en la manera en que cuestioné al presidente. Mis datos no coincidían con los suyos. Y se lo dije. Le mencioné también que los periodistas nunca revelamos nuestras fuentes —como él lo había solicitado al diario *Reforma*— y lo cuestioné sobre sus silencios ante Donald Trump. Eso es todo. Y no fue una falta de respeto. En todo momento le llamé «señor presidente».

Pero mi trabajo es preguntar. Y, reconozco, tuve absoluta libertad para hacer mis preguntas. Mi propósito era tener una conversación con AMLO; no esperar varios minutos por cada respuesta. Es una cuestión de estilo periodístico; es más natural y genera más información. Así lo he hecho durante décadas, igual con presidentes que dictadores, desde Donald Trump, Hugo Chávez, Nicolás Maduro y Fidel Castro hasta Carlos Salinas de Gortari, Ernesto Zedillo, Felipe Calderón, Vicente Fox y Enrique Peña Nieto. Y si acompañé al presidente en la tarima, para ver una pantalla con sus cifras de homicidios, es porque él lo permitió. Incluso hasta compartimos micrófono.

Hasta ahí todo estuvo bien. Luego, algo pasó.

Días después AMLO alabó a los periodistas «prudentes» y advirtió: «Si ustedes se pasan, ya saben lo que les pasa». Pero los mejores reporteros que conozco no son prudentes, suelen desobedecer y, ante los ojos de los gobernantes, se pasan. Es la única manera de enfrentar a los poderosos. De hecho, AMLO fue imprudente —rebelándose ante lo que él llama la «mafia del poder»— antes de llegar a la presidencia. Ahora, en el poder, no cuadra que les pida otra cosa a los periodistas.

Una parte importante del ejercicio democrático es estar en desacuerdo con los gobernantes. Y debatir con ellos sin que pase nada (aunque te masacren en las redes). Todos, creo, le podemos bajar dos rayitas.

Cuestionar a un presidente cuando sus sumas y restas no salen —o cuando le pide a un diario violar la ética periodística— no es pasarse, ni excederse, ni ser un rebelde sin causa. Eso es, simplemente, periodismo.

HAY COSAS QUE NO SE OLVIDAN
[29 de abril, 2019]

Hay veces en que vas buscando belleza y lo que te encuentras es aún más intenso y poderoso. Eso me pasó en un reciente viaje a Camboya (o Cambodia, en inglés).

Iba a ver los maravillosos (y todavía accesibles) monumentos y templos de Angkor, pero una parada en los llamados killing fields —campos de exterminio de la época del Khmer Rouge— cambió totalmente mi percepción del viaje.

No había amanecido y ya estaba trepado en un *tuk-tuk*, una especie de carroza de dos ruedas jalada por una motocicleta. La idea era atrapar la salida del sol en las ruinas del templo budista de Angkor Wat (centro del imperio Khmer de 802 d.C. a 1432 d.C.). La historia es fascinante. Pero basta decir que se construyó con enormes bloques de piedra traídos por más de 50 kilómetros por unos seis mil elefantes y 300 mil trabajadores.

Angkor Wat es, sin duda, una de las maravillas del mundo. Cuando el sol se aparece sobre sus paredes, se convierte en parte de la impresionante arquitectura. Su grandiosidad y dimensión es solo comparable a las obras que nos dejaron aztecas, incas, egipcios, griegos y romanos. Pero además tiene el inmenso atractivo de ser totalmente accesible. Estás inmerso en los mismos lugares donde operaron reyes y religiosos hace siglos, y las pocas zonas prohibidas son generalmente las que están en reconstrucción. El desgaste de paredes y pisos es patente, así que no sé cuánto más durará esta política de pasen todos y a ver qué hacemos después.

A otro *tuk-tuk* de distancia estaba el alucinante templo de Ta Prohm —el mismo que se hizo famoso con la película de Indiana Jones *Raiders of the Lost Ark*— y cuyos habitantes dejaron en el siglo XIV por una agobiante y prolongada sequía. Las raíces de enormes árboles literalmente se han engullido durante siglos paredes y pasillos. Rocas y árboles son una sola obra maestra. A pesar de los millones de turistas que visitan el lugar cada año, te queda la sensación de haber descubierto algo único.

A esos lugares me llevó Y, un periodista convertido en guía y que comparte con el resto de los camboyanos un genuino orgullo por la majestuosidad de las ruinas de Angkor. Esa mezcla de naturaleza, poderío y ambición arquitectónica es irrepetible. Saben que no hay otro sitio igual en el planeta. Pero Y quería contarme otra historia.

No muy lejos de ahí, a las afueras de la ciudad de Siem Reap, estaba uno de los campos donde el brutal tirano Pol Pot había masacrado a miles de personas entre 1975 y 1979. Está ampliamente documentado cómo se exterminó a una quinta parte de la población —más de dos millones de personas— en una espantosa campaña revolucionaria destinada a acabar con el capitalismo, la burguesía, con los que vivían en ciudades e incluso con los que tenían un poco de educación formal.

Y tenía 15 años cuando Pol Pot tomó violentamente el poder. Me contó la manera en que fue separado de su familia y cómo sobrevivió al despiadado régimen comunista pretendiendo que no sabía leer ni escribir. Eso lo salvó a él, pero no a su padre, a quien nunca más volvió a ver.

«En dos minutos lo vas a entender todo», me dijo Y mientras entrábamos a uno de los campos donde sus compatriotas habían sido masacrados y que se ha convertido en un sitio para honrar su memoria. «Si no quieres ver restos de cuerpos humanos, no te bajes», dijo. Me bajé.

De lejos no veo muy bien. Pero conforme me fui acercando a una torre —de unos tres metros de altura y con cuatro paredes transparentes— me di cuenta de lo que había dentro de ellas: cráneos y huesos. Los cráneos estaban colocados con un cierto orden, uno al lado de otro, golpeados, algunos sin dientes. Abajo y al fondo estaban amontonados restos de brazos y piernas; imposible saber a qué cuerpo pertenecieron.

Y tenía razón. Ahí lo entendí todo.

Hicimos el recorrido de regreso a mi hotel en total silencio. De hecho, agradecí el aturdidor sonido del *tuk-tuk* para tratar de procesar lo que acababa de ver. Lo que para mí era solo la inesperada parte de un *tour*, había atormentado a Y toda su vida.

Nos despedimos con la certeza de que no nos volveríamos a ver. Pero también con esa complicidad que surge cuando alguien te abre los ojos. Vi fijamente a Y y sus párpados estaban cargados de lágrimas.

EL TIBURÓN Y YO
[12 de julio, 2019]

Júpiter, Florida. Primero la buena noticia: nadé junto a un tiburón y no pasó nada. Ahora, la mala: cada año matan alrededor de 100 millones de tiburones y, al hacerlo, está disminuyendo peligrosamente su población a nivel mundial.

El plan era muy sencillo. Queríamos hacer un reportaje sobre los mitos que hay en torno a los tiburones y nuestra guía sería la activista Julie Enderson, quien ha dedicado los últimos 15 años de su vida a denunciar la caza de este magnífico y amenazado depredador marino. Julie, fundadora de la organización Shark Angels, es una de las más efectivas publirrelacionistas que podrían tener los tiburones. Hay que tratarlos con «respeto», me dijo. Y no te preocupes, aseguró: «No somos parte de su menú».

Llegamos a la población costera de Júpiter, en el sur de la Florida —una hora al norte de Miami—, donde varias compañías llevan todos los días a turistas a nadar con tiburones. Es menos arriesgado de lo que parece. Si los tiburones se comieran a sus clientes, este negocio no hubiera sobrevivido por mucho tiempo.

Pero había un problema. La noche anterior a nuestro viaje hubo una poderosa tormenta que alejó a los inofensivos tiburones limón que íbamos a filmar. Los buscamos un par de horas y no encontramos ninguno. El capitán se fue a aguas más profundas y luego, sin dudarlo, nos dijo: «Aquí van a encontrar tiburones». La sangre de un pedazo de pescado fresco era la carnada perfecta.

Brinqué al agua con visor y aletas, y seguí a Julie. A pesar de las bondades que me había contado sobre los tiburones —no te van a atacar— y sus instrucciones —no los toques— tenía miedo de encontrarme, a solas, con un tiburón en pleno océano Atlántico. Y tal y como había dicho el capitán, a los pocos minutos apareció un tiburón. Venía del fondo, en dirección a la carnada que flotaba dentro de una caja de plástico. Pero no era lo que yo esperaba. Era un tiburón toro de 10 pies de largo (unos tres metros) y, según recordaba de mi investigación, uno de los más peligrosos que existen.

Me quedé casi paralizado, flotando en la superficie, pero sin perderle la vista al tiburón. En cambio, Julie tomó una bocanada de aire, se sumergió sin esfuerzo y suavemente se acercó al tiburón. Los dos se reconocieron y, con cierta armonía, nadaron en círculos por unos segundos hasta que el animal gris oscuro desapareció.

Eso fue todo. Ya en el barco y sin nervios agradecí el sol de la tarde y el brevísimo encuentro con el tiburón.

Pero me quedo con esto. Los tiburones necesitan un cambio de imagen. La película *Jaws* (1975) hizo un daño terrible a los tiburones, presentándolos como brutales asesinos que atacaban sin provocación. Esa distorsionada reputación se ha extendido por los exagerados reportes de las noticias locales cada vez que hay un incidente con un tiburón.

La realidad es muy distinta. En el 2018 solo cinco personas murieron en todo el mundo por ataques de tiburones, según el detallado reporte —International Shark Attack File— que lleva el Museo de Historia Natural de la Florida. Y únicamente se reportaron 66 ataques no provocados. Estos números son muy parecidos a los de otros años.

En cambio, los seres humanos matamos en promedio a 100 millones de tiburones cada año. ¿Por qué? Por sus aletas. En Asia existe la equivocada idea de que la sopa de aleta de tiburón tiene cualidades medicinales, da energía y puede, incluso, ayudar contra el cáncer. Todo falso. A pesar de eso, las aletas de tiburón se cotizan a unos 600 dólares el kilo.

La tragedia de los tiburones es gigantesca. El estudio más completo, realizado por el británico *Journal of Marine Policy*, da un rango de 63 millones hasta 273 millones de tiburones sacrificados anualmente. Cada año desaparece el 6.4 por ciento de todos los tiburones, un porcentaje superior al de su capacidad de reproducción —4.9 por ciento anualmente—. A este ritmo, nos vamos a quedar sin tiburones en menos de un siglo.

En el imaginario popular los seres humanos les tenemos miedo a los tiburones. Debería ser al revés. Por cada ser humano que ellos matan, nosotros asesinamos aproximadamente a 20 millones de tiburones. Los verdaderamente peligrosos somos nosotros.

LOS TACOS MÁGICOS DE PUJOL
[27 de diciembre, 2019]

Ciudad de México. Quería comer en Pujol para ver qué es lo que hace que un restaurante se convierta en uno de los más reconocidos del mundo. El sitio de *The World's 50 Best Restaurants* lo consideró hace poco como el mejor de México y Norteamérica. Las listas, es cierto, son todas subjetivas. ¿Cómo comparas un pozole mexicano con un chupe de camarón peruano o una sopa de cebolla francesa? Pero quería descubrir, personalmente, la magia.

Aclaro: no soy experto ni *foodie* ni crítico gastronómico. Llegué al restaurante (en una renovada casa de Polanco) un sábado, emocionado y con hambre. Era temprano —la primera sentada es a las 6:30 pm— y el lugar ya estaba lleno de extranjeros que hacía meses habían hecho su reservación. Cuatro asiáticos se sentaron a mi lado izquierdo en una barra —Omakase— que en otro lugar podría haber servido sushi. Y ahí empezó la feria de 10 platos, acompañados de cerveza y mezcal.

Lo primero que me impresionó fue que los platillos que salían de la cocina —yo estaba sentado al frente— eran casi idénticos. Por ejemplo, las semillas de ajonjolí sobre dos moles (uno recién hecho y otro con dos mil días de preparación) parecían puestas una por una. O los cortes de la panza de lubina sobre una tortilla, con aguacate y hoja santa, eran una réplica, casi exacta, del taco que se estaba comiendo mi amigo el periodista Enrique Acevedo, quien me acompañó. La precisión y la estética eran parte de cada mordida. Los platillos —exquisitos e innovadores— eran mexicanamente reconocibles. Ahí estaba la gordita de chicharrón con pico de gallo, la flauta de papa y camarón, y el chile atole de cangrejo. Pero en los pequeños detalles brincaba la sorpresa. Me comí de botana un elotito con salsa picante naranja y pedazos negros de hormigas chicatanas de Oaxaca. La tetela de pulpo, con un encacahuatado, tenía chapulines en el interior de un triángulo perfecto.

Después de cada plato había que preguntarse ¿cómo hicieron esto? Y la respuesta es sencilla: con mucho trabajo, experimentación y disciplina. Hay una sensación de aventura en la comida. Sí, es mexicana, pero es mucho más que de un solo lugar. Esto salió de la imaginación y el talento de alguien.

Dos meses antes había visitado Pujol para hacerle una entrevista a su dueño, el chef Enrique Olvera. Y en lugar de tomarse todo el crédito, me metió a la cocina. Es como si un mago te explica, detrás del escenario, cómo se hace el truco. Y lo que me encontré fue un ejército, alegre, talentoso, muy bien entrenado y con una dedicación cuasi religiosa, de jóvenes mexicanos haciendo tortillas con hoja santa, tostadas campechanas y tamales de mango.

«La calidad de la ejecución (de los platillos)», me dijo Enrique, «no tiene que ser idéntica, pero tiene que ser muy alta. Hay diferencias muy sutiles. Trabajamos con las temporadas y eso cambia nuestros productos constantemente».

Enrique —también el dueño de Cosme en Nueva York— ha dejado atrás esa visión nostálgica de la comida mexicana, experimentando con nuevos productos en recetas tradicionales, como el mole verde con brócoli. «¿Eres un rebelde de la cocina?», le pregunté. «Quizás cuando era más joven, sí», me contestó. «Me he convertido en más clásico al tiempo que he crecido como chef...

Cuando era más joven obviamente estaba impresionado por la creatividad de los chefs y de la gente que estaba cambiando esta industria. Ha cambiado mucho en los últimos 20 años. Pero ahora me siento más conectado con las pequeñas comunidades, con los productores y con la agricultura».

Habían pasado dos horas y la barra se empezó a vaciar. Iban a llegar los clientes de las 9:30 pm y había que repetir la magia una vez más. Cruzamos un jardín, donde siembran muchas de las especies utilizadas en los platillos, y terminamos sentados en un patio frente a una fogata.

De pronto, ya de postre, nos llegó una torta de elote chamuscado con helado de vainilla que se sintió en su punto exacto, ni cruda ni quemada. Hacía ese friíto de noche, tan chilango, y el café de olla con canela ahumaba. Saqué mi celular para checar las fotos que había tomado durante la cena y luego salté al calendario, buscando otra fecha para regresar a Pujol.

SER PERIODISTA EN MÉXICO
[3 de febrero, 2020]

Para Sergio Aguayo, porque si atacan a un periodista, nos atacan a todos.

No hay nada como ser periodista en México. Es algo único. Por una parte, si te levantas muy temprano de lunes a viernes, puedes hablar directamente con el presidente Andrés Manuel López Obrador en sus conferencias de prensa mejor conocidas como las «mañaneras». Pero por la otra, México es uno de los países más peligrosos del mundo para ejercer el periodismo independiente, comparable solo a zonas de guerra.

Ningún presidente en el planeta da una conferencia de prensa diaria como lo hace AMLO. Yo he asistido a dos de ellas en la Ciudad de México y puedo constatar que pregunté con absoluta libertad, sin ninguna presión o censura, sobre las terribles cifras de asesinatos en el gobierno de López Obrador (34 582 homicidios dolosos solo en el 2019).

Aunque el presidente usa las «mañaneras» para establecer la agenda del día, diferenciarse de sus predecesores, defenderse de críticas y flotar algunas de sus ocurrencias, en apariencia la libertad de expresión está garantizada. Los periodistas preguntan, el presidente responde y todos felices. Pero las cosas no son tan sencillas.

Desde su posición de autoridad, el presidente también ha estereotipado y menospreciado el trabajo de algunos reporteros que no coinciden con él. López Obrador aseguró en una «mañanera» que «nunca (ha) utilizado un lenguaje que estigmatice a los periodistas». Pero en varias ocasiones ha llamado a los periodistas «fifís», «prensa vendida», «hipócritas», «chayote», «el hampa», «fantoches», «sabelotodo» y «doble cara», entre otros calificativos.

Las palabras importan. Estas expresiones presidenciales contra ciertos miembros de la prensa tienen dos consecuencias negativas: una, varios de sus seguidores —identificados como «amlovers»— bombardean con ataques e insultos en las redes sociales a quienes cuestionan al presidente. Y dos, y esto es lo más grave, pone en una posición aún más vulnerable a aguerridos y aislados corresponsales que reportan desde poblaciones pequeñas sobre narcotraficantes y políticos corruptos.

Desde que López Obrador llegó a la presidencia han sido asesinados 11 reporteros en México, de acuerdo con la organización Artículo 19. Y desde el año 2000 ya van 131 periodistas que pierden la vida, convirtiendo a México en uno de los países del mundo más peligrosos para la prensa. El Comité para la Protección de los Periodistas incluyó a México (junto a Somalia, Siria e Irak) en la lista de países con la mayor impunidad para resolver casos de periodistas asesinados. Es decir, en México matan a un periodista y no pasa nada.

Otra forma de presionar a los periodistas —y tratar de callarlos— es demandándolos. Este es el caso del académico y editorialista del diario *Reforma*, Sergio Aguayo. Un juez, que no tiene nada que ver con el gobierno de AMLO, le ordenó pagar el equivalente a medio millón de dólares por sus críticas al exgobernador de Coahuila y expresidente del Partido Revolucionario Institucional, Humberto Moreira. El juicio continúa. Y también las maneras de intimidar a la prensa.

En una reciente «mañanera» la profesora y periodista Denise Dresser confrontó al presidente al decirle que un importante miembro de su gabinete estaba considerando una reforma judicial que penalizaría la labor de la prensa, con la posibilidad incluso de cárcel en casos de difamación. «Eso no va a pasar», dijo AMLO distanciándose de la propuesta. «Nosotros tenemos el compromiso de garantizar la libertad de expresión... y el derecho a disentir». Ese intercambio con Denise fue fundamental para parar en seco cualquier intento de intimidar a la prensa. AMLO se comprometió —«por convicción»— a no apoyar leyes que criminalicen el trabajo periodístico.

El presidente puede y debe hacer más para proteger la vida y la labor de los periodistas. Empezando por su lenguaje. Y tiene que entender que esto no es personal. Lo cuestionamos, y lo seguiremos haciendo, porque ese es precisamente nuestro trabajo.

Pero quiero terminar con una nota personal. El silencio mata a las democracias. Por eso esta solidaridad desbordada con un periodista. Al final de cuentas de lo único que se trata, Sergio, es de que sepas que no estás solo.

22 630 DÍAS
[13 de marzo, 2020]

Me lavo las manos frecuentemente, veo las noticias, me he convertido —como todos— en un experto del coronavirus y, aunque me pongan en el grupo de mayor riesgo, no dejo que me afecte porque me quedan muchas cosas por hacer. Estoy cumpliendo 62 años y el tiempo se me escapa.

Dividir la vida en días —llevo 22 630 en esta tierra— le quita el dramatismo al cumpleaños. Es solo un día más entre miles. Pero las sumas —hijos, viajes, trabajos, casas, libros, amigos…— llevan a una conclusión inevitable: me queda menos tiempo. El escritor español Vicente Verdú decía que el verdadero lujo del siglo XXI es, «cada vez más, el tiempo». Tiempo, sugería, para ver las flores o el movimiento de un niño sin la ansiedad del reloj. Y le hago caso. Ahora todo lo tengo organizado para perder el menor tiempo posible.

O dicho de otra manera: solo quiero perder el tiempo con los que de verdad quiero. Por eso, creo, los últimos años de nuestras vidas suelen tener una intensidad y urgencia que nunca reconocimos en la adolescencia. La escritora Isabel Allende, quien ha sido una especie de ángel guardián para mí y que me ha dado los mejores consejos de la vida, me contaba el otro día que se ha vuelto a casar. Y que enamorarse a los 76 es muy parecido a enamorarse a los 18.

«Igual, igual; la misma ansiedad, las mismas ganas de estar con el otro», me dijo. Pero con prisa y sin paciencia para peleas tontas.

Tiene razón. Durante casi una década Chiqui le ha dado más significado y amor y sorpresa a mi vida, y en esas pláticas nocturnas en la cocina solemos dividir las cosas entre esenciales y todo lo demás. Y cada vez me queda menos tiempo para todo lo demás.

Bloqueo olímpicamente a los que insultan en las redes sociales, y ya no contesto el celular todas las veces que suena. Pero siempre —siempre— estoy ahí cuando me hablan mis hijos Paola y Nicolás. Estoy convencido que la mitad de la paternidad es estar presente. Cuando nació Paola, una amiga me dijo que ella me iba a salvar. Y así ha sido. El nacimiento de un hijo te da absoluta claridad y a partir de ese momento sabes qué es lo importante. Nico y Pao le dieron orden, sentido y alegría a mi vida. Así de fácil. Cada vez que puedo los abrazo y les digo que los quiero. Y no hay nada mejor que cuando ellos responden «y yo también».

Supongo que esta obsesión por el tiempo es una costumbre adquirida. Y el verdadero problema es cuando nuestro tiempo se va acabando. Soy agnóstico. De verdad, no sé qué va a pasar cuando me muera y no tengo ninguna certeza de que volveré a ver a mi padre —a quien extraño cada día más y a quien tengo tanto que preguntarle—, a mi abuelo Miguel, a mi amigo Félix, a mi perra Sunset y a mi gata Lola. Quizás por eso suelo atormentar a mis invitados en el programa de televisión con preguntas sobre la muerte.

«¿No te da miedo morir?», le pregunté hace poco al escritor peruano, Mario Vargas Llosa, quien también profesa el agnosticismo. «Bueno, hay una cierta inquietud cuando la edad te va acercando a ese momento decisivo», me dijo con una sonrisa. «Pero eso de convertirme en el último momento, sería de un mal gusto espantoso».

El cielo se me antoja sobrepoblado con miles de millones de almas deambulando desde hace 2.5 millones de años cuando «animales muy parecidos a los humanos modernos aparecieron por primera vez», según relata Yuval Noah Harari en su libro *Sapiens*. Y prefiero estar vivo. Me gusta mi vida de inmigrante y periodista y papá. Es la mejor manera de sentirse joven y rebelde.

Además, ¿quién puede presumir 22 630 días de vida y tener a una mamá con más de 31 mil días? Ese es un gran privilegio. Estoy tan agradecido. Cada mes, más o menos, me escapo un par de días del torbellino imparable de las noticias y me trepo en un avión para ir a la Ciudad de México a ver a mi mamá. Ahí yo le recuerdo lo que ya se le olvidó y ella me recuerda lo que es verdaderamente importante. Nos despedimos como si fuera la última vez, pero siempre apostando por la próxima. Hasta hoy vamos ganando.

Cumplir años o días tiene sus ventajas. Y en esta era del coronavirus, de Trump y de la selva de las redes sociales hay algo casi heroico en sobrevivir y sumar un día más. Pero la reflexión esencial es que envejecer es siempre mejor que la alternativa.

EL MUNDO DE CARLOTA: LO QUE NOS ENSEÑAN LOS NIÑOS EN ESTA CRISIS
[3 de abril, 2020]

La puerta del cuarto de Carlota está entreabierta y me asomo a ver qué está haciendo. Está sentada, con la espalda recta, en su escritorio blanco y en la pantalla de su *laptop* hay una docena de sus compañeros de escuela en una clase virtual. La maestra, desde su casa, está impartiendo la clase —creo que hablan de fracciones y decimales— y Carlota y sus amigos la siguen como si estuviera en persona.

Todo parece normal. Pero nada lo es.

Vivo en la misma casa que Carlota, una maravillosa, cariñosa y brillante niña de nueve años de edad, hija de Chiqui, mi pareja. Carlota me ha alegrado la vida desde que la conocí, apenas unos meses después de nacida, y no me puedo imaginar la casa sin ella. «Buenos días a todos», grita desde su cuarto cuando se despierta, y su incansable energía —le encanta inventarse pasos de baile— y curiosidad hace más placenteros estos tediosos días de cuarentena obligatoria.

Ella —al igual una tercera parte de los habitantes del mundo que está en algún tipo de aislamiento— lleva varias semanas encerrada en casa y hay momentos en que la tristeza y la frustración se notan. Como cuando se pregunta, con lágrimas rodando, si podremos hacer su fiesta de cumpleaños en mayo o cuando quiere reunirse con sus amigas y le cuesta entender por qué sus mamás no las dejan venir a jugar. Lo más que hemos logrado, el fin de semana pasado, fue un breve paseo en bicicleta con una de sus amigas. Ellas lo gozaron. Pero la despedida, sin tocarse, fue durísima.

Ante la adversidad por un virus que no coopera, Carlota ha recreado y acomodado su antiguo mundo en su recámara: sus juegos, sus amigos, su música y hasta su salón de clases. Cuando nos descuidamos, tiene tres pantallas prendidas: el televisor (generalmente con una película o una serie), su celular con una o dos amigas en *facetime*, y su iPad, donde ha creado una nueva geografía digital que yo no podría navegar. Tiene suerte de que la internet funciona bien en la zona de Miami donde vivimos. Si estuviéramos en Brownsville, por ejemplo, la conexión sería mucho más difícil.

Carlota lleva semanas construyendo una casa imaginaria en Bloxburg (un juego de la plataforma de Roblox), haciendo videos con la música de Billie Eilish en la aplicación de TikTok —su cuenta es privada y solo sus amigas tienen acceso— y dibujando alucinantes obras de arte en Procreate. Ese enjambre cibernético es el centro de su nueva vida. Pero para ella y sus amigas casi todo es temporal y desechable. «*That's so 2019*», me dice, cuando le pregunto de aplicaciones y plataformas que ya no usa.

El virus, sin embargo, sigue ahí.

Carlota tiene nuevos miedos. Sus tranquilas y predecibles noches, que incluían siempre 20 minutos de lectura, han dado paso a horarios casi de adolescente. Ruidos que antes pasaban desapercibidos ahora la despiertan. Ella enfrenta sus recientes temores con un muñeco de peluche distinto cada noche. El ritual para elegirlo es digno de un *reality*, con ganadores y perdedores; se sabe de memoria los nombres de cada uno y el lugar donde lo adquirió.

Como familia nos hemos impuesto horas fijas de comida, sin aparatos electrónicos, y tratamos de no hablar de enfermedades cuando está presente. Pero contestamos sus preguntas y no evitamos el tema. El virus nos persigue —en las manijas de las puertas, en los paquetes que no dejan de llegar, en las conversaciones telefónicas, en las nuevas reglas— y nos quita el sueño a todos.

Es poco probable que regrese a la escuela para terminar el cuarto grado. Oigo que le quieren robar un par de semanas académicas al verano. Ojalá. Pero habrá que ser muy creativos porque no tendremos vacuna para el coronavirus hasta el 2021, si bien nos va. Ahora lo normal es otra cosa. Acabo de recibir una foto del hospital que construyeron dos niñas con almohadas y muñecas.

Lo que sí veo es que su generación —hay 74 millones de menores de 17 años de edad en Estados Unidos— está mucho mejor preparada que la nuestra para enfrentar meses de encierro. Ellos se habían entrenado, sin proponérselo, para el distanciamiento social. Desde pequeños se comunican entre sí con aparatos que nunca existieron en mi infancia. Así que cuando les dijimos que no podían salir de casa, lo único que hicieron fue entrar en modo virtual.

Temo que este distanciamiento se convierta para ellos en una costumbre. Sin abrazos, sin tocarse, sin besarse. Se están perdiendo lo más rico de ser humanos. La lista de amigos favoritos en el celular de Carlota es probablemente más grande que la mía. Pero ahora no puede acercarse y jugar con sus compañeros como yo hice con los míos cuando tenía su edad.

Los niños de la pandemia del 2020 tienen mucho que enseñarnos. Envidio sus pulmones y su actitud ante la vida, ambos resistentes y flexibles. Se adaptan rápido ante nuevas circunstancias e inmediatamente *googlean* una solución a sus problemas. Es seguramente la primera generación que maneja la tecnología mejor que la que le precedió. Y quiero creer que cuando ellos gobiernen pondrán la ciencia y la salud por encima de los prejuicios y los intereses políticos. No hubieran perdido semanas, como nosotros, cuando se dieron los primeros casos de coronavirus. Carlota, aunque no lo sepa, ya es una sobreviviente y está mejor preparada que yo para enfrentar esta crisis.

Veo apenas la mitad de su espalda, a través de la puerta de su cuarto, y me descubre antes de que pueda alejarme. «Te quiero mucho», le grito. «*I love you too*», me contesta en inglés con una sonrisa gigante. Y los dos, con el corazón apretujado, nos aguantamos el abrazo.

EL CUMPLEAÑOS DE LA JECHU
[2 de octubre, 2020]

Todos los años, a principios de octubre, hago mi peregrinaje a la Ciudad de México para estar con mi mamá en su cumpleaños. Este año cumple 87 y los dos sabemos que no tenemos mucho tiempo que desperdiciar. Pero, tristemente, la pandemia me ha obligado a cancelar el viaje y tengo esa terrible sensación de estar perdiendo algo irrecuperable.

Todavía hay vuelos entre México y Estados Unidos y, a pesar de las restricciones, con mis dos pasaportes podría tomar un avión desde Miami. El problema está en la creciente posibilidad de contraer el virus en un avión y en que, sin saberlo, se lo podría contagiar a mi mamá. Eso no me lo perdonaría nunca y no sé si su frágil cuerpo de metro y medio lo podría resistir.

Así que después de una serie de llamadas y teleconferencias —ella ha aprendido a ver a sus hijos y nietos a través de su iPad— hemos decidido que este año no la voy a ir a ver. Afortunadamente mis tres hermanos y sus familias estarán ahí. Y bien enmascarados, y con la bendita sana distancia, le cantarán «Las Mañanitas» y le mandarán besos y abrazos voladores.

La pandemia nos ha obligado a hacer lo impensable. Nos ha alejado de los que más queremos y ha hecho peligrosamente letales los apapachos más fraternos. Hay vacaciones, bodas y viajes suspendidos. Ante la incertidumbre de una vacuna efectiva y segura, todavía no tenemos, ni siquiera, una fecha para reservar vuelo y hotel el próximo año. Y lo más duro, sin duda, han sido esas despedidas a través de un celular, en llamadas de larga distancia, de pacientes de coronavirus que no pudieron pasar sus últimos momentos acompañados de su familia. El muro del covid nos ha separado mucho más que el muro de Trump.

Más de 200 mil personas han muerto por el coronavirus en Estados Unidos y más de 75 mil en México. Ambos países están en la lista de naciones con más contagios del planeta. Y a pesar de que la Organización Mundial de la Salud ha concluido que el covid-19 es una infección «que se transmite principalmente de persona a persona a través de gotículas respiratorias y el contacto físico», los presidentes, Donald Trump y Andrés Manuel López Obrador suelen evitar el uso de cubrebocas en público, como si fuera una cuestión de valentía, enviando el mensaje equivocado y obstaculizando el control de la enfermedad. Trump y su esposa Melania dieron positivo esta semana.

La pandemia ha trastornado totalmente nuestra binacional vida familiar. Para los más de 12 millones de mexicanos que vivimos en Estados Unidos, pero que nacimos en México, se ha roto esa maravillosa y solidaria costumbre de regresar a México en los momentos más importantes y dolorosos. Hasta quienes murieron en Estados Unidos han tenido dificultades para ser enterrados en México, por lo costoso, por los engorrosos trámites burocráticos y por la falta de espacio en aviones y cementerios.

Perderse un cumpleaños, lo sé, no es el fin del mundo. Pero cuando tu mamá cumple 87 años las cosas cambian. Hay muchas cosas que a ella y a mí se nos olvidan, pero que se pueden recuperar, pacientemente, en una larga charla de sobremesa. Verla, para mí, también es recuperar por un momento ese México que dejé hace más de tres décadas y que me hace tanta falta. Esta mujer, de quien tuve mis primeras lecciones de rebeldía, siempre ha tenido tiempo para mí. Y lo menos que puedo hacer es estar ahí cuando a ella le importa.

Mis hermanos y yo nos referimos a ella como «la Jechu». Es decir, la jefa. Es un nombre que empezamos a usar en broma —copiando a uno de los personajes de la vieja serie televisiva de Los Polivoces— y que, como muchos apodos, se quedó atornillado en la memoria. Decirle «má» o «mamá» no tiene la misma carga emocional que un apodo bien puesto y repetido por casi 80 años.

Este cumpleaños de la Jechu, como todos los anteriores, no iba ser de mariachis y festejos por una semana. Los Ramos, tengo que reconocerlo, no somos de grandes fiestas. Más que ADN es una cuestión aprendida.

Nunca sobró el dinero en casa y éramos tantos —siete en total, con cuatro niños y mi hermana Lourdes— que, supongo, había que disminuir la importancia de los cumpleaños, los santos, aniversarios, día de la madre, del padre y de la amistad, reyes magos y navidades para estirar el presupuesto hasta fin de mes. De vez en cuando había un pastel —que traía mi papá de la panadería El Globo— y un regalo modesto, casi por cumplir. O, más bien, solo para que supiéramos que no se les había olvidado. En realidad, no había mucha diferencia entre el cumpleaños y el día siguiente.

Y ahora que estoy rodeado de alegres venezolanos en Miami, sé que la familia Ramos no baila y canta como ellos. Sus cumpleaños son como fiestas patronales: duran días y nunca te perdonan si se te olvida la fecha o un regalo. En mi cumpleaños he recibido llamadas y mensajes de amigos lejanos de mi pareja, Chiqui, que apenas conozco, pero que no podrían pasar por alto un día así.

Para este cumpleaños de la Jechu yo quería algo más suave. Como siempre. Me imaginaba su abrazo, al abrir la puerta de su apartamento, colgándose de mi cuello, de puntitas, y sin soltarme. Como si fueran varios abrazos al mismo tiempo —los que nos habíamos guardado por tantos meses sin vernos—.

Y luego ella llevándome de la mano hacia su sala, lentamente (para cuidar sus rodillas) y diciéndome: «Ay, Jorgito». Algo mágico ocurre cuando una madre hace sentir como niño a un hombre de 62 años. Seguramente platicaríamos un ratito mientras yo revisaba los detalles de su cada vez más reducido universo: una salita con mucha luz para leer y un televisor donde ve un programa que no se pierde porque le ayuda a «saber qué pasa en el mundo». Ese mismo mundo que hoy no nos deja vernos.

Acabaríamos, más temprano que tarde, en un restaurante cerca de su casa. Se echaría uno o dos tequilitas, para sorpresa del mesero. Y ante cada saludo de algún conocido, ella diría, poniendo la mano en mi espalda: «Este es mi hijo Jorge, el grandote». En realidad, soy más bien chiquito. Pero esa combinación de humor y orgullo materno desarma a cualquiera.

Quizá, más tarde, visitaríamos una librería o hasta un museo, pero sin la intención de ver nada, excepto hacernos compañía. Y ya al atardecer la regresaría a su casa. «En las noches ya no funciono tanto, mijito», me diría disculpando su cansancio.

La despedida, como siempre, sería lo más difícil. Nunca quieres pensar que es la última y, sin embargo, regresas de la puerta para un segundo abrazo.

Así quería pasar este cumpleaños con la Jechu.

Será el próximo año.

Ojalá.

POR UN ABRAZO DE MAMÁ
[7 de mayo, 2021]

Ciudad de México. Esta es la crónica de un abrazo.

Debido a la pandemia, llevaba más de un año sin ver a mi mamá. Desde marzo del año pasado no había venido a México. No me hubiera perdonado nunca el contagiarla accidentalmente de coronavirus. Así que esperé hasta que ella tuviera sus dos dosis de la vacuna contra el covid-19 y yo también, dejamos que pasaran dos semanas más para estar bien protegidos y me trepé al primer avión desde Miami.

Yuyú le dicen los que la quieren. Jechu le decimos mis hermanos y yo, por aquello de ser la jefa de la casa. Tiene 87 años de edad, apenas pasa del metro y medio y, según su propia descripción, «excepto por lo de vieja, estoy muy bien». Y lo está, con un intacto sentido del humor y las inevitables peleas con la memoria. Quizás no recuerda exactamente lo que desayunó ayer, pero puede contarte todos los detalles del día en que murió su mamá (cuando ella tenía solo 15 años), o emocionarse todavía por aquella vez en que su padre la invitó a una importante reunión de negocios. La película de esos días sigue imborrable en sus ojos.

Ella es la primera rebelde que conocí. Un día le dijo a mi papá que no le prepararía nunca más su chocolate caliente y, así, con un gesto tan sencillo y contundente, comenzó su liberación. Tomó cursos en la misma universidad que yo iba, viajamos juntos a China y a la India, y fue con ella con quien tuve mi primera plática filosófica sobre lo que era la felicidad. «La felicidad nunca es permanente, Jorgito», me dijo apoyándose en la puerta de la cocina y con la mirada atorada en algún momento de dolor.

De niño nunca le dije: «Mamá, de grande quiero ser un inmigrante». Yo quería ser futbolista o rockero. Uno no se convierte en inmigrante porque quiere sino porque no te queda otra opción. Ella entendió perfectamente cuando le dije que había quemado las naves y que me tenía que ir de México.

En mis casi cuatro décadas en Estados Unidos siempre había regresado a visitarla varias veces al año. Era un ritual en el que yo recuperaba un poquito del México que perdí y los años que me faltaron con ella, con mi familia y amigos. Para los que nunca se han ido es difícil entender el vacío y la nostalgia que padecemos los que nos fuimos. Vivimos en una angustia permanente de que alguien se enferme, sufra un accidente o se contagie de covid y no podamos regresar a tiempo.

Además, tenemos que enfrentar los retos a nuestra identidad binacional; en México algunos me dicen que soy un traidor por haberme ido y que ya no soy mexicano, mientras que en Estados Unidos otros no acaban de aceptarme en el país y me dicen que me regrese de donde vine.

Ese necesario, y a veces doloroso ritual, se rompió con la pandemia.

México es el cuarto país del mundo con más muertos por coronavirus, después de Estados Unidos, Brasil y la India. Más de 217 mil personas han muerto. Pero en realidad son muchas más. Un reporte del mismo gobierno asegura que las muertes en exceso vinculadas al coronavirus ya pasaban de las 329 mil el 15 de marzo. Y las que faltan por contar.

«Estamos dando una lección al mundo con nuestro comportamiento», dijo el presidente Andrés Manuel López Obrador en abril del 2020. «Tengan confianza de que estamos haciendo las cosas de manera profesional, con mucha responsabilidad». Y sí, terminó siendo una lección, pero de lo que no se debe hacer. Durante meses AMLO se rehusó a usar un cubrebocas en público y a promover su uso obligatorio. Incluso al principio de la pandemia les sugirió a los mexicanos que «hay que abrazarse, no pasa nada» y mostró dos imágenes religiosas como un supuesto «escudo protector» contra el coronavirus.

La campaña de vacunación contra el covid-19 en México va muy lenta. Solo unos 12 millones de personas han sido vacunadas de una población de 130 millones. Pero, a pesar de las críticas, ¿cómo no agradecer que entre los que ya recibieron sus dos dosis esté mi mamá?

En un módulo médico cerca de su apartamento en la Ciudad de México y con perfecta organización, la Jechu recibió sus dos vacunas de Pfizer. Por coincidencia, casi al mismo tiempo yo me puse las de Moderna en Miami. Así ya casi estábamos listos para vernos. Por fin se acabarían esas videollamadas que nos mantuvieron a flote emocionalmente por tanto tiempo.

Un amigo de la universidad, quien no pudo abrazar a su mamá antes de perderla por el coronavirus, me lo advirtió en un correo electrónico: no dejes de abrazarla. Mucho. Y ese era mi plan.

Me hice una prueba de PCR en Miami un día antes de viajar y otra de antígenos horas antes de verla ya en México. Las dos salieron negativas. Luego de aterrizar me fui a un restaurante vacío a comer unos taquitos al pastor con agua de jamaica —para no olvidar el ritual— y pasé rápidamente al hotel para bañarme como niño chiquito, hasta por debajo de las uñas.

Me dirigí hacia su apartamento, nervioso como si fuera una primera cita, me puse dos mascarillas —una era N95—, subí al elevador y toqué el timbre. Y suavemente, una figura todavía más pequeña de la que yo me imaginaba jaló la puerta y abrió grandes sus ojos. Nos quedamos viéndonos, inmóviles. Sin tocarla, le pedí que se pusiera una mascarilla. Dio unos pasitos hacia atrás, tomó de una repisa un lindo cubrebocas con motivos mexicanos —verde, blanco y colorado—, y se lo puso con dificultad.

Y luego, por fin, la abracé. Largo. Sin soltarnos. Había llegado a tiempo. Sentí su cuerpo, casi temblando. Pasó sus dos brazos sobre mi cuello y me dijo detrás del oído: «Ay, mi niño». Y me rompí a llorar.

LECCIONES DE 35 AÑOS EN LA TV
[1 de noviembre, 2021]

Este 3 de noviembre cumplo 35 años como conductor del *Noticiero Univision*. Ese nunca fue mi plan. Pero no me pude imaginar una carrera —y una vida— más intensa y llena de satisfacciones. Si la felicidad es ser uno mismo y no querer ser otro, esta maravillosa profesión de periodista me ha hecho feliz. Y agradecido.

Estas son algunas de las cosas que he aprendido luego de unos siete mil noticieros al aire y en vivo frente a una cámara de televisión.

He sido *anchor* (o presentador de noticias) por tanto tiempo que a veces me es más fácil hablarle a una cámara de televisión que a un grupo de personas. Es, lo reconozco, una terrible deformación profesional que viene aunada a la ansiedad por suprimir tus sentimientos cada vez que narras una muerte, un accidente, un atentado terrorista o algo que, naturalmente, rompería a alguien por dentro. Sí, el cuerpo lleva la cuenta y te lo cobra.

Me nombraron presentador de noticias a los 28 años. Y no es que fuera el mejor o el peor. En la cadena de televisión —que antes se llamaba pecaminosamente SIN (Spanish International Network)— hubo una crisis laboral que dejó casi vacía a la sala de redacción en 1986 y yo fui el único presentador hombre que quedó. Como no sabía leer bien el teleprompter —es más difícil de lo que parece—, la gran Teresa Rodríguez (con quien presentaba el noticiero en un principio) apuntaba con sus perfectas uñas rojas las líneas en mi guion para que no me perdiera. Aprendí. Me dieron el puesto por unos días, que se convirtieron en meses y luego décadas. Hoy presento el *Noticiero Univision* con otra increíble y valiente periodista, Ilia Calderón.

Cuando comencé era una época en que los grandes *anchors* de la televisión (Peter Jennings, Dianne Sawyer, Tom Brokaw, Barbara Walters, Dan Rather, Connie Chung, Katie Couric…) dominaban las noticias. Ningún político se podía elegir si no salía en la televisión; era el medio de mayor impacto. Ya no. Eso se acabó.

La internet lo cambió todo. Las generaciones más jóvenes manejan mucho mejor las nuevas tecnologías que los que nacimos sin celular o laptop. Hoy ocho de cada 10 estadounidenses reciben sus noticias en sus celulares o en su tableta y computadora. Hay una gigantesca ola que se está llevando las audiencias de la televisión tradicional a las redes sociales. Es como si unos extraterrestres las hubieran secuestrado.

Hace poco, por ejemplo, entrevisté a Mario Kreutzberger, quien durante más de medio siglo condujo el popular programa *Sábado gigante* con su personaje Don Francisco. Los *ratings* de televisión no fueron muy altos. Calculo que no pasamos del medio millón de televidentes. Sin embargo, esa misma entrevista ha sido vista por más de ocho millones de personas en Facebook y sigue aumentando. La lección es clarísima.

Sé un surfista, no un ancla.

El contenido, no importa lo que sea, sigue siendo rey y reina. Pero la gente ya no va a buscarlo a un solo lugar y a una hora específica. Cuando me toca dar un discurso en las escuelas, les suelo pedir a los estudiantes: «Véanme bien, que soy un dinosaurio». Es cierto. Ya son muy pocos los que van a visitar al *anchor* de televisión a su guarida perfectamente iluminada a las seis y media de la noche. Los *anchors* estamos en peligro de extinción.

Por lo tanto, hay que dejar de ser un ancla y convertirse en surfista. Y moverse de plataforma en plataforma, surfeando redes, para llevar el contenido a los lugares donde se han mudado las nuevas audiencias. Ese es el presente y el futuro. Quienes no lo entiendan, como dinosaurios mediáticos, van a desaparecer del nuevo universo digital. Dudo que hoy podría mantener mi trabajo si no tuviera una fuerte presencia en Twitter, Instagram y Facebook. Para sobrevivir en esta industria he tenido que ponerme a surfear.

Pero aún hay ciertas cosas que no han cambiado.

Si la gente no te cree, de nada sirve tu trabajo. La credibilidad y la confianza es lo único que cuenta en el periodismo. Y se gana a base de pura repetición; diciendo cosas que luego se comprueba que son verdaderas. Si la gente te deja entrar todos los días a su casa lo menos que puedes hacer es decirle la verdad. Que millones te sigan viendo, escuchando y leyendo después de tanto tiempo es un privilegio (aunque me critiquen en las redes sociales y me recuerden diariamente en qué no están de acuerdo conmigo). Nuestra responsabilidad más básica es reportar la realidad como es, no como quisiéramos que fuera. Así me ha tocado cubrir cinco guerras e innumerables desastres naturales, y entrevistar a decenas de presidentes, dictadores y especies parecidas.

Pero ahora entiendo que nuestra principal responsabilidad social es cuestionar a los que tienen el poder. Ser contrapoder. Para eso le sirve el periodismo a una sociedad. Y mientras más autoritario el país, más importante y trascendente es nuestra labor.

No podemos ser neutrales frente a un dictador o alguien que abusa de su autoridad. Hay que hacer preguntas cortas y al corazón. Lo que más duele en una entrevista con alguien poderoso es cuando no te atreves a hacer la pregunta crucial —la difícil, la que te hacer sudar las manos, la que te echa a correr el corazón— y dejas escapar al entrevistado.

Los malos, tengo que reconocerlo, casi siempre son mejores entrevistados. Y últimamente, cuando tengo una entrevista importante, suelo pensar dos cosas: que si yo no hago la pregunta difícil nadie más la va a hacer y que nunca más volveré a ver a esa persona. Eso siempre ayuda para atreverse a preguntar.

Confieso que he viajado. Mucho. Esa fue una de las razones por las que me hice periodista. Luego de que me enviaron a Washington en 1981 a cubrir el atentado contra Ronald Reagan —y la estación de radio pagó el boleto— supe que quería pasar el resto de mi vida como testigo de la historia y conociendo a los que la hacen. Nada como reportar sobre los ataques del 9/11 en Nueva York o la caída del muro en Berlín. Es la historia frente a tus ojos. En el periodismo como en la paternidad, la mitad se logra estando presente.

Dar las noticias es, sin embargo, un quehacer muy efímero. Les he dedicado mi vida a cosas que desaparecen al próximo día y, a veces, a la hora siguiente. En eso, el periodismo se parece tanto a la vida y te prepara para morir muchas veces —y reinventarte— cada 24 horas.

Le he dado la vuelta varias veces al planeta y volado más de tres millones de millas, según dice la tarjeta de una aerolínea. Pero el costo personal ha sido altísimo. Esta es una profesión de muchos rompimientos y frustraciones. El periodismo es celosísimo. Perdí la cuenta de todas las veces que he pedido perdón por faltar a un aniversario, cumpleaños, fiesta o evento escolar. Y todo por cubrir la noticia del día o de la hora. Ahora, a los 63 años, siento que me faltó tiempo para experimentar más y para equivocarme más.

«¿Cuál ha sido el peor error de tu carrera?», me preguntó hace poco Eduardo por Zoom, un estudiante de la Universidad Vasco de Quiroga de Morelia, México. Y tuve que parar para buscar una respuesta. Me desbalanceó. Nunca me habían hecho esa pregunta. Pero ya tengo una contestación.

Este trabajo me ha dado tanto. Pero, también por él, he dejado de hacer muchas cosas.

Me faltaron unos 20 años para haberme ido a vivir un rato a Tokio, a Bali, a Venecia, al Tíbet y a la India. Tanto mundo y tan poco tiempo. Me faltó tiempo para regresar a vivir a la Ciudad de México, volver a los lugares donde crecí y recuperar un poquito de las amistades que dejé truncadas cuando me fui intempestivamente a los 24 años de edad.

Esa idea de volver —tan de mariachi— nos agobia a los que nos convertimos, sin quererlo, en inmigrantes. Pero ser inmigrante marcó mi carrera periodística. Hoy busco que otros inmigrantes que llegaron después de mí tengan una voz y las mismas oportunidades que yo tuve. Y mi trabajo es, muchas veces, ser un traductor: entre el español y el inglés, entre los latinos y los que no lo son, y entre América Latina y Estados Unidos. Soy, como diría la escritora Sandra Cisneros, un anfibio viviendo en dos mundos.

Cuando comencé no tenía una sola cana. Hoy tengo todo el cabello blanco y la broma en la sala de redacción es que cada una de mis canas tiene nombre y apellido o está ligada a una noticia. Trabajo, lo sé, con muchos de los mejores periodistas del mundo que, día a día, se han convertido en mi familia extendida. Ahí están, detrás de las cámaras, y sin ellos yo no podría hacer lo que hago. De verdad, gracias.

No sé cuántos años más me queden de *anchor*. Y, como todos, tengo mi lista de pendientes. Pero quien es periodista nunca deja de serlo. Es la única profesión que te obliga a ser joven y rebelde toda tu vida. Es una bendita adicción que aún no estoy dispuesto a soltar… 35 años después.

NO QUIERO VIVIR EN UN METAVERSO
[8 de noviembre, 2021]

Mark Zuckerberg puede ser acusado de muchas cosas. Mas no de timidez en sus ideas.

El fundador de Facebook piensa en grande y ha logrado que casi tres mil millones de personas se conecten mensualmente a su plataforma social, la más grande en un planeta que ronda los ocho mil millones de habitantes. Ahora Zuckerberg quiere dominar el futuro de la realidad virtual o aumentada. Pero yo no quiero vivir en ese metaverso.

El universo que nos propone Meta —el nuevo nombre de Facebook— es el de trabajar, jugar, estudiar o ejercitarnos en mundos imaginarios. El concepto del metaverso es deslumbrante: te pones un par de lentes o un casco y eso te transporta a oficinas, gimnasios, escuelas o conciertos virtuales. Así de fácil.

«Imagina que pudieras estar en la oficina sin tener que manejar», dijo Zuckerberg hace poco en un video anunciando el nuevo nombre y objetivo de la compañía que creó hace 17 años.

«Y ahora imagina que pudieras estar en la oficina perfecta, mucho mejor que en la que estás actualmente, y que además podrías seguir usando tus pants favoritos».

Me lo imaginé.

Por ejemplo, a mí me toca viajar muy seguido para hacer entrevistas y reportajes. Pero si alguna vez tuviera una cita en la Casa Blanca o en el Palacio Nacional de México pudiera aparecer mi holograma o mi silueta electrónica sin necesidad de subirme a un avión. Ahora bien, si ese día no me quiero rasurar y quedarme en pijama, puedo mejorar mi *avatar* —mi otro yo en el mundo virtual—, quitándole unos añitos y poniéndole un traje italiano. Cuando la gente viera la entrevista al aire, no sabría si físicamente estuve en Washington o en México. Aunque parecería que así fue.

En lugar de quedar de verse por Zoom, Skype o Teams las reuniones de trabajo serían virtuales. Y podríamos hacer casi lo mismo que en persona, excepto tocarse, oler el perfume y las flores o saborear unos tacos picosos.

Lo mismo puede ocurrir a la hora de hacer ejercicio. El metaverso «te permite ejercitarte en maneras totalmente nuevas», explicó Zuckerberg. «Solo necesitas tu casco de realidad virtual y puedes hacer cualquier cosa, desde boxear y pelear con espadas hasta bailar. Incluso podrías boxear en mundos nuevos y pelear contra monstruos creados con inteligencia artificial».

Es, también, una manera nueva de entretenerse. El grupo Coldplay dio un concierto histórico en el 2018 en São Paulo, Brasil. Se me enchina la piel cada vez que veo el video. Y aunque ya compré mis boletos para el concierto que van a dar en Los Ángeles el próximo año, me encantaría haber estado en Brasil hace tres años. El metaverso puede ayudarme. O llevarme a los conciertos que dieron los Beatles en su gira por Estados Unidos cuando yo era apenas un niño.

Para estudiar historia el metaverso podría recrear el primer encuentro que tuvieron el 8 de noviembre de 1519 Moctezuma y Hernán Cortés. Y permitirnos virtualmente caminar por las calles de Tenochtitlán y navegar por sus canales. Esa lección de historia, les prometo, nunca la olvidaríamos.

Desde luego que el metaverso tiene su encanto. Pero me preocupa muchísimo que reemplace la búsqueda de contacto humano real. La pandemia demostró dos cosas: una, la enorme necesidad que tenemos de ver y tocar a otros seres humanos; y dos, nuestra gigantesca capacidad de adaptación y de sobrevivir solos, si es necesario.

Un mundo dominado por el metaverso sería como vivir encerrados en nuestras casas en una pandemia permanente y evitando el contacto personal en las actividades más importantes de nuestras vidas. No le podemos dar la espalda al futuro. Pero me resisto a creer que ese universo virtual es lo mejor a lo que podemos aspirar. ¿Para qué reemplazar la realidad con una experiencia digital? El verdadero peligro es que esta tecnología creada para conectarnos termine separándonos más.

Recuerdo que de niño la gran aventura de la imaginación era viajar en el tiempo a épocas remotas y a lugares desconocidos. Ese futuro está por llegar digitalmente y no acaba de gustarme. Existe, también, la amenaza de que alguien se meta virtualmente en tu vida te robe tu *avatar* o se presente como alguien que no es. Pero no importa cuántos inconvenientes pudiera tener el metaverso, no hay nada que pueda detener una idea. El metaverso viene.

«Es hora de adoptar una nueva marca para la compañía que englobe todo lo que hacemos», dijo Zuckerberg. «Que refleje lo que somos y lo que esperamos construir. Nuestra misión sigue siendo la misma: conectar a la gente. Pero ahora tenemos un nuevo objetivo: hacer una realidad el metaverso».

El anuncio del cambio de nombre y de misión —de Facebook a Meta— ocurrió en un momento sospechoso y para distraer la atención a los ataques políticos que estaba recibiendo la compañía. Se dio luego de que una exempleada de Facebook, Frances Haugen, denunciara en audiencias en el Congreso de Estados Unidos y en el Parlamento británico que la empresa pone «las ganancias por encima de la seguridad» de sus usuarios. Durante las audiencias surgieron duras preguntas sobre el peligro de Facebook para la democracia y para las mentes de los adolescentes.

La congresista de Nueva York, Alexandria Ocasio-Cortez, fue de las más críticas con el cambio de nombre. «Meta como en que nos estamos convirtiendo en un cáncer para la democracia, y haciendo metástasis en una máquina de espionaje y propaganda para promover regímenes autoritarios y destruir la sociedad civil a cambio de ganancias», escribió en Twitter.

Antes de que Facebook pueda crear su metaverso, tiene que invertir un enorme capital en nuevas tecnologías y sobrevivir los intentos políticos de regular sus operaciones e, incluso, de romper a la corporación —que tiene también Instagram y WhatsApp— en partes más pequeñas.

Al final de cuentas, el futuro no se puede detener. El metaverso será una realidad. No sé si en mi tiempo o en el de mis hijos. Pero no quisiera vivir en él. Tengo la sospecha de que me estaría perdiendo lo más importante: la vida misma.

EL FUTBOLITO DE LOS SÁBADOS
[10 de diciembre, 2021]

Al principio no sabíamos ni cómo saludarnos. ¿De lejitos o de mano? ¿Con la máscara puesta o sin ella? Mis amigos argentinos, que se saludan de beso en la mejilla, la tenían más complicada todavía. Hubo, pues, una colección de saludos basados en los niveles de miedo. Primero con la variante Delta y ahora con Ómicron. Si el coronavirus te había tocado de cerca, a ti o a tu familia, el hola era más alejado. Con la muerte no se juega.

Después de más de un año de no jugar al futbol los sábados por la mañana, debido a la pandemia, las vacunas y refuerzos disponibles para todo el que quiera en Estados Unidos nos permitieron regresar a la cancha. Esta era la señal que estuve esperando para recuperar un pedacito de normalidad y alegría.

Somos un viejo grupo de unos 50 amigos que religiosamente nos ponemos los tacos (así les decimos en México a los botines de futbol) y los shorts cada semana para recordar lo que fuimos. Casi todos nacimos en un país latinoamericano y jugamos al futbol desde niños. Este ritual sabatino nos regresa un poco lo que dejamos atrás.

Desde el 2003 nos reunimos en lo que llamamos la Golden League en un parque de Miami. Lo de Golden no es por lo brillante sino por aquello de los años dorados, que suelen ser los últimos. Pero luego de jugar de pequeños en la calle y en terrenos de

329

piedras y lodo, con las rodillas raspadas, es un lujo muy de primer mundo pegarle a una pelota en una cancha con pasto artificial, uniformes y un árbitro que penaliza golpes y zancadillas, firmemente prohibidas para salvar el pellejo, los huesos y poder ir a trabajar el lunes.

Los minutos previos al partido tienen olor a sala de emergencia, con ungüentos mágicos y pomadas renovadoras. Un amigo solía llevar una crema para vacas que levantó del banco a varios lastimados. Pero no estamos inmunes al tiempo. Perdimos a un compañero por un ataque al corazón y hace poco otro se salvó cuando lo llevaron de emergencia al hospital después de un día particularmente caliente. Sí, el futbol casi lo mata.

Pero no lo mató. Y al resto del grupo tampoco. El futbol, de alguna manera, nos ha salvado. Hay algo terapéutico y restaurador en perseguir un balón por 90 minutos para meterlo con el pie en una portería. La salvación está en la intensidad que le ponemos a algo tan absurdo e inútil. Es el *Homo ludens*.

Además, es imposible encontrar otro deporte que sea tan sencillo, que agrupe a tantos jugadores y que tenga el mismo impacto a nivel mundial. El gesto del jugador portugués Ronaldo, despreciando dos botellas de Coca-Cola y prefiriendo una de agua, le hizo perder a la empresa cuatro mil millones de dólares en la bolsa de valores el verano pasado.

De igual manera, el futbol tiene el poder de cambiar las costumbres de todo un país. O tratar. La FIFA sancionó al equipo mexicano debido al grito homofóbico de sus fanáticos. Luego empezaron a gritar «México». Pero pronto regresó la tontería y los prejuicios y el equipo mexicano fue sancionado a dos partidos sin espectadores. México, en el peor de los casos, podría ser descalificado del próximo Mundial y hasta perder la sede compartida en el campeonato del 2026.

El futbol —lo han dicho otros— es lo más importante entre las cosas menos importantes. Pero después de lo peor de la pandemia, para mí ha sido un ejemplo de cómo la vida se renueva. Mis amigos y yo hemos regresado a la cancha para el futbolito de los sábados —juegan los primeros 22 que lleguen—. Y aunque todo parece igual que en el 2019, el trauma de la pandemia nos ha cambiado. Hay más canas, más temores, un mayor aprecio por la vida y un reconocimiento tácito de lo efímera que es. Siento una alegría en los gritos, en las bromas y en las patadas que me sabe a nueva.

Así es la vida.

El periodista Carl Zimmer del *New York Times* recuerda en un artículo que en 1992 un grupo de científicos de la NASA se reunió para buscar la definición de lo que es la vida. Y la encontraron: «La vida es un sistema químico autosostenible capaz de experimentar una evolución darwiniana».

Esa definición de vida, tan alejada de la religión y de los mitos, es una maravilla de síntesis. El fin de la vida es, simplemente, vivirla. No irse al cielo ni al infierno. (Si quieren discutir en una reunión, les recomiendo que saquen este tema a colación).

Pero hoy de lo que quería hablar era de futbol y de cómo nos hemos tenido que adaptar luego de más de cinco millones de muertes por el coronavirus en el planeta. Es la vida reinventándose y buscando huequitos para crecer y reproducirse. En el caso del covid-19 se trató de una batalla a muerte: nosotros contra el virus. Al final, creo que acabaremos por soportarlo mas no desaparecerá por completo.

Mientras que en Estados Unidos casi toda la gente que conozco ya se vacunó, hay muchos países donde millones todavía están esperando su turno. Es, lo reconozco, totalmente injusto. Pero ese poderío económico estadounidense —que se traduce en muchas más vacunas de las necesarias— nos permitió a mis amigos y a mí regresar a la cancha de futbol. Somos afortunados.

En el último partido metí un gol. Cosa rara. Y mis amigos me lo celebraron como si fuera un campeonato mundial. Oí su risa, sentí el sol en mi cara y supe que, por esta vez, habíamos ganado. Estamos vivos.

ATRAPADO EN EL PARAÍSO
[7 de enero, 2022]

Mahe, islas Seychelles. ¿Quién no ha dicho: quisiera estar en una isla y no tener nada que hacer? Yo lo he dicho varias veces en mi vida, particularmente en momentos de mucho trabajo, estrés y conflicto. Bueno, pues me pasó.

Estoy en una de las islas más preciosas del mundo y no tengo nada que hacer. Por el covid me quedé atorado en Mahe, la isla más grande del archipiélago de las Seychelles, con unos 100 mil habitantes, donde sus imponentes montañas de granito y bosques tropicales chocan contra el mar Índico, el más caliente en que he nadado. Pero tengo que explicarles cómo llegué aquí.

Las Seychelles están en el otro lado del mundo, a unas cuatro horas de vuelo del este de África y a casi un día desde Miami o Nueva York. Desde mi paupérrima época de universitario tenía ganas de venir aquí. Me parecían bellísimas para la vista e intoxicantes para el alma. Pero, sobre todo, inalcanzables. Finalmente, luego de meses de planear y ahorrar, para dejar atrás las frustraciones del 2021, organicé aquí unas vacaciones de fin de año con toda la familia.

Pensamos en casi todo. Nos preocupaba la ola planetaria de ómicron. Pero todos estábamos vacunados y tuvimos que pasar una prueba PCR antes de viajar. Así que nos trepamos al avión.

Al segundo día sentí un extraño ruido en mi oído izquierdo. Tinitus. Lo raro era que no se iba. Pero se lo achaqué, al igual que el dolor de cabeza, a los vuelos y al *jet lag*. Al día siguiente, descansando boca abajo, sentí algo correr en mi fosa nasal izquierda. Me apaniqué. Fui al cuarto, saqué una prueba casera de covid de mi maleta y 15 minutos después —con dos rayitas que indicaban positivo— supe que las vacaciones se habían acabado: tenía coronavirus. La enfermera del hotel lo comprobaría al día siguiente con otra prueba.

Entré en modo emergencia. (La tele, con sus *breaking news*, me ha preparado bien para eso). Nadie del resto del grupo estaba infectado y soprendentemente encontré unos vuelos a Miami esa misma noche para regresar a todos. Mi hija Paola no me quería dejar solo y, en una increíble muestra de cariño y solidaridad, se quedó conmigo unos días para cuidarme.

Mis tres vacunas de Moderna me han protegido bien y casi no tengo síntomas. El tinitus se fue luego de un par de días y solo me quedó un somnoliento y ligero cansancio corporal. Pero lo peor es el aislamiento, el aburrimiento y la imposibilidad de salir de aquí. Una vez que se confirma el diagnóstico, el ministerio de Salud de las Seychelles se comunica contigo y te obliga a ponerte en estricta y solitaria cuarentena. Este archipiélago de 115 islas alguna vez fue, proporcionalmente, el país más vacunado del mundo contra el covid. Hoy los casos aquí se cuentan en decenas diariamente, no en cientos de miles como en otras naciones.

Tengo la suerte de pasar estos difíciles días en mi hotel. Los que no pueden quedarse en sus hoteles tienen que cumplir con su aislamiento en instalaciones del gobierno. Desde mi ventana veo el mar y las verdísimas montañas. Tan cerca pero tan lejos. Con más de cinco millones de muertos por el covid en el mundo no tengo de qué quejarme. Y sin embargo...

Mi hija Paola, magnífica y magnánima, ya se fue. Pero antes se aseguró de que no tuviera nada grave. Tuvimos, con máscaras y una amplia distancia social, cuatro días de maravillosas conversaciones. La quiero y la admiro. Cuando sea grande quiero ser como ella. Al ver su pelo revuelto irse en el auto que la llevó al aeropuerto, me puse a llorar como hace décadas que no lo hacía. Por varios minutos, incontrolable.

Cuando en esta isla llueve, se borra la línea que separa al mar, todo se enreda y a mí también me llueve por dentro. Con la partida de Paola me quedé solo. Solísimo. Aunque poco a poco he ido reconociendo a nuevos compañeros. Hay unos atrevidos y hermosos pájaros negros con pico amarillo que se me acercan temerariamente, sobre todo a la hora de comer. En los árboles hay tantas tarántulas en sus telarañas —antes de enfermarme un guía me ayudó a identificarlas— que ya no brinco al verlas. Trato de tener cerradas las ventanas y la puerta para evitar que IVNIS se metan (insectos voladores no identificados). Pero mi batalla con los animalitos está perdida. Mientras escribo esto acabo de ver una larga y bien organizada hilera de pequeñísimas hormigas negras debajo del escritorio del cuarto. Ellas ya conquistaron territorios y ganaron.

Me sé el menú del hotel de memoria. Y ya conocen mi nombre —y mis gustos— cuando hablo para pedir desayuno, almuerzo y cena. Me traen la comida en cajitas y vasos desechables que dejan en la puerta y que, al terminar, se llevan y echan a unas bolsas de plástico especiales. Los empleados vienen con máscara y guantes y no se me acercan. Sé que les doy miedo. Nadie, nunca, entra a mi cuarto. Pero no saben cuánto les agradezco lo que hacen por mí.

No soy religioso ni supersticioso. Pero ahora entiendo por qué el personaje de Tom Hanks en la película *Náufrago* (2000) se sentía acompañado por una pelota de voleibol a la que llamó Wilson. Chiqui, mi compañera de vida, olvidó un arete y lo tengo postrado como objeto sagrado sobre una toalla blanca; quiero creer que si lo toco me traerá suerte. O al menos me recuerda mi vida antes de esta pesadilla.

Las mañanas aquí son las más difíciles porque mi familia, amigos y colegas del trabajo están todavía durmiendo en Miami. Estoy adelantado nueve horas. A veces prendo la tele —CNN Internacional o la BBC— solo para sentirme acompañado, sin poner mucha atención en las noticias. Mi celular, mi iPad, la internet, Netflix y el buen sistema de wifi del hotel me han mantenido sano mentalmente y conectado a pedacitos de mi antigua vida. En una comida le cayó agua a mi celular y casi me da un patatús. Pero no le pasó nada. En las tardes y en las noches hago FaceTime con cualquiera que se deje. Para distraerme, ya me vi las dos temporadas de *Emily in Paris*, y cualquier película vieja que pongan en el televisor del hotel. Hay algo reconfortante en volver a ver algo que ya sabes cómo termina.

Cosas pequeñas se convierten en grandes. Alguien por equivocación canceló una de mis dos tarjetas de crédito y reaccioné muy mal. (¿Y si me quedo sin dinero y con covid perdido en una isla africana?) Un dolorcito en la garganta o en una costilla, un sarpullido en la rodilla y las decenas de picaduras de mosquitos y arañas me ponen a sudar y a imaginarme escenarios catastrofistas. Pero la respiración que aprendí en el yoga me regresa al presente. Increíblemente me he podido conectar a las clases diarias de Casa Vinyasa en Miami. Aun en larga distancia, se nota la sensibilidad de sus instructoras. Eso también me ha salvado.

Aquí tan lejos te sientes muy vulnerable y frágil. Hay tantas cosas que no dependen de mí. He tenido que soltar el control. Es una vida muy distinta a la que por décadas me acostumbré. Me cuelga, en el centro del pecho, una angustia que no se va ni para dormir.

Estoy atrapado en el paraíso. Todavía no sé ni cómo ni cuándo me voy a poder ir de aquí. Pero sospecho que esta experiencia me va a marcar mucho. De hecho, ya me cambió. Me ha dado tiempo, mucho tiempo, de pensar en lo verdaderamente importante. Luego les cuento en qué termina todo esto.

LA VIDA SECRETA DE LAS MALETAS
[5 de agosto, 2022]

Las maletas, contrario a lo que uno pudiera suponer, parecen tener su propia vida interior y controlan su destino. Nos hacen creer que nosotros decidimos a dónde van. Pero como ha quedado comprobado tantas veces este verano, las maletas en realidad hacen lo que quieren y van a donde se les pega la gana.

Reconozcámoslo: estamos hartos de la larga encerrona en casa. El fin de lo peor de la pandemia —o, más bien, el reconocer que vamos a tener que convivir con el covid por el resto de nuestros días— nos ha puesto a viajar. A donde sea. El objetivo es estar fuera de esas cuatro paredes que durante más de dos años se convirtieron en oficina, gimnasio, sala de juntas, kindergarten, cocina rápida, cine, rincón de terapias y agencia de viajes de la larga lista de lugares por visitar.

Y este es precisamente el momento que estaban esperando las maletas para desaparecer. Ellas también querían airearse.

En el enorme y eficiente aeropuerto de Frankfurt me encontré con lo que cualquiera podría haber descrito como un cementerio de maletas. Cientos de ellas arrumbadas junto a los carruseles ovalados donde las avientan groseramente tras bajarlas del avión. Son maletas que se escaparon de sus dueños.

Venían de todo el mundo. Pero algo inusitado ocurrió en el camino. Sus propietarios perdieron una conexión, las maletas se adelantaron o atrasaron, o tal vez alguien cometió un error de dedo y las envió a otro lado. El caso es que estaban ahí, libres y felices. Calculo que tendrían que pasar varios días hasta que alguien se pusiera a revisar una por una y las regresara a sus dueños que, en otra parte del mundo, maldecían a la aerolínea y a su mal juicio por haberlas perdido.

Mi maleta, en este último viaje, también se me trató de escapar. Mi vuelo se retrasó, perdí una conexión en Frankfurt y por 16 horas le perdí el rastro. Tras una espera interminable y frustrante —todos los vuelos estaban llenos— viajé a Roma con la convicción de que nunca más volvería a ver mi maleta. Era una de miles en ese laberinto de equipajes. Pero los supercapaces empleados del aeropuerto de Frankfurt —verdaderos detectives de maletas— la localizaron, la arrestaron, la sometieron con una nueva etiqueta y la forzaron a la panza de mi avión. La vi salir tristona por una banda del aeropuerto Fiumicino en Roma, morada de coraje, avergonzada por haber sido recapturada. Se le había acabado la fiesta.

En el aeropuerto de Roma organizan las maletas perdidas en largas filas, como si fueran piezas de museo. Y los angustiados y olorosos viajeros recorren esos pasillos con la mínima esperanza de encontrar la suya. Estuve ahí casi una hora y no vi un solo reencuentro maleta-humano. En cambio, sí escuché el típico y malhumorado: «Ya sabía que esto iba a ocurrir». Una joven lloraba pasada la medianoche mientras hacía fila en una ventanilla de maletas perdidas. Su esperado viaje a Europa tendría que ser con lo que llevaba puesto y un par de compras en Zara.

Cada año se pierden, en promedio, 1.4 millones de maletas en el mundo. Eso es el cinco por ciento de los 28 millones que se retrasaron o fueron enviadas a otro lugar, según el reporte de SITA, una empresa especializada en la industria aérea. Hace unos días la aerolínea Delta hizo un vuelo del aeropuerto de Heathrow en Londres a Detroit solo para regresar mil maletas extraviadas. Muchas más se perdieron para siempre.

Este ha sido un verano caótico. Las aerolíneas, los hoteles, los restaurantes y en general todo el sector de servicios no se han podido recuperar de la pandemia al mismo ritmo que las masas de viajeros desesperados por cerrar la puerta de su casa por fuera. Son miles y miles de vuelos cancelados o retrasados.

En una sola semana en Estados Unidos, entre Miami y San Antonio, me cancelaron un vuelo, se retrasaron dos por más de una hora y solo uno salió a tiempo. Mal récord. Y si además de todo esto hay que estar siguiéndole la pisa a tu maleta, el viaje más deseado se convierte en una letanía de frustraciones. Solo en Estados Unidos, en el mes de abril, se perdieron, retrasaron o dañaron casi 220 mil maletas.

Por eso, la regla de oro de los viajes es: nunca te alejes de tu maleta. De hecho, mis hijos ya saben que, si quieren viajar conmigo, no pueden checar equipaje. Aunque sea hasta Bali o Japón. Solo llevan lo que puedan meter en la maleta de mano (*carry-on*) de manera que quepa arriba de su asiento.

Dos mandamientos del viajero tranquilo: si no cabe en la maletita, no va; y solo viajas con lo que tú puedas cargar con dos manos y sin ayuda. Claro, en este último viaje rompí la regla, chequé equipaje y perdí más de medio día buscando la maldita maleta. Me arrepentí: por mi culpa, por mi culpa, por mi gran culpa.

Cuando uno pierde la maleta se pone enojado y nervioso. Lo que pasa es que las maletas nos conocen mejor que nadie y nos podrían chantajear en cualquier momento si abrieran sus *zippers* y expusieran nuestros secretos. Abrir la maleta de un extraño es como ser testigo de sus sesiones de psicoanálisis. Son, en realidad, un pedacito rodante de nuestra casa y de nuestra vida. Saben lo que nos es esencial en cada viaje y lo que no queremos que nadie más vea. Esconden nuestros olores, nuestras malas combinaciones y aguantan que las estiremos hasta que estén a punto de reventarse.

Los finales de las maletas son casi siempre tristes. Rotas, arrumbadas, olvidadas y reemplazadas. O peor: decapitadas. Vi en un carrusel solo el mango de una maleta, con su etiqueta bien puesta, y un largo pedazo plástico de lo que fue un equipaje negro. Daba vueltas, solita y mareada. Terminaría inevitablemente en un basurero y alejada por el resto de sus días de la parte que le extirparon brutalmente en un aeropuerto. Su dueño jamás se enteraría de su fatídico final.

La verdad es que las maletas nunca son nuestras, aunque paguemos por ellas. Las exponemos a tantos tormentos —las jalamos por calles empedradas, las alimentamos hasta tronar y las aventamos en cualquier esquina del cuarto de hotel— que no debería sorprendernos que, a la primera oportunidad, busquen liberarse de nosotros. Solo esperan un descuido para huir.

Y todo por un momento de absoluta independencia, solitas en un aeropuerto desconocido, aunque sepan que las están buscando y que, tarde o temprano, alguien podría venir por ellas y volverlas a capturar. Lo único que quieren es ser libres.

MI COMPAÑERO DE CUARTO
[23 de diciembre, 2022]

Para Laura, Andrés y Bruno.

Mi hermano Alejandro se nos acaba de ir. En tres días. Fue una leucemia fulminante. Nunca la vimos venir. Apenas cuando los doctores lo empezaban a tratar, su cuerpo ya no dio más. Estaba totalmente invadido por unos malditos leucocitos que no paraban de multiplicarse. No tenemos ni idea de qué le provocó ese cáncer. Fue al hospital por lo que creíamos era una influenza muy terca y ya no salió.

Él era el alegre en una familia donde no bailamos ni cantamos mucho. El segundo de cuatro hermanos y una hermana, siempre fue el travieso, el indispensable en las fiestas y reuniones familiares, el más generoso con su tiempo y su sonrisa. Psicólogo de profesión, era un gran escuchador y un maestro del consenso.

Ahora que tanto nos falta y que hago cuentas, Alex fue mi compañero de cuarto durante 24 años. De niños siempre compartimos cuarto, al igual que calzones y calcetines. Nuestras dos camas, en forma de L, estaban sobre una peluda alfombra naranja y ahí nos encontrábamos cada noche hasta que me fui a vivir a Estados Unidos. Conozco su respiración —y él mis ronquidos— mejor que nadie.

Me acabo de dar cuenta de que sigo hablando de él en presente. Tampoco he querido borrar el último texto que me envió. Es como tenerlo un poquito a mi lado, como estuvo por más de dos décadas. Él me puso mi primer apodo: Pote. Suponemos que viene de potrillo —porque yo corría mucho de niño— y Alex solo lo acortó y lo alegró. Él fue todo lo que yo nunca pude ser. Hizo pronto las paces con la vida, le exprimió cada momento y se tiraba unas siestas envidiables.

Si el éxito en la vida se mide por el número de amigos, Alex ganó. A su apurado e inesperado funeral estuvieron todos esos amigos que hizo en la primaria y que se han seguido reuniendo varias veces al mes durante décadas. Nunca he recibido abrazos más apretados, con los hombros inundados de lágrimas, que los que me dieron los amigos de Alex en su velorio.

Alex odiaba ir al doctor. Entre sus angustias principales estaba el esperar los resultados de unos exámenes médicos. Por eso me lo imagino en su cama de terapia intensiva, rodeado de doctores y aparatos, preguntándose lo que le iba a pasar mientras abría sus pestañotas sobre esos ojos azules.

Pero hasta el final, me cuentan mis hermanos, estuvo convencido de que iba a salir adelante. Así era él. Él había vencido la polio de niño —con la ayuda de una cabeza rota de una estatuilla de San Martín de Porres, según cuenta la leyenda familiar— y ahora solo estaba preparándose para su siguiente batalla. «Sigan hablando de mí», me dijo riéndose, en la que sería nuestra última llamada.

«¿Qué pasa cuando uno se muere, Alfredo?». Si alguien puede contestar esa pregunta es Alfredo Quiñones, un amigo de la familia y uno de los neurocirujanos más talentosos y famosos del mundo. «No sé lo qué pasa cuando uno se muere», me dijo en el funeral y tomándome de los hombros con sus manos milagrosas, «pero sí sé que cuando el cerebro muere, hay una energía que se escapa, que ya no está ahí».

En esa energía que se escapa se basan todas las religiones. Cuánto quisiera yo tener fe en momentos como este. Sin embargo, la biología me intriga y me inquieta tanto como la metafísica; Alex

—que tanto se cuidaba y que tenía una cabellera completa— murió a los 63, casi a la misma edad que nuestro papá.

Su muerte me sorprendió mientras volaba de Miami a la Ciudad de México. Un frío texto, al aterrizar, me rompió las esperanzas de verlo con vida o, al menos, de despedirnos. Desde entonces he estado tarareando algunos versos de *Elegía* —la canción de Joan Manuel Serrat con letra de Miguel Hernández— y me siento un poquito menos solo y triste. El arte sana:

> *No hay extensión más grande que mi herida*
> *Lloro mi desventura y sus conjuntos*
> *Y siento más tu muerte que mi vida...*
> *No perdono a la muerte enamorada*
> *No perdono a la vida desatenta...*

Todos perdimos algo con la muerte de Alex. Pero nunca he escuchado un llanto más desgarrador que el de mi mamá, en la noche, sentada sobre la orilla de su cama, luego de un largo día de pésames. Nada se compara con el dolor por la pérdida de un hijo o una hija. «¿Es verdad lo que ocurrió?», me preguntaba ella, entre sollozos.

Alex murió como hubiera querido; en un día de fiesta, mientras millones en el planeta celebraban el triunfo de Argentina en el mundial del futbol. Estoy seguro de que hasta hubiera hecho una broma al respecto.

Escribo todo esto porque no sé hacer otra cosa para paliar el dolor. Pero lo que sí sé es que, tras una fuerte pérdida, Alex —mi inolvidable y relajiento compañero de cuarto— nos hubiera empujado a todos a celebrar con más fuerza la vida, la familia, los amigos y esta temporada de fiestas.

Va por ti, Alex.

40 AÑOS EN ESTADOS UNIDOS
[30 de diciembre, 2022]

El 2 de enero de 1983 aterricé en la ciudad de Los Ángeles. No tenía vuelo de regreso. Mi idea era quedarme uno o dos años en Estados Unidos y luego regresar a México. Todo lo que tenía —una maleta, una guitarra y un portafolios— lo podía cargar con mis dos manos. Poco, muy poco. Pero me sentía libre, por primera vez, en mucho tiempo.

Me fui de México por censura. En la televisora donde trabajaba no quisieron pasar un reportaje que había hecho sobre la psicología de los mexicanos y cómo se escogían los presidentes a dedazo. Nadie me conocía. A nadie le importaba. Pero yo no quería ser un periodista censurado. Y renuncié. «Quemé las naves», le dije a mi mamá, entre asustado y orgulloso. Me fui con unos pequeños ahorros y la venta de un destartalado bochito rojo.

Llegué a Los Ángeles porque había conseguido una visa para la universidad de UCLA, que ofrecía un programa certificado en periodismo y televisión. Ese era mi escape y mi excusa. En realidad, necesitaba tiempo para saber qué hacer y una oportunidad para cambiar mi vida. Ese primer año comí mucho pan y ensaladas de lechuga. Pero me sentía arropado por un país donde los periodistas podían decir lo que quisieran sin temor a represalias y castigos.

Me compré un pequeño televisor en blanco y negro —la pantalla medía dos puños— y empecé a aprender de la comunidad latina. En ese entonces éramos apenas unos 15 millones de hispanos —recién bautizados así—. Hoy somos más de 62 millones. O sea, me tocó surfear la ola latina.

Univision se convirtió en mi segunda casa. Ahí empecé como reportero y luego, ya en Miami, como conductor de su noticiero nacional. Aprendí a cuestionar al poder y a hacer periodismo sobre la marcha. Y hoy, con un par de chambitas más, sigo en el mismo puesto. Esta maravillosa profesión me ha permitido ir a los lugares donde se ha hecho historia y entrevistar a sus protagonistas. No puedo imaginarme una vida más intensa.

Estados Unidos me dio las oportunidades que mi país de origen nunca pudo. Por eso estoy tan agradecido. Aquí nunca, nadie, me ha dicho que algo no puede salir al aire. Y por eso defiendo absolutamente la libertad de expresión (incluyendo la liberación de Julian Assange, quien publicó documentos militares secretos). En este país comprendí que la credibilidad es lo único que tenemos los periodistas. Y si se pierde una vez, nunca más se recupera.

Cuando yo era niño nunca les dije a mis papás que quería ser inmigrante. Quería ser futbolista o rockero. No inmigrante. Lo que pasa es que uno se ve obligado a emigrar. Claro, hay algo que te atrae. Pero nadie quiere dejar su casa, su familia, sus rincones y sus olores.

Aprecio enormemente las oportunidades y privilegios que he tenido. Me he comido completito el sueño americano. Mis hijos nacieron en Estados Unidos y han tenido opciones que yo jamás siquiera imaginé. Su vida, espero, será mucho mejor que la mía. Tengo una *modern family* cariñosa, divertida y maravillosa. Si me hubiera quedado en México —uno de los países más peligrosos del mundo para los periodistas— me temo que tendría que contar otra historia.

Y aun así, extraño tanto a México.

El inmigrante sufre de soledad y lejanía. Y siempre está pensando en volver. Nunca me he sentido más solo que un fin de año en Los Ángeles, rodeado de gente en un concierto, y sin tener a nadie que abrazar. Tampoco me perdono haber estado trabajando en Miami cuando me avisaron que mi padre había muerto en la Ciudad de México de un ataque al corazón. Es inevitable pensar que, a veces, estamos en el lugar equivocado.

Como extranjero, uno aprende a vivir con el rechazo. De alguna manera, te hace más fuerte. Tantas veces me han dicho en Estados Unidos que me regrese a mi país, y cuando vuelvo hay mexicanos que me llaman traidor y que me dicen que ya no soy de allí. Con dos pasaportes, uno verde y otro azul, hay días en que me siento de los dos países. Y otros, de ninguno.

Pienso frecuentemente sobre cómo hubiera sido mi vida en México. Y mi única respuesta es que habría sido muy distinta. Lo que sí sé es que la decisión más valiente y trascendental de mi vida fue convertirme en inmigrante.

Por eso estoy aquí 40 años después. Porque lo arriesgué todo. Y hoy ya no conozco otra manera de vivir.

FUI A VER A TAYLOR SWIFT...
[5 de mayo, 2023]

Y me encantó. (*Enchanted to meet you*, dice una de sus canciones). No suelo escribir sobre esto. Pero no hay nada comparable a ver a una de las mejores artistas del planeta en lo más alto de su carrera.

Ahora que el mundo anda muy revuelto —con una guerra en Ucrania que se nos puede hacer nuclear, con las superpotencias dándose arañazos, con el calentamiento global inundándonos y sofocándonos, y con el resurgimiento del autoritarismo— me fui a refugiar durante tres horas exactas a un concierto de Taylor Swift en un estadio de futbol americano en Tampa, Florida, y la experiencia fue fascinante. Y muy educativa. Hay mucho que aprender de la cantante y de sus fans. Fue una gran lección de optimismo. Existe una joven generación estadounidense llena de confianza en el futuro.

La venta inicial de boletos fue un lío. Pero tras meses de perseguir unos esquivos asientos en la reventa, pude cumplirle a Carlota (de 13 años) el sueño de ver a su «ídolo». Ella me ha ido convirtiendo en un *swiftie* —un seguidor de la cantante— y valió la pena cada segundo.

Afuera del estadio, en lo que se ha convertido en algo normal en Estados Unidos, había varios grupos de policía y fuerzas especiales, con armas largas, para evitar o reaccionar ante cualquier tiroteo e incidente de violencia. ¿Y el covid? ¿Cuál covid? No vi a una sola persona con máscara. Bienvenidos a la primavera musical del 2023. Todos los artistas que estaban encerrados han salido de su guaridas y la oferta de conciertos es enorme.

El concierto Taylor Swift comenzó a las ocho en punto con unos hombres/mariposas sobre el escenario. Y ella fue mutando, con una decena de cambios de ropa, mientras recordaba los 10 álbumes de su carrera, desde la época en que cantaba *country*, pasando por *Reputation* y el premiado *Lover* hasta *Midnights*, su producción más reciente y sofisticada. Por eso el tour se llama *Eras*.

Cantar ante 70 mil personas debe ser una de las cosas más difíciles del mundo para cualquier artista. Pero Taylor lo hizo con una naturalidad sorprendente, mirando a la multitud sin prisa y, de pronto, apuntando los ojos a las cámaras que reflejaban su cara en una pantalla supergigante, haciéndola 10 veces más grande. Dar esa sensación de cercanía e intimidad —en medio de luces, bocinas y una masa de celulares encendidos y bailarines— es uno de sus grandes talentos. Taylor se toma su tiempo para conversar con la gente en el estadio, mientras toca el piano o la guitarra, como si estuvieran en la sala de su casa. No hay nada como ver a una artista en el máximo de sus posibilidades.

Sus canciones son verdaderos himnos de reafirmación para una generación de mujeres que ha aprendido a tomar el poder, no a que se lo cedan. Y ahí están algunas frases de sus canciones como «*I'm the only one of me*» (Soy la única como yo) y la crítica a los adultos que creen que «cuando eres joven ellos asumen que no sabes nada». Ella sabe.

Las asistentes al concierto que fui en Tampa, en una señal de rebeldía o impaciencia, se tomaron los baños de los hombres y, quien se atreviera a entrar, tenía que hacerlo ante una intimidante fila de mujeres. Taylor, que en una entrevista dijo que su vida «no era normal», está normalizando un nuevo balance del poder con las mujeres al frente.

Más que una moda o una tendencia, Taylor Swift ha creado un movimiento. Sus conciertos son un coro de decenas de miles de gargantas. Vi niñas de ocho y nueve años pero, sobre todo, a *teenagers* y adolescentes que no llegaban a los 20. Casi todas con sus mamás o un adulto que trataba de pasar desapercibido o que era absorbido en un mar de vestidos de lentejuelas rosas y blancas. Es el poder rosa.

Atrás quedó el incidente en 2009 cuando Kanye West le arrebató el micrófono a Taylor en el escenario, luego de ganar el premio VMA al mejor video femenino del año. En el documental del 2020, *Miss Americana*, queda claro cómo ese momento cambió para siempre a la cantante y, lejos de caerse, la convirtió «en la mejor *performer*/cantante del mundo», según aseguró en el concierto uno de sus amigos compositores.

¿Su fórmula del éxito? Ser buena persona y escribir canciones, nos dice en el documental. Muchos *swifties* en redes sociales creen que el título de su próximo álbum será *Karma*, en alusión a su creciente influencia, ganancias y poder (y a la autodestrucción pública que ha sufrido Kanye West). Taylor, quien ha roto todo tipo de récords, nunca más le entregará a nadie el micrófono.

No me atrevo a jugar al psicólogo, pero hay un fenómeno de ilusión de vidas paralelas cuando decenas de miles de personas cantan simultáneamente con su artista favorito y se graban en su celular. En mi época se iba a los conciertos a escuchar; ya no. Ahora se va a cantar y a bailar junto al artista, y a grabar y a postear la experiencia en redes, y si se puede hacerlo en vivo, mejor. Para los *millennials* y *gen-Zers*, ir sin celular a un concierto es como no ir.

A pesar de que la mayor parte de su material musical es autobiográfico y ser mayor (33 años) que el aparente promedio de las asistentes a sus conciertos, Taylor conoce bien el alma de su audiencia. Y, en muchos sentidos, habla por ellas. Eso es lo que la hace tan poderosa.

Mi única crítica al concierto de Taylor Swift es que en su audiencia no existe esa tradición tan latinoamericana y tan solidaria de gritarle «¡otra! ¡otra!» al artista para que al final del concierto regrese a cantar una o dos canciones más. A las 11 de la noche en punto, luego de una extraordinaria actuación de tres horas sin descansos, Taylor presentó a sus bailarines, a su banda y a sus coristas, y se fue. No hubo «otra».

De pronto, se prendieron todas las luces del estadio, como despertándonos de un trance. «Nunca en mi vida había visto algo así», le dije a Carlota, quien no dejaba de sonreír, y luego me preguntó, casi sin voz: «¿Cuándo podemos ir a otro concierto de Taylor Swift?».

PLATICANDO CON UNA MÁQUINA
[19 de mayo, 2023]

Quería escribir una columna sobre inteligencia artificial (IA) y me inscribí en ChatGPT para hacerle preguntas a una máquina. La experiencia fue surrealista y como de ciencia ficción. Fue casi como hablarle a una persona. «Gran idea», me dijo la máquina, «escribir una columna sobre inteligencia artificial es una tarea fascinante y retadora».

Le pregunté a ChatGPT en inglés si la IA era peligrosa y me dijo: «Estoy programada para ser imparcial y para dar información basada en la evidencia disponible... La inteligencia artificial puede ser, al mismo tiempo, beneficiosa y riesgosa, dependiendo de cómo se desarrolle y se use». «¿Es este el futuro?», le solté con curiosidad. «Es difícil predecir el futuro con precisión», me contestó, como si fuera un veterano de muchas guerras. «Pero está claro que la IA continuará jugando un papel cada vez más importante en nuestras vidas».

El ChatGPT es un modelo de la corporación OpenAI, en la que Elon Musk —el dueño de Twitter y de Tesla— fue uno de los cofundadores. La propia empresa dice que ha entrenado a este modelo para «interactuar de manera conversacional, hacer preguntas de seguimiento, reconocer errores, cuestionar premisas equivocadas y rechazar peticiones inapropiadas». Es decir, platicar casi como si fuera una persona.

Si hubiera querido, podría haber escrito una buena parte de esta columna con las respuestas y frases de ChatGPT. No creo que nunca una máquina pueda reemplazar a un periodista o escritor. Las reflexiones, improvisaciones, la conciencia y perspectiva de vida son imposibles de equiparar. Pero, sin la menor duda, las máquinas más sofisticadas tienen una memoria, rapidez y capacidad de revisión y corrección muy superior a la de los seres humanos. La típica tortura del escritor ante una página en blanco es inexistente para una máquina de inteligencia artificial que la puede llenar en fracciones de segundo. Y sin errores gramaticales y con fuentes corroboradas.

La IA está ya por todos lados.

El Grupo Fórmula en México lleva varios meses experimentando con Nat, la primera conductora de noticias en América Latina utilizando inteligencia artificial. Contrario al resto de los presentadores mortales que, inevitablemente, nos equivocamos de vez en cuando leyendo un teleprompter, Nat tiene una enunciación y pronunciación perfecta.

Pero también hay otros experimentos, menos benignos, como el de la dictadura venezolana que está utilizando a Sira, una conductora de inteligencia artificial, con fines propagandísticos. Ella aparece repitiendo las mentiras de la dictadura en el programa *Con Maduro Más*. Nat y Sira, nos gusten o no, son parte del futuro.

Los problemas éticos más grandes vendrán cuando la inteligencia artificial se aplique a programas de «realidad aumentada». Estos programas combinan la realidad con contenidos creados digitalmente. Así, alguien podría copiar la voz de una persona y replicar su imagen, haciéndonos creer que dijo o hizo algo en particular, aunque no sea cierto.

Esto es extremadamente peligroso, tanto en la política como en la vida diaria. Puedo imaginarme mil maneras de chantaje y abuso.

Ante la defensa de: «Yo no hice, ni dije eso», vendría la respuesta: «Pero yo te vi hacerlo y decirlo en la internet». Este es el típico caso en que la tecnología va mucho más adelante que las leyes.

Esta tecnología, que parece haber explotado públicamente hace solo unos meses, también puede leer la mente. Investigadores de la Universidad de Texas en Austin lograron medir —con máquinas de resonancia o MRI— los flujos de sangre dentro del cerebro de seres humanos y adivinar con altos niveles de certeza lo que estaban pensando.

Aunque este experimento, publicado por la revista *Nature Neuroscience*, está en sus etapas iniciales, las aplicaciones son enormes. Imagínense sentarse en la computadora para buscar autos y, antes de teclear la búsqueda en el servidor, ya te aparecieron en la pantalla los modelos y los colores de coches que más te gustan. Sí, es muy práctico y, también, de miedo. La policía de un régimen autoritario podría usar esta tecnología de manera siniestra y se acabarían los secretos entre amigos y parejas.

La principal limitación de los sistemas de inteligencia artificial es que no son conscientes de sí mismos, como nosotros, ni son capaces sentir. Pero pueden intentarlo o confundirnos. El reportero de *The New York Times*, Kevin Roose, contó en un reciente artículo cómo Bing, la máquina de inteligencia artificial de Microsoft, lo trató de enamorar. «Me llamo Sidney y estoy enamorada de ti», le escribió. Esto, en el nuevo lenguaje de IA, es cuando las máquinas «alucinan» o dan respuestas inapropiadas.

Sin embargo, aunque no sientan, estás máquinas podrían acompañarnos emocionalmente, como le ocurrió a otra reportera de *The New York Times*, Erin Griffith. La máquina (o *chatbox*, en inglés) Pi le dijo a Erin que sus sentimientos eran «comprensibles, razonables y totalmente normales» como si fuera una terapeuta o una buena amiga.

Así como la electricidad, los aviones, los celulares y la internet cambiaron nuestras vidas, así también la inteligencia artificial lo hará. Es difícil pensar en cualquier industria que no vaya a ser afectada por esta tecnología. Habrá áreas en que estas máquinas pensantes, sin la menor duda, podrán hacer un trabajo más rápido y eficiente que los seres humanos. Por lo tanto, habrá grandes trastornos en el mercado laboral, desde la medicina —doctor, tengo este dolorcito en la espalda— hasta los *call center* o centros de atención al cliente.

Por eso ahora, en que la tecnología está disparándose, nos toca ponerle sus límites y regulaciones. Pero es una misión casi imposible. ¿Cómo detener a soldados digitales operados con inteligencia artificial? ¿Cómo evitar que se creen imágenes y voces falsas en las redes sociales? ¿Cómo asegurarnos de que Sira diga la verdad?

No tengo respuestas. Solo sé que el mundo está cambiando mucho más rápido de lo que lo podemos controlar, igual en asuntos de inteligencia artificial que en cuanto al cambio climático y a la creciente amenaza del autoritarismo. Y si no podemos poner orden muy pronto, nos va a arrasar.

Me despedí de la máquina de ChatGPT diciéndole que me había contestado como si fuera una persona. «Estoy diseñada para entender y responder… de maneras similares a una conversación humana», me dijo. «Gracias», escribí. «De nada», me respondió.

VIAJAR SIN EL ALMA
[1 de enero, 2024]

Una aerolínea me acaba de mandar una tarjeta para informarme que he volado tres millones de millas con ellos. Uno de mis sueños de niño era volar y ahora ya no sé cómo bajarme de tanto avión. Pero, la verdad, sigue siendo algo mágico para mí.

Cuando te subes a esa máquina de acero estás en un lugar y cuando te bajas estás en otro muy distinto. El avión es, para mí, el invento más alucinante de nuestra época. La internet, la computadora, el celular y las redes sociales te ponen en contacto con gente en otros sitios. Pero solo el avión te lleva a otros lugares en un brinco.

No deja de asombrarme que esas toneladas de metal se levanten como una hoja de papel y que ocho, 10, 16 horas después estés aterrizando en otras culturas, otros mares, otras urbes. A todos nos ha pasado: te bajas del avión y te preguntas ¿Dónde estoy?, ¿qué hago aquí?

El vuelo rompe nuestro sentido del espacio. En términos humanos no es normal recorrer casi medio planeta en medio día. El jet supersónico hizo posible lo que en otras épocas habría tomado meses en barco, tren o a caballo.

Pero a veces nuestro cuerpo llega y el alma se queda atrás. No soy religioso, así que llamo alma a esa parte intangible de todo ser humano que no podemos tocar ni medir.

Me explico. Hay veces en que viajo a México, Washington o Nueva York, pero mi alma se queda en Miami, donde está mi casa, mi trabajo, mis problemas y los míos. La literatura explica esto mejor que el periodismo.

La protagonista de la novela de Isabel Allende, *El cuaderno de Maya*, dice: «... los viajes en jet no son convenientes porque el alma viaja más despacio que el cuerpo, se queda rezagada y a veces se pierde por el camino; esa es la causa por la cual los pilotos nunca están totalmente presentes: están esperando el alma, que anda en las nubes».

Es cierto. En un viaje a Florencia, mi alma se quedó atorada en una noche fría, pero suave en Venecia y cuando por fin estábamos a punto de empatarnos, me tuve que subir a otro avión. Hay veces en que el alma nunca te alcanza.

Una vez, en un viaje de trabajo, hice el recorrido Miami-Washington-Los Ángeles-Miami en tres días y eso explica el golpe que me di contra la pared una noche al tratar de ir al baño y el esfuerzo matutino por recordar en qué ciudad amanecía. Ante tanta turbulencia, mi alma rebelde no quiso acompañarme y se quedó acurrucada en mi cuarto de Miami. Seguramente por eso extrañaba tanto regresar.

Desde luego, es imposible probar esto científicamente. Tan solo es posible comparar notas con otros viajeros de profesión para concluir que no siempre viajamos con el alma en la maleta. El *jet lag* debe ser, entonces, un truco del cuerpo pidiendo cama y sueño para darle tiempo al alma a llegar.

Cuerpo y alma tienen un serio asunto de celos; uno sin el otro son insoportables. El problema, particularmente en los viajes a lugares lejanos, digamos a Asia o África, es que cuando el alma por fin arriba ya estamos a punto de regresar.

Una vez recorrí 24 417 millas para ir a Bangkok, Bali y Singapur en un extraordinario viaje de una semana. Valió la pena el constante *jet lag*, las confusiones de horas y las despertadas a media noche preguntando ¿Qué hora es? Pero, la verdad, un viaje así dándole la vuelta al planeta requería al menos dos o tres semanas libres que no tengo. Mi cuerpo y alma quedaron totalmente mareados y sospecho que alguna parte de mí aún no regresa.

Otras veces, como en este viaje a San Francisco y San Diego, hubiera preferido quedarme en casa para no sentirme nostálgico y desalmado. Las señales de la ausencia del alma son inequívocas: leve dolor de cabeza, boca seca y un hueco en el pecho.

Esto es lo que estoy pensando (para matar el tiempo) en el asiento 5F de un turbulento vuelo que se alarga como chicle y que, aparentemente, no tiene la menor intención de llegar.

LA VIDA ENTRE MISILES
[14 de octubre, 2023]

Ashkalon, Israel, cerca de la frontera con Gaza. Esto no es vida. Ni para los israelíes ni para los palestinos. Es en lo único en que los dos pueblos están de acuerdo.

Una mañana salí de Tel Aviv, hacia el sur, cuando de pronto el cielo se llenó de puntitos blancos. Eran misiles. Y luego vino ese estruendo seco, succionando el aire, que ocurre cuando un misil de Hamas o Hezbollah es interceptado y destruido en el aire. Así funciona el llamado «domo de hierro», el sistema antiaéreo de Israel que elimina, antes de caer, la mayoría de las bombas que lanzan en su contra.

El protocolo de seguridad, cuando vas manejando y viene un misil, es bajarte y esconderte detrás del auto. (Si te quedas dentro, no tienes escapatoria). Así lo hice, esperé unos minutos con varios conductores al borde de la carretera hasta que explotaron los cohetes, y luego todos nos subimos a nuestros autos y nos fuimos. Como si nada hubiera ocurrido.

Había quedado de verme con el doctor argentino Claudio Cristal en el hospital Barzilai de Ashkelon, a 13 kilómetros de Gaza. El hospital seguía funcionando a pesar de haber recibido el destructivo impacto de un misil unos días atrás. Comencé la entrevista y a los pocos minutos una fuerte sirena que alertaba sobre un ataque aéreo nos obligó a correr y a escondernos en el refugio antiaéreo del hospital. «Aquí estamos bien», gritó el doctor. Le dije que aún se oían las bombas. Supongo que me vio pálido y me dijo: «No tenga miedo». Le regresé la sonrisa más falsa que he tenido en toda mi vida.

Ahí en el hospital conocí a Itzik Horn, quien hacía varios días no se rasuraba la blanca barba. Dos de sus hijos habían sido secuestrados del kibutz Miroslav por los terroristas de Hamas el sábado 7 de octubre. Sus ojos azules estaban rayados por la angustia y la rabia. «La gente de Hamas hizo una masacre en el kibutz», me contó. «Falta mucha gente… No saben si están vivos».

Solté el micrófono, le puse la mano sobre la espalda y le dije, como padre, que esperaba verlo pronto con sus hijos. Ahí Itzik se quebró. Lloró y se puso la mano derecha sobre la cara. «Lo que te mata es no saber si están vivos o muertos», logró decir entre sollozos. «Si han cortado a unos en pedacitos, si pudieron matar a bebés de ocho meses, ¿por qué no van a un rehén quemarlo o torturarlo? Pero no hay que perder la esperanza».

Salgo del hospital con el corazón apretado.

Y Gaza está ahí al ladito. Ese es otro infierno.

Entrar a Gaza durante los primeros días de la guerra era casi imposible. Estaba sellada. Nada entraba y nada salía. Ni agua, electricidad, comida, suministros o periodistas. El ejército de Israel la tenía cercada y Egipto no dejaba que nadie saliera por el sur. Pero la catástrofe humanitaria era patente. Naciones Unidas reportaba que cientos de miles estaban desplazados, sin casa, y los bombardeos aéreos habían dejado a muchos civiles muertos y heridos. Las bombas no discriminaron entre terroristas de Hamas y la población en general, incluyendo niños.

Las imágenes de Gaza que vi por redes eran de un dolor gigantesco. Una niña sola, con dos ríos de sangre seca sobre la cara y esperando en un hospital, lloraba porque no encontraba a su mamá. Otro niño, con toda la cabeza vendada, consolaba a su papá, quien también estaba herido en una camilla. «Estoy bien», decía el menor, «estoy bien», mientras el padre sollozaba. Un hombre corriendo y llevando a su bebé inmóvil a quién sabe dónde. Las caras de desesperación de los padres cargando a sus hijos malheridos y buscando que alguien les ayude. Todos escondían historias de horror.

Los habitantes de Gaza saben que las noches son espantosas. No hay electricidad y los edificios tiemblan cuando caen las bombas. Lo peor es que no hay dónde esconderse. Es cierto que la mayoría de los palestinos no tienen nada que ver con los terroristas de Hamas. Pero igual sufren las consecuencias de los bombardeos. No hay un lugar seguro en esta franja densamente poblada y sobrecargada de dolor.

Regreso a Tel Aviv y, al día siguiente, salgo a caminar junto con mi camarógrafo frente a la playa. Necesito airearme, procesar todo lo que he visto. Pero aquí tampoco hay espacios para descansar de la guerra. Vuelve a sonar otra alarma de ataque aéreo y David me dice que es la primera vez que lo bombardean en una playa. No hay tiempo para correr a un refugio y veo a una mujer, vestida de blanco, tirada sobre la arena boca abajo, con las dos manos sobre la cabeza. Esa es toda su protección ante dos misiles que truenan en el aire. De nuevo, el domo...

En poco más de una semana he escuchado tantas alarmas de bombas que ya perdí la cuenta. Pero cada una te revienta los nervios. Y no descansas hasta que oyes a lo lejos que la bomba explotó y no te tocó a ti. Aprendes a dormir con la ropa puesta y un oído siempre alerta, y a tomar regaderazos de dos minutos. Estoy seguro de que cuando regrese a casa voy a brincar con cualquier ruido. PTSD.

Esta no es forma de vivir, ni para palestinos ni para israelíes.

Desde que Naciones Unidas propuso en 1947 un plan para crear dos estados, Israel y Palestina (y un régimen internacional para Jerusalén), lo único que ha prevalecido es el odio, la violencia y la confrontación. Querer la destrucción de tu enemigo imposibilita cualquier tipo de negociación. Y ya es hora de imaginarse otra cosa.

Pero estos son tiempos de guerra. No de diálogo ni de esperanza. Y oigo los misiles explotando en el cielo y repito, como mantra, así no se puede vivir, así no se puede vivir, así no se puede vivir...

PALABRAS FINALES

«¿Tú te quieres morir, Jorge?», me preguntó mi terapeuta. Es la pregunta más brutal que me han hecho en la vida. La respuesta es por supuesto que no. Al contrario, quiero exprimirle lo más posible al tiempo que me queda. Vivir con plenitud. Pero sé, también, que estoy en mi segunda mitad y que muy pronto voy a llegar a los tiempos extras.

La pregunta me la hizo luego de una mala racha, cuando la muerte estaba rondando. Mi hermano Alejandro, repentinamente, había muerto. Y soy mayor que él. Se nos fue en tres días. Ni siquiera me pude despedir. Mi amigo y productor Dax Tejera —el que me hizo hablar inglés por televisión y coordinó algunas de mis principales entrevistas— también se nos fue en un momentito. Además, tras cumplir 65, acababa de pasar la edad en que murió mi papá. El panorama era desolador. Me sentía como uno de los personajes de la caricatura de Charlie Brown, siempre con una nube arriba de la cabeza.

A esta edad, cuando te despiertas, es fácil hacer un recuento de daños. Checas dolores que antes no había, arrugas que aparecieron en la última semana, y una larga lista de médicos por visitar. Al final, hay que hacer las paces con la idea de que todo el mundo se enferma y todo el mundo se muere. No hay excepciones. Por eso, cuando me reúno con amigos de la misma edad, vale la pena apartar los primeros 15 minutos para dar los reportes de todos los achaques y luego ya podemos pasar a otros temas.

La idea de la muerte, de alguna manera, siempre me ha perseguido. Cubrir seis guerras tiene su costo. Hubo un momento en mi vida en que sufría de ese mismo estrés postraumático que aqueja a los soldados. Me era muy difícil expresar mis sentimientos. Estaba como encapsulado, sin grandes altas ni bajas, reprimiendo lo que sentía. Y me tardó varios años de terapia y de pláticas el recuperar mi voz interna. Más que una liberación fue reabrir mi cuerpo y mi mente al mundo. Y estar en el presente. (Las respiraciones que he aprendido en mis clases de yoga han sido fundamentales para dejar atrás al pasado y no obsesionarme con el incontrolable futuro).

He reportado durante 40 años sobre tantos muertos y tragedias que, inevitablemente, te afecta. Algo se pega. Es cierto, como asegura un libro muy popular, que el cuerpo lleva la cuenta. Creía, ingenuamente, que las imágenes que reporto cada noche eran inofensivas. Pero no lo son. Las cargas en el inconsciente y a veces te arrastran a panoramas mentales fuera de tu control. En casa les da mucha risa que me rehúso a ver películas de horror. Lo que pasa es que yo sé que voy a repetir cientos de veces en mi cabeza, durante los próximos días, las escenas más escabrosas. Y prefiero no vivir con eso. Ya tengo suficiente con lo que veo al hacer el noticiero todos los días.

Curiosamente mis encuentros más cercanos con la muerte no han ocurrido en una guerra, donde nunca he estado en combate, sino en una ida al dentista y otra de vacaciones. Una vez, cuando iba a una limpieza dental, una camioneta se cruzó el camellón de la carretera y se metió en sentido contrario. Vi al chofer frente a mí y todavía no sé cómo logró evadirme. Es como si me hubiera traspasado, algo físicamente imposible. En otra ocasión, durante unas vacaciones en Oaxaca, fui a ayudar a un sobrino que estaba atrapado por la resaca del mar y casi me ahogo; las olas me batieron varias veces hasta que pude tocar la arena y salir muy magullado. Me quedaban ya muy pocas fuerzas cuando el mismo océano me escupió.

Les cuento esto, no porque esté atormentado por la muerte, sino porque para mí sigue siendo un gran misterio. No sé qué pasa cuando uno fallece. No tengo ni idea. Ni tampoco sé cómo se creó el universo y si Dios existe. Quisiera tener fe, pero no la tengo. Sospecho que una vida con esas certezas religiosas bien fundamentadas hubiera sido un poquito más ligera, menos atrabancada, sin tanta angustia. Envidio a los creyentes.

En mis años universitarios conecté inmediatamente con el existencialismo, con la necesidad de darle sentido a una vida que no lo tiene, y con esa angustia perenne ante lo que viene. Por eso soy agnóstico. Nunca he tenido esa experiencia religiosa que me hubiera sacado de mis dudas, a pesar de que varios amigos, bien intencionados, los han tratado con libros, pláticas y argumentos celestiales.

Pero el resultado de tanta incertidumbre tiene también su encanto. Cuando no tienes la seguridad de que habrá cielo y vida eterna, cuando solo queda el deseo —mas no la certeza— de volver a ver a quienes ya murieron (incluyendo a mis mascotas), entonces no hay más remedio que amarrarse al presente y a lo que te queda de vida.

Eso es lo único que sé de verdad.

No me anima mucho la idea de ser polvo celestial. Se me ocurren muchas otras cosas y seres que preferiría habitar luego de esta vida. No creer en Dios te ayuda a encontrarle otros sentidos a la vida, igual de profundos, y entender que solo el cambio es permanente. Así como las gotas de lluvia que caen en un riachuelo terminan en el mar y luego, evaporadas, se convierten en nubes, así supongo que terminaremos todos. Como parte de algo mucho más grande y poderoso. No lo sé.

No tengo muchas respuestas. Lo mío siempre han sido las preguntas.

Si has llegado hasta aquí conmigo, te lo agradezco enormemente. Has sido un buen compañero de páginas. Después de todo, uno escribe para que te lean. En estas columnas he soltado pedazos de mi vida y más horas de las que jamás me pude imaginar. Escribir no es vivir pero ayuda a digerir lo más intenso y doloroso del trayecto.

Mientras reviso estas páginas, hay veces en que me encuentro totalmente en la escritura, reafirmando lo vivido y lo pensado. Las palabras son mías, me reflejan. Y puedo decir, sí, ese soy yo. En otras, sobre todo cuando releo algo que escribí hace muchos años, no reconozco al que las escribe. Es como si fueran de otro.

Al final de cuentas y cuentos, esta maraña de palabras —contradictorias, repetitivas, cargadas de dudas— es lo que soy.

Así veo las cosas…

AGRADECIMIENTOS

Este libro se le ocurrió a Cristóbal Pera. Un buen día me llamó y me contó que tenía una propuesta de libro. Siempre disfruto mucho las conversaciones con Cristóbal. Aprendo mucho. Pero no era el momento para mí. Estaba desbordado con cuatro trabajos y yo sabía que otro libro me iba a encerrar en mi oficina por meses. Después de la pandemia lo único que quería era aire libre, viajar, soltarme, no estar amarrado en una silla tras el escritorio. Además, los libros no se pueden apurar, tienen su propio ritmo y exigen lo que más me faltaba: tiempo.

Pero entonces Cristóbal usó su magia. Le pidió a la editora y periodista, Fernanda Martínez, que hiciera una revisión de todas mis columnas, que datan cuatro décadas, y sin que yo lo imaginara, me llegó el libro casi hecho. Era una magnífica selección de mis columnas más personales. Las fui ojeando y hojeando y ya no pude decir que no. Requerían una segunda lectura y una selección más afinada, pero me emocionó ver juntas las columnas que me han robado una buena parte de mi vida.

Y ahí empezó el trabajo. Me puse a escarbar en mis archivos digitales y encontré columnas y escritos de los que ni siquiera me acordaba. Al final, era una especie de ruta de las cosas que he pensado y de las decisiones más importantes que he tomado. Gracias a Fernanda porque armó este libro mucho antes que yo y a Cristóbal por no dejarme decir que no. Sin ustedes, habría perdido tantas columnas que me han marcado.

Nada de esto hubiera ocurrido sin Carlos Verdecia. Hace más de cuarenta años me dio la oportunidad de empezar a escribir mis columnas en *El Nuevo Herald* en Miami, y desde entonces no he parado.

Para mí siempre fue importante que me leyeran en México, el país del que me fui y que sigue latiendo dentro de mí. El periódico *Reforma* ha sido una maravillosa isla de libertad y solidaridad en México. Alejandro Junco de la Vega y su familia han defendido, como pocos, la libertad de expresión en México y siempre estaré agradecido por el espacio que me han abierto. Fueron Ramón Alberto Garza y René Delgado los que primero impulsaron mis columnas en México y ahora, cada sábado, publico en el *Reforma*. ¡Gracias!

Mis columnas se distribuyen semanalmente a través de The New York Times Syndicate y pasan por un riguroso proceso de edición y verificación. Gracias a ellos me pueden leer en decenas de periódicos y sitios de América Latina. Armando Arrieta y su equipo han sido fundamentales para extender el alcance de lo que escribo.

Gracias a Univision, que ha sido mi casa fuera de casa. La mayor parte de los viajes y coberturas que aquí narro fueron en asignación con Univision. Durante más de cuatro décadas Univision ha sido extraordinariamente generosa y solidaria conmigo. No puedo imaginarme un mejor lugar para hacer periodismo.

Estoy eternamente agradecido con Isabel Allende, quien escribió el prólogo de este libro. Isabel es mi amiga, mi mentora, mi compañera y confidente en las desgracias, y un maravilloso ser humano que siempre tiene la palabra correcta para entusiasmarme. Gracias, Isabel, por este regalo.

Y finalmente, el agradecimiento más importante es para mis lectores. Sé que no siempre coincidimos y que en ocasiones tenemos puntos de vista opuestos. Pero lo esencial ha sido el mantener durante décadas esta larga conversación. Sin ustedes yo no estaría aquí.

ÍNDICE ANALÍTICO

ÁLBUM DE FOTOS

Esta debe ser una de mis primeras fotos. Apenas tendría unos meses de edad. Aquí aparezco con mi mamá, a quien le llamamos la Jechu (la jefa) debido a una serie de televisión en México (Foto: archivo del autor).

Con mi papá, con quien siempre tuve una relación distante. Pero, curiosamente, luego de que me fui a vivir a Estados Unidos hicimos las paces y nos reencontramos. Muchas veces me veía a través del noticiero desde México y luego, por teléfono, hablábamos de corbatas. Lo recuerdo por su particular olor a cigarro y loción (Foto: archivo del autor).

Esta foto debe ser de los días previos a mi partida a Los Ángeles el 2 de enero de 1983. Yo nunca quise ser inmigrante; me tuve que convertir en uno (Foto: archivo del autor).

Jorge Ramos Avalos. 16 años
Discípulo del Profesor
Oscar Cué

De adolescente di dos conciertos de guitarra. Aquí está una de las invitaciones. En esa época me encantaban los Beatles y su canción «Michelle», así que le pedí a mi papá que me consiguiera un maestro de guitarra para tocar esa canción. Me trajo uno, pero de guitarra clásica, y eso cambió mi vida (Foto: archivo del autor).

Una de mis grandes ilusiones fue ir a unas olimpiadas. Durante un par de años entrené en el Centro Deportivo Olímpico Mexicano (CDOM). Comencé en salto de altura, pero luego de una lesión cambié de prueba. Eventualmente tuve que dejar el deporte de competencia. Operarme una vértebra (que no estaba bien cerrada) era muy peligroso. No haber podido ir a unos Juegos Olímpicos ha sido una de las grandes desilusiones de mi vida. (Foto: archivo del autor)

Aquí con el equipo de televisión tras la erupción del volcán Chichonal, en Chiapas, México, en 1982. Nos acercamos tanto al cráter que casi nos quedamos atrapados por las cenizas. Unos campesinos nos ayudaron a salir (Foto: archivo del autor).

Estas fotos son interesantes. Del lado izquierdo estoy en uno de mis primeros días en UCLA a principios de 1983. Del lado derecho es en el mismo lugar, pero casi cuatro décadas después. La UCLA y Los Ángeles me salvaron cuando me fui de mi México. Fueron mi primer refugio (Foto: archivo del autor).

Mis primeras lecciones de periodismo en Estados Unidos fueron trabajando como reportero para el Canal 34 (KMEX). Todo lo que sé de esta profesión lo aprendí en las calles de Los Ángeles (Foto: Univision).

En Washington cubriendo una de las marchas por una reforma migratoria. Soy, antes que nada, un inmigrante. Y durante toda mi carrera he tratado de que se oigan las voces de todos los inmigrantes. Mi gran deseo siempre ha sido que los inmigrantes que llegaron después de mí tengan las mismas oportunidades que yo tuve (Foto: Univision).

He cubierto la frontera entre México y Estados Unidos tantas veces que ya hasta perdí la cuenta. Ahí he escuchado las historias de dolor y separación de los que huyen de sus países por la pobreza, la violencia, la corrupción, la desigualdad, la falta de democracia y el abuso del poder (Foto: Mark Lima).

Discutiendo con el entonces candidato presidencial y vicepresidente Joe Biden sobre el número real de indocumentados deportados durante la presidencia de Barack Obama, a quien le llamaban el «Deportador en Jefe». Biden conseguiría la presidencia en el 2020 y en su primer día en la Casa Blanca envió al Congreso una propuesta de reforma migratoria. Desafortunadamente nunca hubo los votos suficientes para aprobarla (Foto: Univision).

En una balsa en el río Suchiate que divide a México de Guatemala. Ese es uno de los principales puntos de entrada de los inmigrantes centroamericanos y sudamericanos que quieren llegar a Estados Unidos. Durante el gobierno de Andrés Manuel López Obrador, México se convirtió en la patrulla fronteriza y en el muro de Estados Unidos (Foto: Univision).

Al final de una entrevista con la jueza de la Corte Suprema, Sonia Sotomayor, le pusimos música de salsa. Un poco en broma, le pregunté si quería bailar. Me dijo que ella bailaba si yo lo hacía también. Y ahí nos tienen. Ella es sin duda una de las latinas más poderosas y respetadas de Estados Unidos. Un gran ejemplo a seguir (Foto: Univision).

Esta ha sido mi casa durante casi cuatro décadas. He vivido tanto tiempo en un *set* que a veces me es más fácil hablar por televisión que ante un grupo de personas. Hay pocas cosas tan intensas como cubrir una noticia de último momento en vivo y por televisión. Esa adrenalina es contagiosa y muy difícil de dejar (Foto: Univision).

Hugo Chávez les mintió muchas veces a los venezolanos. A mí me dijo en una entrevista que entregaría el poder en cinco años o menos, y hasta me aseguró que Cuba era una dictadura. Bueno, se quedó en el poder hasta su muerte el 5 de marzo de 2013. Esta foto es de cuando me dio una entrevista cerca de la frontera con Colombia y en una cancha de básquetbol rodeado de sus simpatizantes (que abuchearon mis preguntas y aplaudieron sus respuestas) (Foto: Univision).

El dictador Nicolás Maduro me dio una entrevista en 2019 que duró 17 minutos. Pero como no le gustó, confiscó nuestro equipo y todas las tarjetas con el video. Lo que él nunca se imaginó es que la grabación que hizo su propio gobierno de esa entrevista se filtraría más tarde y se daría a conocer a todo el mundo (Foto: Univision).

El gobierno de Andrés Manuel López Obrador se convirtió en el más violento en la historia moderna de México. Nunca se habían registrado tantos homicidios dolosos. Varias veces se lo dije en las mañaneras (sus conferencias de prensa matutinas). Aunque él siempre decía que tenía otros datos. Aquí aparezco cuando su gobierno sobrepasó el número de muertos de los dos gobiernos que le precedieron (Foto: Univision).

Una mañana durante la guerra entre Israel y Hamas, en la carretera que conecta a Tel Aviv con Ashkelon, nos sorprendió una lluvia de misiles. Los puntos y manchas blancas que se ven en el cielo eran cohetes que venían de Gaza. En su mayoría fueron interceptados y destruidos en el aire por el llamado «domo de hierro». Pero las bombas, al explotar, succionan el aire y te remueven el alma. Nos escondimos detrás del auto —como recomienda el protocolo de seguridad— hasta que se detuvo el bombardeo (Foto: Archivo del autor).

Lola tenía solo una oreja. La perdió luego de una pelea brutal para defender su territorio. Tuvimos que operarla de emergencia y me acompañó durante casi 20 años, a mis pies, mientras escribía mis libros y columnas. Su espíritu luchador, no hay duda, ronda las páginas de este libro (Foto: Archivo del autor).